Nonviolent Communication:
A Language of Life, 3rd Edition

NVC
人と人との関係にいのちを吹き込む法
新版

マーシャル・B・
ローゼンバーグ
Marshall B. Rosenberg
安納 献＝監訳
小川敏子＝訳

日本経済新聞出版

Translated from the book

Nonviolent Communication: A Language of Life 3rd Edition,

ISBN 13 / 10: 9781892005281 / 189200528X by Marshall B. Rosenberg.

For further information about Nonviolent Communication™

please visit the Center for Nonviolent Communication on the Web at: www.cnvc.org.

Published through arrangements made by Tuttle-Mori Agency, Inc., Tokyo

NVC　人と人との関係にいのちを吹き込む法　新版　目次

第13章 自分を解放し、人に助言する　329

第14章 ＮＶＣで感謝を表現する　351

ワッペンデザイン：イナキヨシコ＋polkadot
ブックデザイン：守先正

序文

医学博士　ディーパック・チョプラ
チョプラ・センター・フォー・ウェルビーイングの創設者。
作家として80冊を超える著書があり、43の言語に翻訳され、
22冊がニューヨーク・タイムズのベストセラー入りしている。

亡きマーシャル・ローゼンバーグに最大級の感謝を捧げたい。彼は、自著のタイトル*Speak Peace in a World of Conflict*（邦題『「わかりあえない」を越える』）を地でいく人物だった。同書のサブタイトル*What You Say Next Will Change Your World*（あなたのこれから発する言葉があなたの世界を変える）には、痛切なまでの彼の思いが込められている（彼からの警告と言い換えてもよい）。ひとりひとりの現実は、物心ついたころから紡ぎはじめる自分自身のストーリーを抜きにして考えられず、その軸となるのが言葉だ。このことを踏まえてマーシャルが提唱したのが、対立する双方が相手への一方的な決めつけや非難、暴力を排除して言葉をやりとりし、和解するためのアプローチである。

夜のニュースで、街頭での抗議行動の騒然とした光景が映し出されたとき、ひとりひとりの顔

に浮かぶ険しい表情は強烈な印象を残す。彼らの表情や張り上げる声、身ぶりには、それぞれのこれまでの歴史が刻まれている。誰もが自身の歴史に狂おしいほどの執着がある。自らのアイデンティティがその歴史に支えられているからだ。じゅうぶんにそれを理解しているからこそマーシャルは、平和的な対話だけでなく新しいアイデンティティの確立も提唱していたのである。マーシャルは原著第3版にあたる本書で、非暴力コミュニケーション（Non-violent Communication＝NVC）と調停者の役割について「新しい価値観に沿って生きつつ、変化を実現しようとすることだ」と述べている。

新しい価値観というビジョンのもとでマーシャルは、双方が妥協して紛争解決に至るというありきたりの方法はとらない。妥協というフラストレーションを伴う方法ではなく、紛争の当事者が互いに敬意を払って解決をはかることをめざす。何を必要としているのかをお互いにたずね、感情を荒立てることなく先入観を排除し、相手と意思疎通をはかる。だが、戦争と暴力がはびこる世界や対立の構図に慣れきった世の中、文明的な生活をかなぐり捨ててすさまじい残虐行為に走ろうとする国々が存在する状況下では、マーシャルが唱える新しい価値観ははるか彼方のことのように感じられる。ヨーロッパで開催された調停者たちのための会議の席上でマーシャルは「あなたのアプローチは心理療法である」という批判を浴びた。要するに、過去を忘れて友だちになろうということで、戦争で荒廃した地域や離婚問題においてきわめて実現性に乏しいアプローチではないか、と。

ひとりひとりの世界観には、さまざまな価値観がいっしょくたになって詰まっている。それはやむをえないことであり、人はむしろ、それを誇りにすら思っている（昔から世界中で戦士は重んじられるとともに恐れられる存在でもあった）。ユング派のある人物は、「誰であれ無意識のなかに、ローマ神話の戦をつかさどる神、マールスの元型がある。ゆえに生じてしまう対立と攻撃は、いわば生まれながらの悪徳なのだ」と語った。

だが、人間性については、それとは異なるとらえ方がある。本書で力強く表明されているように、わたしたちが真に考えるべき、唯一の真の希望となるとらえ方である。自分が紡ぎ出したストーリーにがんじがらめになるな。それは習慣や集団内の圧力、長年の条件づけ、自己認識の欠如によって温存されているフィクションにすぎない。どれほどすばらしいストーリーであっても、暴力へとつながる。家族を守る、あるいは攻撃から自分の身を守る、悪事と戦う、犯罪を防ぐといった、いわゆる「よい戦争」に従事しようとするときには、知らず知らずのうちに暴力への道を歩かされている。拒否しようとすれば、社会から厳しい制裁を受ける可能性が高いだろう。ひとことでいうと、回避するのは決してたやすくない。

インドには古くから、非暴力的に生きるための雛形がある。それが「アヒンサー」であり、非暴力的な生き方の中核を成す。通常、非暴力と定義されるアヒンサーだが、過去には、アルベルト・シュヴァイツァーが唱えた生命への畏敬の原理に対してマハトマ・ガンジーがアヒンサーの立場から穏やかな抗議を示した経緯がある。「危害を加えてはならない」がアヒンサーの第1の原則といっていいだろう。マーシャル・ローゼンバーグが80歳でこの世を去ったのは、わたしがこの原稿を書くわずか6週間前のことである。彼が行動と意識の両面でアヒンサーを会得していたことに、わたしは強い感銘を受けた。

行動面については本書でNVCの原則としてくわしく記されているので、ここではあえて繰り返さない。アヒンサーの意識を会得していれば、非常に大きな力を発揮することができる。そしてマーシャルはその特質を持っていた。どんな紛争でも彼は、どちらか一方を擁護したり、当事者らの物語の中身を気にかけたりしない。あらゆる物語が直接的あるいは間接的に紛争を引き起こすことを理解していた彼は、人と人との関係を築くこと、心と心に橋をかけることに焦点を絞った。これもまたアヒンサーの原則に沿っている。重要なのは、何をおこなうかではなく、どのような質の注意を向けるかだ。離婚に関していえば、資産の分配について当事者双方が合意に至れば法律上の決着はつく。しかし、感情面では双方とも割り切れないものが残る。お互いにさんざん言葉をぶつけあったことで（マーシャルの言い回しを借用すれば）世界は一変してしまったのだ。

攻撃性は自我の一部であるため、紛争となると「自分が、自分は、自分を」と懸命になる。だからこそ、自分自身ではなく神に奉仕すると誓いを立てる聖人に世間の人々は称賛を贈るが、それに倣おうとはしない。聖人の価値観を尊重しても、それと現実の生活とのギャップがあまりにも大きいのだ。アヒンサーは、人の意識を広げることによってのみ、そのギャップを埋める。すべての暴力を解決する唯一の方法は、ひとりひとりが自分のストーリーを手放すことだ。社会のなかでさまざまな利害関係のある個人が悟りの境地に達することは不可能であり、これはアヒンサーの第3の原則といってかまわないだろう。ひじょうに過激な原則であり、イエスが山上の垂訓で「柔和な人たちは地を受け継ぐだろう」と告げた言葉にひけをとらない。

どちらにおいても、ひとりひとりが行動を変えるのではなく意識を変えることがカギとなる。いわば、A地点からB地点への移動だ。A地点は自我の絶え間ない要求を満たすことに追われる生き方。B地点は自我のない状態。はっきりいって、自我のない状態をほんとうに望む者などいない。自分の利益を第一に考える立場からすれば、それは恐怖をおぼえる状態であり、ありえないと感じるだろう。自我を引っ込めたら、何か見返りがあるのだろうか。見返りどころか、自我を出さなければ、まるで抜け殻のように受け身でぼうっとしている状態となってしまうのでは？

そんな疑問に対する答えを知りたければ、自分でも気づかないうちに自我から解放されている瞬間を考えてみればよい。たとえば瞑想のとき、あるいは深い充足感をひたすら味わっているときのことを。自我のない状態とは、大自然や芸術、音楽に感動したときにわたしたちが味わう心地である。さらには、創造や愛、運動から得られる経験も含め、そうした瞬間とアヒンサーとの唯一のちがいは、前者がその場かぎりのものであるのに対し、アヒンサーは安定して持続する点だ。こうして見ると、個人のストーリーもストーリーづくりを促す自我も実体があるわけではなく、生き残りをかけて身勝手な思いを優先させる自分自身がつくりだした幻想にすぎないのだとわかる。もっと多くのお金を、物を、権力を手に入れてストーリーをより充実させようとしているのは自我である。アヒンサーがもたらす見返りは、ストーリーのアップグレードではなく、真の自分になることだ。

それを、「アヒンサーとは意識が高まった状態だ」などとかしこまってはいられない。これこそノーマルな状態だといおう。ノーマルでいることがアブノーマルとなり精神を病んでしまう、そんないまの世の中だからこそ。何千もの核弾頭が敵に向けて配備され、宗教を名目としたテロ行為がまかりとおる。それが普通とされる世界で生きることは、ノーマルとはほど遠い。

マーシャルは「調停者」の役割を革命的に変えた。それはすばらしく価値ある業績だが、彼が生涯をかけて取り組んだ仕事のレガシーとしてわたしが高く評価したいのは、彼が指針とし体現した新しい価値観のほうである。その価値観自体は、じつは非常に古くから存在している。平和と暴力の狭間で人間が翻弄されているいまという時代だからこそ、あらゆる世代でアヒンサーの復活を強く願う。マーシャル・ローゼンバーグは、この拡大した意識状態に入れるということ、それが紛争解決において有効であることを証明した。彼が残した足跡を、わたしたちは辿っていくことができる。自分にとって真に利益をもたらすことを望むなら、それを選ぶだろう。知恵を模索し、紛争の終結を模索する人々にとって、それは唯一の選択肢なのである。

謝辞

カール・ロジャーズ教授が人間関係を通じて人を援助することの本質について研究を深めていた時期に薫陶を受け、ともに研究と実践に励むことができたことは誠に感謝の念にたえない。この経験なしには、本書で紹介するコミュニケーションのプロセスは生まれなかった。

マイケル・アキーム教授は科学の限界、とりわけ、わたしがそれまでに受けた訓練に従って心理学を実践することの限界に気づかせてくださった。病理学を基盤とした人間理解が社会や政治に与える深刻な影響を思い知り、それを契機として、わたしはもっとちがう心理学を実践できないかと模索した。人間とは本来どのように生きていくものなのか、そこに注目し、それを基盤として心理学を実践する方法をさぐったのである。

ジョージ・ミラー氏とジョージ・アルビー氏には、臨床心理士としてよりよく「心理学を提供する」方法を考える際におおいなる示唆を受けた。たいへんにありがたいことである。この地球上のすさまじいばかりの苦しみに対し、専門家として臨床の場で実践していたスキルをより多くの場面に効果的に広める方法が必要であると悟ることができた。

ルーシー・リュー氏には、本書の編集と最終的な原稿のまとめを担当していただいた。また、編集アシスタントを務めてくださったリタ・ハーツォッグ氏とキャシー・スミス氏、そしてさまざまな便宜をはかってくださったダロルド・ミリガン氏、ソニア・ノルデンソン氏、メラニー・シアーズ氏、ブリジット・ベルグレイブ氏、マリアン・ムーア氏、キットレル・マコード氏、バージニア・ホイト氏、ピーター・ワイズミラー氏に深く感謝申し上げる。

最後に、友人であるアニー・ミュラー氏に感謝の意を捧げたい。彼女の励ましがあればこそ、わたしは明確な志をもって仕事に打ち込み、人生はすばらしく豊かなものとなった。

言葉は窓（あるいは、言葉は壁）

あなたの言葉が、まるで刑の宣告のように思えてならない、
裁かれ、追い払われるように感じてしまう、
立ち去る前にどうしても知っておきたい
あなたの言葉はほんとうにそういう意味だったのだろうか？
わたしが立ち上がって自己弁護をする前に、
傷ついたり怯えたりした気持ちで言葉を発する前に、
わたしが言葉の壁を築く前に、
教えてほしい。
わたしは正しく聞き取っていたのだろうか？
言葉は窓となり、そして壁にもなる、
言葉によって人は刑を言い渡され、言葉によって人は自由の身になる。
言葉を話すときも、そして聞くときも、
どうぞこのわたしが愛の光に貫かれますように。

わたしには、いっておかなくてはならないことがある、
それはとても大切なこと。
わたしの言葉でうまく伝わらなければ、
どうか力を貸してほしい。そしてわたしを解き放してほしい。
わたしがあなたをけなしている、
あるいは、あなたの存在をないがしろにしているように見えたなら、
いまいちど、わたしの言葉に耳を傾け、
わかり合える気持ちがあることに気づいてほしい。

ルース・ベベルマイヤー

第1章 心の底から与える――非暴力コミュニケーションの核心

生きるうえでわたしが求めるのは思いやりであり、
自分と人とが心の底から与え合い、気持ちを通い合わせること
――マーシャル・ローゼンバーグ

はじめに

人は生まれながらにして自分以外の人を思いやり、与えたり与えられたりすることを楽しむ。そう信じるわたしにとって、長年、頭から離れないふたつの疑問があった。人を思いやろうとする気持ちがいったいどういうわけでかみあわなくなってしまうのか、そしてそのあげく、暴力的になったり相手から搾取したりするようなふるまいに出てしまうのか。逆に、どれほど過酷な状況に置かれてもなお、人を思いやる気持ちを失わずにいられるのはなぜなのだろうか。

わたしは子どものときからずっと、この疑問について考え続けてきた。1943年の夏、家族でミシガン州のデトロイトに引っ越したころから。引っ越しから2週間後、公立の公園での出来事をめぐって人種間の争いが起きた。それから数日のあいだに40人以上の死者が出た。暴動の現場がちょうどわたしの家の界隈だったので、家族はみな3日間、家から出られなかった。

人種差別をめぐる暴動がおさまり学校が再開すると、肌の色と同じく名前も危険を招くと知った。教師が出席をとる際にわたしの名前を呼ぶと、ふたりの男の子がわたしをじっとにらみつけ、押し殺した声でいった。「カイクか?」。初めて聞いた言葉だった。ユダヤ人を見下すときに使われる言葉だということすら知らなかった。放課後、そのふたりがわたしを待ち構えていた。彼らはわたしを地面に投げ飛ばし、蹴り、殴った。

1943年のその夏以来、前述したふたつの疑問についてわたしは考え続けてきた。最悪の状況にあってもなお人を思いやる気持ちを失わずにいられるとしたら、何がそうさせるのか? たとえば、エティ・ヒレスムは、ドイツ軍の強制収容所という異様な状況下でも他者への思いやりを失わなかった。当時の彼女の日記には、こう記されている。

「わたしはそうたやすく怖がったりはしない。それは勇敢だからではない。相手が人間だとわかっているからだ。そして、全力を尽くして人の言動すべてを理解する必要があるということも。今朝はそれがとくに身にしみた。不機嫌な若いゲシュタポ将校から怒鳴りつけられたからではない。彼に対し憤りは感じなかった。それよりも心の底から気の毒に思い、彼にたずねてみたかった。『恵まれない子ども時代をおくったのですか？　それともガールフレンドにふられたの？』。そう、彼はいらいらして余裕がなく、生気に欠けて弱々しく感じられた。すぐにもその場で彼の気持ちを受けとめてあげたかった。なぜなら、彼のようなかわいそうな若い男性ほど、人間に対して歯止めが利かなくなるまで残虐になってしまうと知っているから」（エティ・ヒレスム『日記』）

何がどう影響して人への思いやりが失われてしまうのだろうかと研究しているうちに、言葉が非常に重要な役割を負っているということ、そしてわたしたちの言葉の使い方がとても重要であることに気づき、わたしははっとした。それ以来、どのようにコミュニケーションをとれば、つまりどのように話をしたり聞いたりすれば、自分たちに本来そなわっている力――人を思いやろうとする気持ちを引き出せるのか、心の底から与えることができるのか、自分自身とそして相手と理解し合えるのかをさぐった。そうしてある方法にたどりついた。それを、「非暴力コミュニケーション」（Non-violent Communication）とわたしは呼ぶ。心のなかの凶暴性を鎮め、他者を思いやろうとする自然な心地を表現するには、ガンジーが使った〝非暴力〟という言葉がぴったりだ。自分では「暴力的」ではないつもりで話していても、口にした言葉が、相手ばかりか自分自身をも傷つけたり苦しめたりするきっかけとなることもある。これからご紹介する非暴力コミュニケーションのプロセスは、「人を思いやるコミュニケーション」とも呼ばれている。本書では、非暴力コミュニケーションを略して「NVC」と表記する。

NVC——心の底から与えるよう導くコミュニケーションの方法。

注意を向ける方法

NVCが基盤としているのは、過酷な状況に置かれてもなお人間らしくあり続けるための言葉とコミュニケーションのスキルである。言い換えれば、何世紀も昔から人が知っていることばかり。そう、新しいことはひとつもない。NVCがめざすのは、人と人は互いに関係を築けるものだという自覚を取り戻し、それを実践に移すためのお手伝いをすることである。

具体的には、自分を表現し、他人の言葉に耳を傾ける方法を組み立て直す。型どおりに反射的に反応するのではなく、自分がいま何を観察しているのか、どう感じているのか、何を必要としているのかを把握したうえで、意識的な反応として言葉を発するようにする。人に対する尊敬と共感を保ちながら、自分自身を率直に明快に表現する。どんなやりとりにおいても、自分が、そして人が必要としていることに耳を傾ける。NVCのトレーニングによって、どんな状況や人のふるまいが自分に影響を及ぼしているのかを注意深く観察し、言葉で明確に表現できるようになる。そして、自分が何を望んでいるのかを見極め、それを明確に表現する。NVCの構造はシンプルだが、わたしたちを大きく変える。

人から一方的に決めつけられ批判されるような局面では、どうしても自分を擁護したり、身を引こうとしたり、反撃したりしがちだ。しかし、NVCに切り替えることで、自分と相手について、自分の意図したことについて、相手との関係について新しい視点からの理解が可能になる。その結果、抵抗や防衛、暴力といった反応は最低限に抑えられる。評価や判定を下すことに注意を向けるよりも、観察し、感情に気づき、何を必要としているのかを明確にすることに集中すれば、深い共感へとつながることができる。NVCをおこなうことで、自分自身の言葉に、そして人の言葉にじゅうぶんに耳を傾け、尊敬や思いやり、共感を呼び起こし、お互いに心の底から与えたいという思いが生み出される。

NVCを使い、心の深いレベルで自分が何を必要としているのか、人が何を必要としているのかに耳を傾けると、相手との関係を新しい視点から理解できるようになる。

NVCは「コミュニケーションのプロセス」とも「思いやりの言葉」とも表現できるが、単にプロセスや言葉にはとどまらない。意識を集中させて、より深いレベルで自分が求めるものを見出すように絶えずはたらきかける。

街灯の下で、両手足をついて何かをさがしている男の話がある。警官が通りかかり、何をしているのかとたずねた。「車のキーをさがしているんです」と男が答えた。少々酔っているようだ。「そこで落としたんですか?」。警官がさらにたずねた。「いや、……裏通りで落としたんです」。

当惑した表情の警官を見て、男が急いでつけ加えた。「でも、こっちのほうがずっと明るいので」

見つけたいものがなさそうな場所に注意を向けてしまうのはなぜだろうと考えているうちに、それは自分が身を置く文化が知らず知らずのうちにそうさせているのだ、とわたしは気づいた。さがし求めているものが見つかる可能性のある場所に注意を向ける、つまり、意識の光をあてる方法としてわたしはNVCを開発した。わたしが人生に求めるのは人を思いやる気持ちであり、人と心の底から与え合いながら交流することだ。

さがし求めるものが見つかりそうな場所を、意識の光で照らそう。

このことをわたしは「心の底から与える」と表現する。これについて、友人のルース・ベベルマイヤーがつくった歌を紹介しよう。

わたしはじゅうぶんに与えられたと感じている。
あなたが受け取ってくれたから——
あなたに与えることで得たよろこびを、あなたが理解してくれたから。
よもや誤解はしていないだろうけれど、
わたしは貸しをつくろうとしてあなたに与えたわけではなく、
あなたへの愛に正直に生きたいだけ。
やさしい気持ちで受け取ることは

最高のかたちで与えることなのかもしれない。
わたしには、そのふたつを切り離すことはできない。
あなたがわたしに与えるとき、
わたしは受け取ることをあなたに与える。
あなたがわたしから受け取るとき、
わたしはじゅうぶんに与えられていると感じる。
「与えられること」（１９７８年）ルース・ベベルマイヤー、アルバム"Given To"より

心の底から与えるとき、わたしたちは、よろこびに満ちている。人の人生を豊かにしたとき、自然とよろこびが湧き上がってくる。心の底から与えることは、与える側にも受け取る側にもプラスにはたらく。恐れや罪悪感、恥の意識、あるいは見返りを求める気持ちがこめられていないからこそ、受け取る側は無心によろこべるのだ。与える側は、誰かの幸福に積極的に関与したのだと理解することで自己評価が高まる。

ＮＶＣを実践する場合、相手がＮＶＣに通じている必要はない。また、心を通い合わせたいという気持ちが相手になくてもかまわない。こちらがＮＶＣの原則に忠実であるかぎり、相手を思いやって与え、受け取ろうとするものであるかぎり、そしてそれ以外にめざすものは何ひとつないと相手に精一杯伝えるかぎり、相手もそのやりとりに参加して、やがては心を通い合わせるだ

ろう。といっても、毎回これがすみやかに実現するなどというつもりはない。それでも、ＮＶＣの原則とプロセスを忠実に実践し続ければ、必ず、人を思いやる気持ちが花開くとわたしは信じている。

ＮＶＣのプロセス

心の底から与えたい、という共通の願いにたどりつくには、次の４つのこと――「ＮＶＣを構成する４つの要素」に意識を集中させる必要がある。

第１の要素は、状況を観察することだ。人がいったことやしたことが、わたしたちの人生の豊かさにどう影響しているか。それを判断や評価をまじえずに述べるのがコツだ。つまり、好き嫌いは別にして、ある人がしていることをシンプルに述べるだけ。第２の要素は、相手の行動を観察したとき、自分がどう感じるかを述べる。傷ついている、怯えている、わくわくしている、おもしろがっている、いらだっているなどと。そして、自分が何を必要としているから、そのような感情が生み出されているのか、を明確にする。それが第３の要素だ。ＮＶＣにおいて、

ＮＶＣの４つの要素

1　観察（observations）
2　感情（feelings）
3　必要としていること（needs）
4　要求（requests）

自分の状態を明確にそして率直に表現するとは、この3つの要素を自覚することである。

一例をあげよう。たとえば母親がティーンエイジャーの息子に対し、3つの要素を次のような言葉で表現する。「フェリックス、まるめた靴下がコーヒーテーブルの下にふたつ、テレビの脇に3つもあると、お母さんはいらいらしてしまうの。みんなで使う部屋はもっと片づいた状態にしておきたいわ」

そして、すかさず4つ目の要素を加える――非常に具体的な要求を。「脱いだ靴下は、あなたの部屋か洗濯機に入れておいてくれないかしら?」。この4つ目の要素は、相手に対する具体的な要求だ。それも、わたしたちの人生を豊かに、そしてすばらしくするための要求だ。

NVCとは、この4つの情報を、言葉あるいは言葉以外の手段で非常に明確に表明することという言い方もできる。そしてまたNVCとは、その4つの情報を他者から受け取ることで成り立つコミュニケーションでもある。自分以外の誰かが何を観察し、どんな感情を抱いているか、何を必要としているのかを感じ取る。こうして相手と接点ができたところでさらに4つ目の要素、つまり要求を受け取り、人生を豊かにする方法を発見する。

いま述べた4つのことに集中すれば、そして自分以外の人も同様にこれら4つのことに集中するように援助すれば円滑なコミュニケーションが生まれる。やりとりを続けるうちに自然と心が通じ合う。わたしが観察し、抱いている感情に気づき、何を必要としているのかを明確にし、人生を豊かにするための要求をする。そしてあなたが観察し、感情に気づき、何を必要としているのかを明確にし、人生を豊かにするための要求をする……。

NVCのプロセス

・自分の人生の質を左右する具体的な行動の「観察」
・観察したことについて抱いている「感情」
・そうした感情を生み出している、価値、願望、「必要としていること」
・人生を豊かにするための具体的な行動の「要求」

まず、自分のほうからこの4つの情報を表現する場合もあるだろう。先に相手が表現するのを、共感をもって受けとめる場合もあるだろう。どちらでもかまわない。本書の第3章から第6章では、4つの要素のひとつひとつに耳を傾けること、そして言葉で表現することを学んでいく。これだけは忘れないでいただきたい。NVCには、決まりきった型があるわけではない。さまざまな状況や、個人的あるいは文化的なスタイルに適応させながら進めていけばよい。わたしは便宜的に「プロセス」あるいは「言葉」と言い表すが、ひとことも言葉にしないで4つの要素すべてを経験することも可能

NVCを、大きくふたつのパートに分けることができる。
1　4つの要素を率直に表現する
2　4つの要素を共感をもって受けとめる

だ。ＮＶＣの本質は、４つの要素を自覚するところにある。実際にやりとりされる言葉にあるのではない。

ＮＶＣを日常に取り入れる

自分自身との対話、自分以外の人との交流、集団でのコミュニケーションでＮＶＣを用いると、わたしたちに本来そなわっている力――人を思いやる心を引き出すことができる。それは、次にあげるように、あらゆるレベルでのコミュニケーションや多様な状況に効果的に取り入れることができる。

・親密な人間関係
・家族
・学校
・組織や会社
・セラピーやカウンセリング
・外交およびビジネスの交渉
・あらゆるタイプの不和や衝突

親密な人間関係にＮＶＣを取り入れ、さらに深く思いやりに満ちた関係へと発展させることもできる。

「ＮＶＣを学ぶと、受けとめ方（耳を傾ける方法）と与え方（表現）が身につく。攻撃された、踏みつけにされたと感じるよりも、相手の言葉に心から耳を傾け、潜在的な感情をすくい取ることができるようになった。そうしてわかったのは、結婚して28年になる夫がひどく傷ついているということだった。夫が離婚を申し入れてきたのは（ＮＶＣの）ワークショップの前の週末。結果だけをいうと、いまでもわたしたちはいっしょにいる。そして、わたしたちのハッピーエンドに（ＮＶＣが）おおいに役立ってくれたことに感謝している。わたしは、感情に耳を傾けることを学び、自分が必要としていることを表現する方法を学び、必ずしも自分が望まない返事でも受けとめることを学んだ。彼は、わたしを幸福にするためにいるのではない。わたしも、彼の幸福をつくりだすためにいるのではない。わたしたちは互いに成長し、受けとめ、愛し、ふたりともに満足できるのだと学んだ」（サンディエゴのワークショップ参加者の声）

他にも、仕事上の人間関係をより効果的にするために活用した人もいる。ある教師は次のように述べている。

「わたしはおよそ1年にわたって、自分が受け持っている特別教育の授業でＮＶＣを活用してきました。言葉の遅れ、学習障害、問題行動のある子どもたちにも効果があったのです。わたしが受け持っているクラスのある生徒は、他の生徒たちが自分の机に近づくと唾を吐き、汚い言葉を口にし、叫び、鉛筆で刺していました。わたしは彼に、『ちがう言い方でいってごらんなさい。キリンを使って話してごらんなさい』と声をかけてやります（ＮＶＣを実践するのに、教材としてキリンのパペットを使っていたワークショップがあった）。彼はすぐに立ち上がり、さきほどまで怒りをぶつけていた生徒を見据え、静かにこう告げます。『机からもっと離れてくれませんか。こんなに近くに立たれると腹が立ちます』。いわれた生徒たちは、『ごめんなさい！　近づくと腹が立つことを忘れていたよ』などと応じます。

わたしは、この生徒に対して自分がいらいらしていることを自覚し、それについて考えました。何を満たしてもらう必要があるのかを見極めようとしました（調和と秩序は別として）。すると、せっかく多くの時間をかけて授業の計画を練ったのに、この生徒の行動を正しているうちに、創造したい貢献したいという気持ちがそがれてしまっているのだとわかりました。そしてまた、教育を受けたいという他の生徒たちの気持ちにもこたえていないということに気づきました。そこで、彼が授業中に騒いでいると、こんなふうに言葉をかけるようになったのです。『先生のやりたいことをあなたにもわかってほしいの』。１日に100回くらい声をかけたかもしれません。彼はわたしからのメッセージを理解し、たいていは授業に参加しました」（イリノイ州シカゴ在住、教師）

また、ある医師は次のように述べている。

「わたしは、医療の現場でNVCを取り入れるようにしています。精神分析医なのかと患者さんから聞かれることもあります。彼らがかかるたいていの医師は、患者の生き方や病気とのつきあい方に関心をもっていないからです。NVCのおかげで、わたしは患者さんが何を必要としているのか、いま何について聞いてもらうことを必要としているのかを理解できるようになりました。その重要性を痛感したのは、血友病とエイズの患者さんとの交流においてでした。なぜならそういう場合、患者さんの怒りと痛みがあまりにも大きく、医療提供者との関係がひどく損なわれていることが多いからです。5年前から診ているエイズの女性患者が先日、こういってくれました。日々の暮らしを楽しむ方法をわたしが見つけようとしたことが、いちばんありがたかったと。これはNVCのおかげです。治療の困難な病を抱える患者さんを診る場合、以前は、わたし自身が患者さんの予後への不安にとらわれてしまい、前向きに生きるよう真摯に励ますことが難しかったのです。NVCによってわたしは自覚を新たにし、ふさわしい励ましの言葉を使うようになりました。このやり方は、驚くほど医療の場にぴたりとマッチしました。NVCを実践し、さらに少しずつ深めていくことで、わたしは以前よりもエネルギッシュに仕事に打ち込み、同時に仕事を楽しめるようになったことを実感します」（パリ在住、医師）

さらに、政治の分野でもNVCのプロセスは活用されている。フランスのある閣僚が妹宅を訪れた折、妹夫婦のコミュニケーションの様子と互いの反応が以前とは様変わりしていることに気づいた。そして彼らがNVCを実行していることを知り、説明を受けた。その閣僚は、翌週からアルジェリアを相手に養子縁組の手続きの問題についてデリケートな交渉に入る予定だった。時間的な余裕はなかったが、わたしたちはフランス語を話すトレーナーをパリのその閣僚のもとに派遣した。アルジェリアでの交渉を成功させたその閣僚は、新しく獲得したコミュニケーションの技術が成功へのカギだったと振り返った。

エルサレムでワークショップを開催した折には、さまざまな政治的信念をもつイスラエルの人々が参加した。彼らは、ヨルダン川西岸で激しい紛争を引き起こしている問題についてNVCを使いながら各々の考えを表明した。ヨルダン川西岸に移住しているイスラエル人の多くは、自分は宗教的な責任を果たしていると信じている。だが彼らは、パレスチナ人はもちろんのこと、その地域での国家主権を主張するパレスチナ人に理解を示すイスラエル人をも敵にまわし、軋轢に苦しんでいる。ワークショップでは、わたしとトレーナーのひとりが実際にNVCのやり方で共感をもって相手の話を聞いてみせたのち、参加者にも交替しながら互いに相手の話を聞くように促した。20分後、ある移住者が宣言した。自分と政治的に対立する者が、いま自分がやったように自分の言葉に耳を傾けてくれたなら、土地の権利を手放して西岸を離れ、イスラエルの領土として国際的に認められている地域に戻ることを考慮するつもりだと。

暴力的な紛争や、民族的、宗教的、政治的緊張のさなかにある世界各地のコミュニティで、いまNVCは、文字どおり価値ある資源として役立っている。イスラエルやパレスチナ自治政府、ナイジェリア、ルワンダ、シエラレオネなどの地域でNVCのトレーニングが広まり、対立している人々が和解のためにそれを次々に利用しているという事実に、わたしは深い満足を覚える。あるとき、わたしはスタッフとともにベオグラードでワークショップをおこなった。平和の実現をめざして活動する市民を対象とした、3日間にわたる緊迫したトレーニングである。到着してまず目にしたのは、参加者たちの顔にくっきりと刻まれた絶望の表情だった。彼らの国は当時、ボスニアとクロアチアでの残虐な戦いから手を引けずにいたからだ。ワークショップを進めるうちに、参加者のあいだから笑い声があがるようになった。自ら立ち上がる力をようやく得た彼らはおおいによろこび、感謝していたのだ。それからの2週間、わたしたちはクロアチア、イスラエル、パレスチナでもワークショップを開催した。そして、戦争で疲弊した国々に暮らす市民の絶望の表情が、NVCのトレーニングを通じて活力と自信に満ちたものに変わる様子を何度となく目にした。

世界中を飛びまわり、各地で、人々に力とよろこびを与えるＮＶＣのプロセスを教えられることは、じつにありがたい。本書を通じてＮＶＣの豊かさをあなたと分かち合えることにわたしはわくわくし、よろこびを感じている。

まとめ

ＮＶＣはわたしたちに本来そなわっている力――人を思いやる気持ちを引き出すことで、自分自身と、そして自分以外の人々との交流を容易にする。自分自身を表現する方法、そして耳を傾ける方法を見直すプロセスともいえる。具体的には、次の４つのことに意識を集中させる。観察すること、感情に気づくこと、必要としていることを明確にすること、自分の人生を豊かにするために要求することに。深く耳を傾ける力と、尊敬したり共感したりする力を伸ばし、心の底から与えたいという気持ちを引き出すのがＮＶＣだ。自分自身を受け入れるために、人との絆を深めるために、仕事や政治の領域で効果的な人間関係を築くためにＮＶＣは役立つ。そして、世界各地のさまざまな紛争や対立に和解をもたらす方法としてＮＶＣは活用されている。

NVC・イン・アクション

「人殺し！　暗殺者！　子ども殺し！」

本書では、「NVC・イン・アクション」というタイトルで対話を折り込んだ。実際にNVCの原則を取り入れている現場でどんなやりとりがなされているのか、その雰囲気をわかっていただくためだ。NVCは決して言葉そのもの、あるいは言葉を使うための一連のテクニックではない。NVCを実践する際の意識と意図は、沈黙を通じてでも、人間としてのあり方を通じてでも、表情とボディランゲージを通じてでも表現できる。「NVC・イン・アクション」で紹介する対話は、当然ながら現実におこなわれたやりとりを凝縮したものである。実際には、沈黙を通じての共感や、多種多様な話題、ユーモア、ジェスチャーがあり、そのすべてがやりとりの流れを支えている。活字になった対話よりもずっと自然だ。

エルサレムのデヘイシャ難民キャンプのモスクでは、およそ170名のパレスチナ人のイスラム教徒の男性を対象にNVCのプレゼンテーションをした。当時、アメリカ人は決して好意的には迎えられなかった。話しているうちに、聴衆のあいだに低いざわめきが広がっていくのを感じた。「あなたがアメリカ人だと彼らはささやき合っているんです」と通訳が教えてくれた。と、そのとき、聴衆のなかのひとりがさっと立ち上がった。わたしを正面から見据え、声のかぎりに「人殺し！」と叫んだ。すぐに十数人の声がそれに続いた。「暗殺者！」「子ども殺し！」「人殺し！」

　幸いにも、わたしはその男性が何を感じているのか、何を必要としているのかに意識を集中することができた。心当たりがいくつかあった。難民キャンプに向かう途中、前夜に撃ち込まれたという催涙ガス弾の破片を見ていた。弾の残骸から、はっきりと「メイド・イン・USA」の文字が読み取れた。イスラエルに催涙ガスなどの武器を提供するアメリカに対し、難民たちは並々ならぬ怒りを抱いていたにちがいない。

　わたしは人殺しと叫んだその男性に呼びかけてみた。

わたし「あなたが怒っているのは、わたしの国の政府があなたの必要とするものに資金を使っていないからですか」（自分の推測が正しいのかどうか、わからなかった。しかし、重要なのは、彼の感情を知り、彼が必要としていることを理解しようとする真摯な姿勢である）

彼　「そのとおり、わたしは怒っている！　われわれが催涙ガスを必要としているとでも思うのかね。われわれが必要としているのは下水管であって、あんたたちがつくった催涙ガスではない。われわれは家を必要としている。自分たちの国が必要なんだ！」

わたし「だからあなたは憤慨しているんですね。いまよりも暮らしをよくすること、政治的な独立を獲得することへの援助を必要としているのですね？」
彼「ここで27年間、子どもたちや家族と暮らしてきた日々がどんなものか、わかりますか。われわれがどんな思いをしてきたのか、少しでも想像がつきますか」
わたし「あなたは深く絶望しているようだ。こういう状況で生きることがどんなことなのか、わたしを含め、誰もほんとうには理解できないと考えているのですね。わたしはあなたの言葉を正しく理解しているでしょうか」
彼「理解したいというのですか。あなたに子どもはいますか。その子たちは学校に通っていますか。その学校に校庭はありますか。わたしの息子は病気だ。むきだしの下水で遊んでいたんだ！　息子が通う学校の教室には本すらない！　本がない学校など見たことありますか」
わたし「ここで子育てするのは、とてもつらいということですね。子どもをもつ親なら誰でも望むことを、あなたはわたしに知ってほしいのですね。よい教育、健全な環境で遊んだり成長したりする機会を……」
彼「そのとおりだ。基本的なことばかりです。人権です。アメリカ人はそう表現しますね？　あなたたちのせいで、ここの人権がどんなことになっているのか、もっと多くのアメリカ人が来て、その目で確かめればいい！」
わたし「もっと多くのアメリカ人に、ここの人々が抱える苦しみに気づいてもらいたい、アメリカの政治的な行為がどんな結果をもたらしたのか、もっと深く見てほしい。そう望んでいるのですね？」

対話はそれからも続き、彼はさらに20分ちかくにわたり自分の苦痛を述べ、わたしはその主張の背後にある感情と彼が必要としているものに意識を集中した。賛成も反論もしなかった。ただ彼の言葉を受けとめた。攻撃として受けとめるのではなく、彼の心の奥底からの訴えとして、彼には手の打ちようのない状況をわたしに伝えようとする言葉として受けとめた。

その男性は自分の言い分が理解されたと感じると、わたしが難民キャンプに来た目的について耳を傾けてくれた。わたしを人殺しと呼んだ人物は、1時間後、わたしを自宅に招待し、ラマダンの夕食をともにとろうと誘ってくれた。

第2章 思いやる気持ちを妨げるコミュニケーション

人を裁いてはならない。そうすればあなたも人から裁かれることはないだろう。
あなたが裁くその裁きで、自分も裁かれることになるだろう……
――聖書　マタイによる福音書　7章1節

わたしたちには生まれつき人を思いやる気持ちがそなわっているというのに、それをなかなか発揮できなくなるのはなぜか。研究するうちにわかってきたことがある。あるタイプの言葉とコミュニケーション方法は、人や自分に対して暴力的にはたらく一因となると気づいたのだ。わたしはこうしたコミュニケーション方法を、「心の底からの訴えを遠ざけてしまうコミュニケー

あるタイプのコミュニケーション方法は、人を思いやるという本来の性質を押さえつけてしまう。

ション」(life-alienating communication)と呼んでいる。

道徳を持ち出す

心の底からの訴えを遠ざけてしまうコミュニケーションにはいろいろあるが、そのひとつが道徳をふりかざして人を裁くというものだ。自分の価値観にそぐわないふるまいをする相手が悪いとか、まちがっているとほのめかすやり方だ。そうした判断は言葉にあらわれる。「あまりにも自分勝手なところが、あなたの問題だ」「彼女は怠惰だ」「彼らは偏見に満ちている」「それは不適切だ」など。非難、侮蔑、こきおろし、烙印を押す、批判、比較、分析はすべて、形を変えた裁きなのだ。

人を裁くことにしか関心がないとき、わたしたちは「誰が『どう』であるか」を中心に考える。

スーフィー(訳注：イスラム神秘主義)の詩人、ジェラルディン・ルミは次のように記している。「まちがった行いと正しい行いという思考を超えたところに、野原が広がっています。そこで逢いましょう」。心の底からの訴えを遠ざけてしまうコミュニケーションには、正しいかどうか、まちがっているかどうかという発想しかない。つまり、評価し、それを押しつける世界だ。そこには、人と人の行動を分別するための語彙があふれている。そうした言葉を使えば、相手のふるまいを裁くことにつながる。いい人間、悪い人間、ノーマル、アブノーマル、責任感がある、無責任、頭がいい、無知、などと勝手に決めつけている。

　自分の内面を見せずにすませる事務的なコミュニケーション方法を、わたしは早いうちから身につけてしまった。まだ大人にならないうちに。気に入らない、あるいは理解できない人々やふるまいに直面すると、相手のどこがいけないのかを決めつけた。苦手な課題を出す教師は、「意地悪」あるいは「理不尽」な先生。道で誰かが自分の行く手をふさげば、「バカヤロウ！」と反応していた。つねに、人の行動のどこがいけないのか、自分の理解や反応がどうまちがえているかでしかやりとりができない、そんなコミュニケーションである。分類や分析、どれほどいけないことかを見定めることばかりに注意を払い、自分や他人が必要としているが満たされていないことについては関心を払わない。仮にパートナーが、わたしが与えているよりももっと多くの愛情を求めていたとしても、彼女は「依存し、求めてばかりいる」となる。逆にわたしのほうがいま以上に愛情を求めていたら、彼女は「素っ気なくて鈍感」ということになってしまう。自分よりも同僚のほうが細部にまでこだわっていれば、彼は「ちまちましていて強迫観念にとりつかれている」と、逆にわたしのほうが細部にこだわっている場合には、彼は「ずさんでおおざっぱ」となる。

人を分析する行為は、自分が必要としていることや価値観の訴えである。

　このように人を分析する行為は、裏を返せば自分が必要としていることや価値観の痛々しい訴えなのだとわたしは考えている。なぜ痛々しいのか。それは、こういうかたちで自分が必要としていることや価値観を訴えると、ただでさえ相手の行動にひっかかりを感じているのに、その相手に対し、よりいっそう防御的になり、抵抗感を強めてしまうからだ。仮に相手がこちらの分析に同意し、こちらの価値観に沿った行動をとったとしても、それは恐れや罪悪感、恥の意識からの行動である可能性が高い。

こちらが必要としていることや価値観に相手がこたえてくれた場合でも、それが心の底から与えたいという気持ちからではなく、恐れや罪悪感、恥の意識からであれば、後から高いつけを払わされるだろう。相手は、直接的あるいは間接的な強制力を感じてこちらの価値観に従っているだけだからである。遅かれ早かれ、相手の善意が減退して問題が起こる。相手も、こちらに対する恐れや罪悪感、恥の意識で行動すると、憤りや自己評価の低下に苦しむことになるだろう。そうした感情と結びつく場面が度重なれば、相手がこの先、わたしたちが必要としていることや価値観を思いやってくれる可能性の芽を摘むことになる。

そして、くれぐれも「価値観にもとづいた判断」と「道徳にもとづいた判断」を混同しないように。わたしたちはみな、大切にしている価値観を基準にしてものごとを判断する。率直さや自由、平和など、何に価値を置くかは人それぞれ。価値観にもとづく判断は、どうすれば人生をすばらしいものにできるかという信念を反映している。だが相手がそれに応じず、こちらの価値観に反するふるまいに出ると、とたんに「道徳にもとづいた判断」を下す。たとえば、「暴力は悪いこと。人を殺す人は邪悪だ」などと。もしも相手を思いやる言葉を使うように育てられていれば、満足できない場面で暗に相手に指摘するのではなく、自分の価値観や自分が必要としていることを明確に述べることを学んでいただろう。「暴力は悪いこと」ではなく、「暴力で争いを解決しようとすることをわたしは恐れる。それ以外の手段で人間同士の争いを解決することを大切にしている」ということもできる。

言葉と暴力の関係については、コロラド大学のO・J・ハーヴィー教授が心理学的な研究をしている。ハーヴィー教授は、世界の多数の国の文学から無作為にサンプルを抽出し、人を裁いたり分類したりする言葉が出てくる頻度を表にした。その結果、そのような言葉の使用と暴力の発生には高い相関関係があることがわかった。人が何を求めているのかを考える文化と、「いい」か「悪い」かというレッテルを貼り、「悪い」人間は罰を受けて当然と考える文化を比べれば、前者のほうが暴力ははるかに少ないのも無理はない、とわたしは考える。

人を分類し裁くことは、暴力の助長につながる。

アメリカの子どもがいちばんよくテレビを見ていそうな時間帯のテレビ番組の75パーセントは、主人公が相手を殺すか叩きのめしている。暴力は、たいてい番組の「クライマックス」部分にあたる。悪者は罰を与えられて当然と教えられてきた視聴者は、この暴力を見て満足を覚えるのだ。

大部分の暴力――言葉や心理上あるいは肉体的な暴力、家庭内、部族間、国家同士の暴力を問わず――の根底には、相手がまちがっているからもめるという思いがある。そのときには、自分自身の人間性と他者の人間性――感情や恐れ、渇望、無念さが見えなくなっている。冷戦当時、わたしたちはこうした危険な考え方を見せつけられた。アメリカの指導者は、旧ソ連は「悪の帝国」であり、アメリカ的な生き方の破壊をもくろんでいると見なした。ロシアの指導者はアメリカ合衆国の人間を「帝国主義的な迫害者」と呼び、自分たちを支配下に置こうとしていると見なした。相手にそのようなレッテルを貼る背後には恐れの感情が隠れていることを、両者とも認めなかった。

比較をする

わたしたちは、比較というかたちでも人を評価する。ダン・グリーンバーグは著書*How to Make Yourself Miserable*（自分を惨めにする方法）のなかで、比較を中心に据えた考え方がわたしたちの内面に深く影響を及ぼしていることをユーモアまじりに述べている。自分の人生を惨めなものにしたいと心底願うのであれば、ぜひとも他人と自分とを比べればいいと提案している。やり方がわからないという読者のために、エクササイズまで用意するという念の入れようだ。第1のエクササイズには、いまのメディアで理想とされる肉体をそなえた男性と女性の全身写真を使う。自分の身体のサイズを測り、それを理想の肉体を持つ男女の写真に重なっている数字と比べ、そ

比較は、形を変えた評価。

のちがいについて考える。

このエクササイズをすれば、もくろみどおりの結果が出る。つまり、比べれば比べるほど惨めな気分になれる。とことん絶望したところでページを繰ると、最初のエクササイズなど、ほんのウォーミングアップであったと思い知らされる。肉体的な美はかなりうわべのもので、次のエクササイズはもっと重要な比較だ。それは人生の達成度。著者のグリーンバーグは、〝電話帳〟から無作為に選んだ人物と自分を比べるように指示する。まずはヴォルフガング・アマデウス・モーツァルトだ。モーツァルトがティーンエイジャーになる前に操った言語を列挙し、つくった名曲をあげる。エクササイズはさらに続き、読者はいま現在の段階でどのようなことを達成しているのかを考え、モーツァルトが12歳までに成し遂げた業績と比べるように指示される。そして、両者のちがいについて考えようというのである。

エクササイズを実際にしなくても、この種の思考が自分と自分以外の人を思いやる気持ちをどれほど阻むのかは理解してもらえるだろう。

責任を回避する

さらに、自分の責任を回避しようとすることもまた、心の底からの訴えを遠ざけてしまうコミュニーションの特徴のひとつだ。こういうコミュニケーションは、自分の思考や感情、行動に

わたしたちの言葉は、個人の責任の自覚を鈍らせる。

責任があるという自覚を鈍らせる。「〜しなければならない」という表現はよく使われる。「あなたの意思にかかわらず、やらなくてはならないことがある」という言い方をすると、その行動の責任は誰にあるのかがあいまいになる。「〜のせいで」という言い回しは、「あなたのせいで罪悪感を覚える」などと使われるが、自分の感情と思考に責任を負うことを回避するよう促す言葉である。

ハンナ・アーレントは、ナチス将校アドルフ・アイヒマンの戦争犯罪を裁く裁判を伝える著書『イェルサレムのアイヒマン』（みすず書房）のなかで、アイヒマンの言葉を引用して、彼も同僚の将校たちも、彼らが使っていた責任回避の言葉を独自の名前で呼んでいたと書いている。それは「Amtssprache」つまり「官庁用語」あるいは「お役所言葉」とでもいうようなものだった。たとえば、ある行動をとった理由を問い正されると、彼らは「わたしはそうしなくてはならなかったから」と答えるのだった。なぜそうしなくてはならなかったのかと問われれば、「上官の命令だった」あるいは「組織の方針だから」「そう決まっているから」と答えるにちがいない。

ある行動をとった理由について、次にあげるような言い方をする場合、わたしたちは自分の責任を回避している。

・あいまいで、誰のものでもない力のせいにする。

「わたしが自室の掃除をしたのは、そうしなくてはならなかったからだ」
・自分の状態、診断結果、個人の生育歴あるいは精神病の病歴のせいにする。
「わたしが酒を飲むのは、アルコール依存症だからだ」
・他人の行動のせいにする。
「子どもが道路に飛び出したから叩いた」
・権威側からの指令のせいにする。
「上司がそうするように命じたので、顧客に嘘をついた」
・集団の圧力のせいにする。
「タバコを吸いはじめたのは、友人がみな吸っていたからだ」
・組織の方針、規則、規定のせいにする。
「これは校則違反だから、きみを停学処分にしなくてはならない」
・性別役割、社会的役割、年齢にふさわしい役割のせいにする。
「仕事に行きたくない。でも自分は夫であり父親であるのだから、行かなくてはならない」
・抑制のきかない衝動のせいにする。
「どうしてもキャンディを食べずにはいられないという衝動に負けた」

あるとき、保護者や教師たちと、あたかも選択肢がないかのような言葉づかいの危険性について討論をした。すると、ある女性が憤慨した様子で主張した。「でも、やりたいかどうかはともかく、どうしてもやらなくてはならないことがあります。それは子どもたちも同じです。彼らにそういってきかせることのどこがいけないのか、理解できません」。そこで、「やらなくてはならないこと」の一例をあげてくださいと頼むと、彼女はすかさず言い返した。「お安いご用です。今夜ここを出たら、わたしは帰宅して料理をしなくてはなりません。料理なんて大嫌い！　料理は心底嫌いなんですよ。でも20年このかた、毎日やり続けています。たとえどんなに身体の具合が悪いときでも。だって、やらないわけにはいかないんですから」。やらなくてはならないからという理由で、それほど長いあいだ大嫌いなことをやり続けてきたのは、ほんとうに残念ですとわたしはいい、さらに彼女に言葉をかけた。NVCの言葉を知ることで、あなたがいまよりも幸福になれるように期待していると。

うれしいことに、彼女はたちまちのうちに学んだ。ワークショップを終えると帰宅して、もう料理はしたくないと家族に宣言したのだ。それに対する家族からのフィードバックがどんなものだったのかを知ったのは3週間後。彼女のふたりの息子がワークショップにあらわれたのだ。彼らが母親の宣言にどう反応したのか、わたしは興味があった。たずねてみると、兄のほうはため息をついた。「『やれやれ、助かった！』と心のなかでつぶやきました」。わ

あたかも選択肢がないかのような言い方をするのはやめて、選択肢があることを認める言葉づかいをする。

たしの当惑した表情を見て、彼が説明してくれた。「つまり、これで食事のたびに母の愚痴を聞かされずにすむと思ったんです」

また、あるときには学校問題に関するコンサルティングをした。メンバーが集まったところで、ある教師がこう述べた。「成績をつけるのが嫌でたまらないのです。生徒のためになるとは思えないし、かえって生徒の不安を煽るばかりのような気がします。でも、成績はつけなくてはなりません。それがこの地区の方針ですから」。そのときはちょうど、生徒に自分の行動の責任をもっと自覚させる言葉を校内でどのように導入すればいいだろうかと話し合っていた。わたしはその教師に、次のように言い換えてみてはどうだろうかと提案した。「地区の方針なので評価をつけなければならない」ではなく、「わたしが生徒の評価をつけることを選択するのは、……を望むから」と。彼女はためらうことなく続けた。「わたしが生徒の評価をつけることを選択するのは、自分の仕事を失いたくないからです」。そして急いでつけ加えた。「でも、そういう言い方はしたくありません。自分がしていることに大きな責任を感じてしまいますから」。「それを感じてほしくて、言い換えてもらったんです」とわたしは答えた。

自分の行動や考え、感情への責任を意識していないのは、危険な状態である。

フランスの小説家・ジャーナリスト、ジョルジュ・ベルナノスが次のように述べているが、わたしは彼に同感だ。

「長いこと考えてきたのだが、破壊するためのテクニックがますます向上し、いつの日かついに人類が地上から姿を消すことになったとしたら、わたしたちの消滅は、非情さが招いた結果ではないはずだ。そしてまた、非情さが引き起こした憤慨や報復のせいでもなく、それに対する報復のせいでもない……それよりも、現代人の従順さ、責任感の欠如、あらゆるつまらない決まりをたいていはおとなしく受け入れるところに原因があるのだ。わたしたちがこれまでに見た恐ろしい出来事、もうまもなく目のあたりにするであろうさらに恐ろしい出来事は、世界中で反逆者が増えているからでも、反抗的で扱いにくい人々が増えているからでもなく、従順で御しやすい人間が着実に増えているしるしなのだ」

心の底からの訴えを遠ざけてしまうコミュニケーションは他にもある

自分の願望を強要することもまた、人を思いやる気持ちを阻む話し方である。強要することは、直接あるいは間接的に、これに従わなければ非難や罰が待っているぞと脅迫しているのと同じだ。わたしたちの文化では、強要というかたちでのコミュニケーションはよく見られる。とりわけ、権威ある地位についている人物はこれに頼ることが多い。

強要に関していえば、わたしはわが子たちから貴重な教訓を得た。どういうわけか、わたしには、親としての自分の務めは強要することだという思い込みがあった。しかし、こちらがありとあらゆることを強要しても、子どもたちに何かをやらせることはできない。それを教えられた。親だから、教師だから、管理職だから、自分が果たすべき務めは人にまっとうな行動をさせることだと信じている人間にとって、これは強烈に謙虚にさせられる教訓だ。強制して何かをやらせることはできないということを、年端もいかない子どもが教えてくれた。わたしときたら、いうことをきかない子どもにお仕置きという手段をとるありさまだった。そして、そのたびに彼らはわたしに、お仕置きで何かをやらせるなどというのは愚かな行為であり、そんなことをしなければよかったと思い知らせてくれた。

人に強制して何かをやらせることはできない。

強要の問題については、要求とのちがい――これはNVCでは重要な部分だ――と併せてあらためて検討したい。

ある行動は報酬の対象となり、他の行動は懲罰の対象となるという考え方も、心の底からの訴えを遠ざけてしまうコミュニケーションにつながる。「～に値する」という表現もある。たとえば「彼はああいうことをしたのだから罰を受けるに値する」というように。ある行動をとった人間を「悪い」と想定し、悔い改めさせ行動を正そうとする罰が必要だと思わせる。だが、罰を免れるためではなく、自分のために変わることがすべての人の利益につながるとわたしは信じている。

「～に値する」という考え方は、思いやりのあるコミュニケーションを妨害する。

たいていの場合、人は成長とともに、自分がどう感じているのか、何を必要としているのかを語る言葉よりも、レッテルを貼ったり、比べたり、強要したり、評価したりする言葉を口にするようになる。心の底からの訴えを遠ざけてしまうコミュニケーションの根底には、何百年も前から影響を及ぼしている人間の本性に対する考え方があるとわたしは思っている。人は内面に邪悪なものを抱えた不完全な存在であると強調し、本来の望ましくない性質を矯正するためには教育が必要であるという考え方だ。そうして教育された結果、わたしたちは自分の感情と自分が必要としていることを肯定できなくなる。そして大人になるよりずっと前に、自分の内面を無視することを学ぶ。

心の底からの訴えを遠ざけてしまうコミュニケーションは、哲学にも政治にも深く根ざす。

心の底からの訴えを遠ざけてしまうコミュニケーションは、ヒエラルキーあるいは支配構造がある社会から生まれ、そういう社会を支えるために使われる。少数の人間が自分の利益のために多数の人間を統制する社会では、大衆が奴隷と同じような心理状態になるように教育されることが王や王族、貴族にとって有益である。そのために使われるのが、「〜すべき」や「〜しなくてはならない」という言葉であり言い方だ。なんらかの規範に沿って考えるということであり、当然まちがっている、悪いという判断が生じる。こういう思考を叩き込まれた人が増えればどうなるか。訓練の結果、彼らは自分の内面ではなく外部を見るようになる。外の権威を基準に、何が正しいのか、まちがっているのか、悪いのかという定義を学び取る。しかし、人が自分の感情に気づき、何を必要としているのかを見極めていれば、決して従順な奴隷になることはない。

まとめ

人を思いやる気持ちとともに、与え、受け取ることによろこびを感じるのは、本来人間として自然なことだ。しかし、わたしたちはさまざまな種類の「心の底からの訴えを遠ざけてしまうコミュニケーション」を身につけて話したり行動したりするようになっている。その結果、自分自身も自分以外の人も傷つけている。自分の価値観にそぐわない行動をする人に対し、「まちがっている」「悪い」と道徳的な判断をする。また、比較を持ち込めば持ち込むほど自分自身を、そして自分以外の人々を思いやることが難しくなる。心の底からの訴えを遠ざけてしまうコミュニケーションを実践すると、自分の思考や感情、行動の責任は、ほかでもない自分自身にあるのだという自覚があいまいになる。さらに、願望を強要というかたちで相手に伝えるやり方も、人を思いやる気持ちを阻んでしまう。

第3章
評価をまじえずに観察する

「観察しなさい！
これほど重要で神聖なものはないだろう」
――フレデリック・ビュークナー（牧師）

わたしがしたこと、していないことについて、
あなたの指摘を、
受けとめることはできる。
そして、それについてのあなたの解釈を受けとめることもできる。
しかし、どうかそのふたつを混ぜてしまわないでほしい。

問題を混乱させたいのであれば、

そのやり方を教えよう。
わたしの行動と、
それに対するあなたの態度をいっしょくたにすればいい。

わたしがやりっぱなしにした家事を見て、
がっかりしたといってくれてかまわない。
しかし、わたしを「無責任」と呼んでも、
やる気は起きないだろう。

あなたがわたしに言い寄ろうとして、
わたしがことわったら、
傷ついたといってくれてかまわない。
しかし、わたしを冷淡な人間と呼んでも、
あなたの未来の可能性が拓けることはないだろう。

そう、
わたしがしたこと、していないことについて、

あなたの指摘を
受けとめることはできる。
そして、あなたの解釈を受けとめることもできる。
しかし、どうかそのふたつを混ぜないでほしい。

マーシャル・ローゼンバーグ

NVCの第1の構成要素は観察であり、それはあくまでも評価と「切り離す」必要がある。自分の状態を左右する、見るもの、聞くもの、触れるものを、評価をまじえることなく明確に観察する必要がある。

NVCでは、自分がどのような状態にあるかを明確に率直に人に伝えることが大切であり、観察は重要な要素だ。しかし、評価と観察をいっしょにしてしまうと、こちらが伝えたいメッセージを相手が聞き取ってくれる可能性が減ってしまう。相手はむしろ批判として受け取り、反発する可能性が高い。

あくまでも客観的な態度を通しなさい、評価をいっさい下してはならない、などというつもりはない。ただ、NVCを実践するのであれば、観察と評価をつねに分けることが必要なのだ。NVCはプロセス・ランゲージ（過程を大切にする言葉づかい）であり、ものごとを固定的にとらえたり、一般化してとらえたりすることを避ける。その代わりに、「ある特定の時間と状況」での観察にもとづいて評価をおこなうようにする。意味論学者ウェンデル・ジョンソンは、つねに変化している現実を固定的な言葉で表現することがたくさんの問題を引き起こしている、と指摘している。「わたしたちの言葉は、古代の無知な人間たちがつくりだした不完全な道具である。それはアニミスティックな言葉であり、安定と不変、類似、標準、ものごとの種類、魔法のような変化、すみやかな治癒、シンプルな問題、最終的な解決について表現するためには適している。しかし、わたしたちが表現しようとしている世界は、プロセス、変化、差異、複数の局面、機能、関係性、成長、相互作用、進歩、学習、模倣、複雑性に満ちている。絶えず変化している世界と、どちらかといえば固定的な言葉のあいだにあるずれが、ある種の問題を引き起こしている」。

観察と評価をいっしょにしてしまうと、相手は批判されたと受けとめる可能性がある。

わたしの同僚ルース・ベベルマイヤーは、固定的な言葉とプロセス的な言葉のちがいを歌としてあらわし、評価と観察のちがいを明確にしている。

怠惰な人間を見たことは一度もない。
わたしが見ているあいだは走らない
昼食と夕飯のあいだにときどき眠る
雨が降ると家から出ない人間なら見たことがある

けれど彼は怠惰ではなかった。
わたしを変わり者呼ばわりする前に考えてみてほしい
彼は怠惰な人だったのだろうか
それとも、わたしたちが「怠惰」と呼ぶ行動をしていただけなのか。

愚かな子どもというものを知らない
こちらが理解できないことをときどきやらかしたり、
こちらが計画していたのとはちがう方法で何かをしたりする子どもなら
知っている。
わたしが行ったことのある場所を見たことがない子どもを知っている
けれど、彼は愚かな子どもではなかった。
彼を愚かという前に考えてみてほしい
その子は愚かだったのだろうか、それともあなたとはちがうことを知っていただけなのか。

穴があくほど見つめてみたが、
コックは見つからなかった。
食材を取り合わせてわたしたちの食事をつくる人はいた。

肉を加熱するためのコンロの火をつける人はいた
けれど、コックを見ているのではない
教えてほしい。自分が見ているのは、
コックなのか。それとも
調理という作業をしている人なのか。

怠惰という表現を使う人もいるが、
疲れているだけ、あるいは型にはまらない性格と表現する人もいる
愚かという表現を使う人もいるが、ちがうことを知っているだけと表現する人もいる
それならば、こう考えればいい
自分が見たものと
自分の意見を混同しなければ、
混乱を引き起こさないですむ
あなたにいわれる前に、いっておこう
これもまたわたしの意見にすぎないことは承知のうえだと

「怠惰」や「愚か」のような否定的なレッテルを貼ることによる影響はわかりやすいが、肯定

的なもの、あるいは「コック」のように一見ニュートラルなレッテルを貼ることも、他者という存在を見えにくくし、限定的に認識することにつながる。

人間の知性の最高のかたち

インドの哲学者、J・クリシュナムルティはかつて、評価をまじえずに観察することは人間の知性として最高のかたちであると述べている。初めてそれを読んだときの感想は、「ナンセンスそのものだ」だった。理解する前から、すでに評価を下していた。自分以外の人とその行動について観察する際、相手への評価や批判、その他さまざまなかたちの分析を切り離すことは、誰にとっても難しいのである。

その難しさをわたしが痛感したのは、ある小学校の問題に取り組んでいたときのことだった。その学校では、教師たちと校長のあいだのコミュニケーションがしばしば暗礁に乗り上げていた。その地区の責任者から、両者の対立を解決する援助をしてほしいという要請を受け、まずは教師たちとの会談をおこなった。その後、校長が同席して話し合うことになっていた。

教師たちとの話し合いの冒頭、わたしは彼らに質問した。「校長がしていることのどういう点が、あなたたちが必要としていることと対立しているのかを教えてください」。「校長は独善的なんですよ」。即座に答えが返ってきた。だが、わたしは彼らに観察の結果をたずねたのだ。「独善的だ」という発言からは、この教師が校長をどのように評価しているのかわかったが、校長がどんなことを「いった」り「した」りしたから「独善的だ」と解釈したのかという点は明らかになっていない。

それを指摘すると、別の教師が発言した。「彼がいいたいことはよくわかります。校長はしゃべりすぎるんですよ」。これもまた校長のふるまいをありのまま観察しているわけではなく、たくさん話すことへの評価を加えている。3番目の教師がこう言い切った。「校長は自分だけが立派なことをいえる人間なのだと考えています」。そこでわたしは、自分以外の人間の考えを推測することと、その人物のふるまいを観察することとは別であると説明した。最後に、4人目の教師が意を決したように発言した。「校長はいつも注目を浴びていないと承知しないのです」。これもまた、自分以外の人間が望んでいることを推測しているにすぎないとわたしが述べると、たまりかねたふたりの教師が声をそろえた。「あなたの質問は、答えるのが、とてつもなく難しい！」

次に、教師たちを困らせる校長の「行動」をリストアップする作業に入った。その際、リストには評価を混ぜてしまわないよう確認した。リストの内容は、たとえば職員会議で校長が自分の子ども時代と戦争体験を話し、ときには会議が予定よりも20分もオーバーしてしまう、といったものだった。教師たちはそのいらだちについて校長と話し合ったことがあるのだろうか。それをたずねてみた。彼らは試みたらしいが、校長のふるまいを評価するようなコメントの仕方だったようだ。具体的な行動、たとえば校長の独り語りを持ち出したことは一度もなく、全員で集まったこの機会が初めてだと彼らは認めた。

校長をまじえた話し合いの開始からまもなく、教師たちの発言の意味がわかった。何を議論していても校長は口を挟んできたのだ。「これで思い出すのは、わたしが……」と、子ども時代に体験した戦争の話を始めた。教師たちが不快感を言葉であらわすかとわたしは見守った。しかし彼らはNVCを実践する代わりに、無言の非難をつきつけたのである。やれやれとばかりに眉をあげたり、あからさまにあくびをしたり、腕時計に目を落としたり。

わたしにとってたえがたい時間だった。しまいにこう切り出した。「誰か、何かいったらどうですか」。気まずい沈黙が続いた。事前の会合で最初に発言した教師が勇気をふりしぼり、校長をまっこうから見据えて、こういった。「ひとりで話しすぎです」

このエピソードが示すように、長年、評価と観察をいっしょくたにするのに慣れていると、それを切り離すのは容易ではなくなる。だが、教師たちは最後には無事、自分たちの不満の種だった校長の行動を明確に指摘することができた。校長は熱心に耳を傾けていたかと思うと、やおら強い口調でたずねた。「なぜ、いままで誰もそれを指摘してくれなかったのかね?」。校長は自分の独り語りの癖に気づいていた。そしてなんと、この癖について長々と語りはじめたではないか！　わたしは校長の話をさえぎった。彼はまたもや同じ行動を繰り返していた（今回は、観察したことをあくまでもやさしく指摘した）。今後、校長の話が歓迎されない場合、教師がいかに穏便にそれを伝えるかを考え、わたしたちは会合を終えた。

観察と評価を区別する

観察と評価を混同している例と、切り離している例を次に並べてみた。

	コミュニケーション	観察と評価を混同した例	観察と評価を切り離した例
1	評価を下した責任が誰にあるのかを明らかにせず、決めつける	あなたはあまりにも気前がよすぎる。	昼食代をすべて人にあげてしまうなんて、わたしには気前がよすぎるように思える。
2	暗に評価する	ダグは後回しにする。	ダグは試験の前夜だけ勉強する。
3	他人の考えや感情、意図、願望について、こちらの推測した内容が唯一の可能性だという含みをもたせる	彼女の仕事は締め切りに間に合わないだろう。	彼女の仕事が締め切りに間に合うとはわたしは思わない。あるいは、「仕事を間に合わせることができないと思う」と彼女はいった。

4　予測と確信を混同する	バランスのとれた食事をしなければ、健康を損なってしまう。	バランスのとれた食事をしなければ、あなたの健康が損なわれるのではないかと心配だ。
5　対象を明確に特定していない	マイノリティの人たちは自分の地所の手入れをしない。	ロス１６７９番地に住むマイノリティの一家が自宅前の歩道の雪かきをしているのを見たことがない。
6　能力を示す言葉を使い、評価していることをあからさまにしない	スミスはサッカー選手としての技術が劣る。	スミスは20試合に出場して一度もゴールをしていない。
7　副詞と形容詞を使い、評価されたとは知らせないように表現する	ジムは醜い。	ジムの外見はわたしにとっては魅力的ではない。

（注）いつも、決して、一度も、必ず、といった言葉でも、次のように使えば観察をあらわす。

・ジャックが電話しているところを見ていると、いつも彼は30分以上話している。

・あなたから手紙をもらった覚えは一度もない。

こういう言葉を誇張として使う場合は、観察と評価が入りまじっている。

・あなたはいつも忙しい。

・彼女は必要とされているときに決してそこにいた試しがない。

このような誇張表現を使うと、相手は共感するのではなく身構える可能性が高い。

しばしば、めったに〜ない、といった言葉もまた、観察と評価をいっしょにしてしまう。

評価	観察
あなたはわたしが望むことをめったにしない。	わたしはこれまで3回あなたに勧めたが、あなたはそれをやりたがらなかった。
彼はしばしば立ち寄る。	彼は1週間に少なくとも3回は立ち寄る。

まとめ

NVCの第1の構成要素は観察だが、これには評価をまじえないことが重要だ。観察と評価をいっしょにしてしまうと、相手は批判されたと受けとめ、こちらのいうことに抵抗を示す可能性が高い。NVCはプロセス的な言葉であり、ものごとを固定してしまう一般化を回避することができる。NVCは時間と状況を特定して観察を表現する。たとえば、「スミスは20試合に出場してゴールを一度も決めていない」と表現するが、「スミスはへぼなサッカー選手だ」という言い方はしない。

NVC・イン・アクション

「あなたほど傲慢な話し手を迎えたことがない！」

この言葉が出てきたのは、あるワークショップでのこと。わたしはプレゼンテーションを始めて30分ほどのところで一度区切って、参加者からの感想を聞いてみた。ひとりが手をあげ、こう宣言したのだ。「あなたほど傲慢な話し手を迎えたことがない！」

こんな場合、わたしには複数の選択肢がある。ひとつは、責められていると受けとめる。すると、相手に卑屈な態度をとったり、自分を擁護したり、言い訳をしたりするので、自分がそう受けとめていることがわかる。もうひとつの選択肢は、攻撃されたと受けとめる。そして相手に反撃する（待ってましたとばかりに）。このワークショップでは、第3の選択肢を選び、相手の発言の奥に何があるのかを知ろうと集中した。

わたし（彼が何を観察しているのだろうかと想像しながら）「わたしが30分間自分の考えを

述べてあなたに話す機会を与えなかったために、そのような発言をされたのですか」

フィル「いいえ、あなたはあまりにも、ものごとを単純化しています」

わたし（さらに明確にしようと努める）「このプロセスの実践が人によっては難しいこともあるということを、わたしが何も触れなかったために、あのような発言をしたのですか」

フィル「ちがいます。他の人たちのことではなく、あなたのことです」

わたし「では、このプロセスを実践するにあたって、わたしも困難に直面することがあるといわなかったことに反応しているのですか」

フィル「そのとおりです」

わたし「このプロセスを実践する際、わたし自身すべてがスムーズにいったわけではないという部分にまったく触れなかったので、好感をもてなかった。だからいらいらしたのですか」

フィル（一瞬、間を置いて）「そのとおりです」

わたし（彼の感情と彼が必要としていることを感じ取ることができたので、わたしは少しリラックスできた。そして、彼が何を要求しているのかに注意を向けた）「このプロセスを実行する際、このわたしも悪戦苦闘することがあることを、いま認めてほしいですか。いまわたしがそう認めれば、あなたは満足するのでしょうか」

フィル「ええ」

わたし（彼の観察、感情、必要としていること、要求はこれで明確になった。次に、彼の要求どおりにする意思があるのかどうか、自分自身に確認してみる）「ええ、わたし自身、このプロセスの実行が難しいと感じるときがありますね。ワークショップを進めながらお話ししていきますが、いまここで紹介しているプロセス、意識を実行に移すのに悪戦苦闘した……あるいはまったく実行できなかった経験は一度ならずあります。けれど、このプロセスを続けていれば、人との密接なかかわりが生まれます。だから、悪戦苦闘してもやり抜こうとするのです」

エクササイズ①

観察か、それとも評価か

観察と評価とを見分ける能力がどのレベルにあるのかを知るために、次のエクササイズをしてみよう。評価をまじえず観察のみを述べているものに丸をつけてみよう。

1 「ジョンは昨日、理由もなしにわたしに腹を立てた」
2 「昨夜、ナンシーはテレビを見ているときに爪を噛んでいた」
3 「会議のあいだ、サムはわたしに意見をたずねなかった」
4 「わたしの父はいい人だ」
5 「ジャニスは働きすぎだ」
6 「ヘンリーは攻撃的だ」
7 「パムは今週、毎日いちばん乗りだった」
8 「わたしの息子は歯磨きをしないことがよくある」
9 「ルークは、わたしには黄色が似合わないといった」
10 「おばと話すと、よく愚痴をこぼす」

わたしの考えは次のとおり。

1　あなたがこの番号に丸をつけたなら、あなたとわたしの意見は一致していない。「理由もなしに」という言葉は、相手への評価であると考えるからだ。さらに、ジョンが腹を立てたと推論することも評価にあたると考える。もしかしたら、傷ついた、怯えた、悲しいといった気持ちだったかもしれない。評価をまじえずに観察を述べるとしたら、「ジョンはわたしに、自分は腹を立てているといった」あるいは「ジョンはテーブルにこぶしを打ちつけた」というだろう。

2　あなたがこの番号に丸をつけたなら、わたしたちの意見は一致している。評価をまじえず観察だけが述べられている。

3　あなたがこの番号に丸をつけたなら、わたしたちの意見は一致している。評価をまじえず観察だけが述べられている。

4　あなたがこの番号に丸をつけたなら、あなたとわたしの意見は一致していない。「いい人」は評価である、とわたしは考える。評価をまじえずに観察を述べるとしたら、「この25年間、わたしの父は給料の10分の1を慈善活動に寄付してきた」などと表現する。

5　あなたがこの番号に丸をつけたなら、あなたとわたしの意見は一致していない。「〜しすぎる」という表現は、評価であるとわたしは考える。評価をまじえずに観察を述べるとしたら、「ジャニスは今週、会社で60時間以上働いた」とするだろう。

6 あなたがこの番号に丸をつけたなら、あなたとわたしの意見は一致していない。「攻撃的」という表現は、評価だとわたしは考える。評価をまじえずに観察を述べるとしたら、「ヘンリーは、妹がテレビのチャンネルを替えたときに彼女を叩いた」というかもしれない。

7 あなたがこの番号に丸をつけたなら、わたしたちの意見は一致している。評価をまじえずに観察だけが述べられている。

8 あなたがこの番号に丸をつけたなら、あなたとわたしの意見は一致していない。「よくある」という言葉は評価だとわたしは考える。評価をまじえずに観察を述べるとしたら、「今週、わたしの息子はベッドに入る前に歯磨きをしない日が2日あった」という言い方ができるだろう。

9 あなたがこの番号に丸をつけたなら、わたしたちの意見は一致している。評価をまじえずに観察だけが述べられている。

10 あなたがこの番号に丸をつけたなら、あなたとわたしの意見は一致していない。「愚痴をこぼす」は評価であるとわたしは考える。評価をまじえずに観察を述べるとすれば、「わたしのおばは、今週3回電話してきた。3回ともおばは、自分が望むように自分を扱ってくれない人々について話した」という言い方ができるだろう。

仮面

いつも仮面を
ほっそりとした白い手に持ち
彼女は顔の前にそれを掲げていた。

いささかも重みのかかっていないその手首は
仮面に似合っていた。
けれど、ときどき
手首は震え
指先がわなないた
ほんのかすかに——
それは仮面を支えているから?

何年ものあいだ、わたしは不思議に思っていた
けれど、あえて聞こうとはしなかった

それなのに――
わたしは失敗を犯してしまった
仮面の向こうをのぞいてしまったのだ
そしてわかったのは
何もないということだった
彼女には顔がなかった

彼女はもはや単なる一本の手
優雅に仮面を支える
一本の手

作者不詳

第4章
感情を見極め、表現する

NVCの第1の構成要素は観察である。いっさいの評価をまじえない観察だ。第2の構成要素は、自分がどう感じているのかを表現すること。精神科医のロロ・メイはこう述べている。「成熟した人間は、感情を識別できるようになる。ひとつの交響曲のなかの異なった節を聞き分けるように、強く情熱的な経験、繊細で微妙な経験など、さまざまなニュアンスごとに識別していく」。しかし、メイはこうも述べている。多くの人にとって感情とは、「集合ラッパの音のように限られた音符しかない」

感情を表現しないことの重い代償

人の悪口をいおうと思ったとき、その言葉はじつに多様だ。一方、自分の感情を明確に表現するための語彙はどうだろう。比べてみると、前者のほうがレパートリーが広かったりする。わたしはアメリカで学校生活を21年間体験したが、その間、わたしがどう感じているのかをたずねた人はひとりもいなかった。感情は重要視されていなかった、というひとことに尽きる。価値が置かれていたのは、「正しい考え方」であった――しかもそれは、地位と権威のある側が規定したものだった。わたしたちは自分自身に気づくよりも、「他人の顔色をうかがう」ように訓練される。そして「頭に意識を向け」、「他の人は、ここでわたしが何をいうべきだと思っているだろう」と考えることを学ぶ。

9歳のとき、わたしがある教師とかわした会話は、自分の感情から遠ざかることがいかにして起こるかをよくあらわしている。9歳のわたしは放課後に教室に隠れていた。外で男の子たちがわたしを殴ろうと待ち伏せしていたからだ。ところが、教師に見つかって学校から出るようにいわれた。外に出るのが怖いのだと説明すると、「立派な男の子は怖がったりしませんよ」ときっぱりいわれてしまった。数年後、スポーツに取り組んだ際にも同じような教育を受けた。今回はさらに強烈に。コーチたちはみな、選手に「全力を尽くせ」、肉体的にどれほどつらくてもプレーを続行せよと説いた。その教えをとてもよく学んでしまったため、わたしは手首を骨折していたにもかかわらず、治療も受けないで、まるまる1カ月、野球を続けた。

あるとき、NVCのワークショップに参加した大学生が、ルームメイトが大音響でステレオを鳴らすので眠れないと話した。あなたはそのときにどう感じるのですかとたずねると、その学生はこう答えた。「夜、そんなに大きな音で音楽を鳴らすのは正しくないと感じます」。そこでわたしは指摘した。「〜ことだと感じる」という言葉の使い方は、自分の感情を明らかにしているのではなく、意見を述べていることになると。今度は自分の感情を言い表すように促すと、彼はこう答えた。「そういうことをする人は、人格に問題があるとわたしは感じます」。それもまた感情ではなく、意見である。わたしの指摘を受けて彼はしばらく考え込み、それから激しい口調で言い切った。「そのことに関しては、いっさい、どんな感情もありません！」

この学生は明らかに強い感情を抱いていた。しかし、自分の感情を自覚する方法を知らず、まして、それを表現する方法を知らなかった。感情を見極めて表現することは、たいていの人にとって難しいのだ。わたしの経験から見て、法律家やエンジニア、警察官、企業の管理職、職業軍人はこの傾向が強い。職業上の行動規範が、個人の情緒を明白にすることをよしとしないためだ。それよりも悲惨なのは、家族同士でお互いの気持ちを伝え合うことができない場合だ。カントリー&ウエスタンのシンガー、リーバ・マッキンタイアは父親の死を悼む曲、The Greatest Man I Never Knew（わたしが知りえなかったもっとも偉大な人）をかいた。父親と気持ちを通い合わせたいと願いながらそれが叶わなかった多くの人々の気持ちを、この曲は代弁している。

わたしは何度となく、次のような訴えを聞いている。「わたしの結婚相手は立派な人です。でも、こんなことをいってはなんですが、彼が何を感じているのか、わたしにはさっぱりわからないのです」。実際にそう嘆く女性は、ワークショップに夫を連れてきて、彼にこう話した。「わたしは壁と結婚しているみたいに感じるわ」。すると夫は、みごとに壁を演じてみせるではないか。押し黙って微動だにしなかったのだ。業を煮やして、女性はわたしに向かって叫んだ。「見てください。いつもこういう調子なんです。この人は座ったまま、ひとことも口をきかないんです。壁といっしょに暮らしているみたいなものです」

それに対してわたしは、「どうやらあなたは寂しさを抱えていて、夫ともっと気持ちを通い合わせたいと望んでいるようですね」と答えた。彼女が同意した。そこで、「壁と結婚しているみたいに感じるわ」という表現をしても、夫が彼女の感情と願望に関心を向ける可能性は低いだろうと指摘した。むしろ批判のように受けとめられ、こちらの気持ちにこたえてほしいという思いは届きそうにない。また、そういう言い方をすると、自分が口にしたことが現実のものとなる可能性が強い。たとえば、壁のようだといわれた夫はそれを自分への批判と受けとめ、傷つき、やる気をそがれ、反応しなくなる。すると妻の目には、夫がますます壁のようにふるまっているとしか見えなくなる。

自分の感情を表現する語彙力の向上に努めれば、親密な人間関係はもちろん、職業を通じた人間関係にもプラスの効果がある。あるとき、スイスの大手企業の技術部門の社員のコンサルティングを請け負ったことがある。他の部門の社員が、彼らを避けていることが発覚したためだ。その理由について、他の部門の社員はこう答えた。「あそこの人たちとの話し合いは苦手です。まるで機械相手にしゃべっているような気がするんです」。技術部門の社員たちと過ごすうちに、問題はしだいに解消されていった。わたしは彼らに、同僚とコミュニケーションをとる際には、もっと人間らしさを表現するように促したのだ。

病院の経営陣の相談にのったこともある。病院で勤務する医師たちとの会合を控え、経営陣は不安を抱いていたのだ。経営側は、あるプロジェクトを医師たちに支持してほしいと望んでいたが、医師側はごく最近、17対1の多数決で支持しないと決定していた。経営陣は、NVCで医師たちにアプローチできないかと、わたしに助言を求めてきた。

わたしはロールプレイングのセッションを実施し、経営陣の立場で発言した。「わたしはこの問題を提起することを怖がっている」。いきなりこう切り出したのは、この問題を再検討するために医師と対峙するにあたり、経営陣がたいへんな恐れを抱いているのが伝わってきたからだ。続けて発言しようとするわたしを経営陣のひとりがさえぎった。「そういう発言は非現実的です。医師たちに、わたしたちが怖がっているなどといえるはずがない」

なぜ怖がっていると告白できないと感じているのかたずねると、彼はためらわずに答えた。「こちらが恐れていると認めれば、彼らは猛然と攻撃してくるにちがいないからです」。こういう反応は意外ではない。仕事の場で自分の感情を表現するなんてとんでもないという人にはこれまでに何度も遭遇してきた。幸い、経営陣のひとりが決心し、医師と対峙することが怖いという自分の弱さを正直に打ち明けることを承知した。平素はあくまでも論理的で合理的、非感情的な態度を貫いている人物だったが、医師たちに考え直してほしい理由とともに自分の感情についても打ち明けたのである。すると、医師側がまったく予想外の反応を示した。結局、医師たちは「猛然と攻撃してくる」ことはなく、それまでの意向を翻して1対17の多数決でプロジェクトを支持することに決めた。経営陣は驚き、そして安堵した。この劇的などんでん返しを経験した経営陣たちは、たとえ仕事の場でも自分の弱さを打ち明けることはプラスの結果につながる可能性があると納得したのである。

自分の弱さを打ち明けることで、対立を解決できる可能性がある。

もうひとつ、わたしの個人的な体験を紹介しよう。自分の感情を隠す弊害を思い知らされた一件だ。あるとき、わたしは都市部のスラム街の生徒たちにNVCを教えることになった。初日、教室に足を踏み入れると、それまで盛んにおしゃべりしていた生徒たちがしんとなった。「おはよう！」と挨拶をしてみた。静寂。わたしは居心地悪く感じたが、それを言葉にするのが怖かった。だからあくまでも仕事に集中しているという態度に徹し、「この授業では、コミュニケーションのプロセスを学んでいきます。みなさんにとって、家族や友だちとの関係に役立つことを期待しています」と述べた。

さらにNVCについての説明を続けたが、誰も聞いている気配がない。ある女生徒は鞄をごそごそあさって爪やすりを取り出し、爪を磨きはじめた。窓際の生徒は窓ガラスに顔をくっつけて、通りをじっと見おろしているようだ。ますます居心地悪くなっていったが、やはり何もいえない。とうとうある生徒が甲高い声をあげた。おそらく、わたしよりもはるかに勇気ある態度だったにちがいない。「黒人といっしょにいるのが嫌でたまらないんじゃないの?」。わたしはあぜんとした。そしてすぐに気づいた。この生徒にそう思わせてしまったのは、自分の不安感を隠そうとしたからだと。

「じつはわたしはビクビクしているんだ。でもそれは、きみたちが黒人だからではない。わたしがビクビクしているのは、ここには誰も知り合いがいないし、きみたちに受け入れてもらいたかったからなんだ」。自分の弱さを打ち明けたことで、生徒の様子ががらりと変わった。彼らはわたしについて次々に質問を始め、自分のことを語り、NVCへの興味を表現しはじめたのだ。

感情vs感情ではないもの

「〜と感じる」という表現は、実際には感情を表現していない。そこで混乱が生じてしまう。たとえば、「わたしは公平な扱いを受けなかったと感じる」という場合、「感じる」という言葉ではなく、「思う」と表

感情と思いを区別する。

現するほうが的確だ。「感じる」という言葉を次のように使うと、感情そのものを表現していない場合が多い。


a 「〜であると」「〜のように」などといっしょに使う。

「あなたはもっとよく知るべきだと感じる」

「敗者のように感じる」

「壁といっしょに暮らしているみたいに感じる」

b わたし、あなた、彼女、それなどの代名詞といっしょに使う。

「わたしはいつも待機させられているように感じる」

「それは無駄に感じる」

c 人を示す名前や名詞をいっしょに使う。

「責任の大部分はエイミーにあったように感じる」

「上司にうまく操られているように感じる」

「自分が何を感じているか」と
「いまの自分をどう思っているか」
を区別する。

逆にいえば、感情をありのまま表現する場合は「感じる」という言葉は必要ないということだ。「いらいらしている」あるいは「いらついている」などといえばすむ。

NVCは、自分の実際の感情と「いまの自分をどう思っているか」の表現を区別する。

A　いまの自分をどう思っているか
「わたしにはギター奏者の才能がないと感じる」

これは自分の感情を明確に表現しているのではなく、ギター奏者としての自分の能力を評価する言い方だ。

B　実際の感情
「ギター奏者としての自分にがっかりしている」

「ギター奏者としての自分にがまんならない」

「ギター奏者としての自分に不満がある」

「才能がない」という表現の背後には、がっかり、がまんならない、不満である、などの感情が実際にあるということだ。


自分以外の人間の反応や行動に対し、「自分がどう感じているか」と「自分がどう思っているか」を区別する。

また、自分以外の人間のふるまいに関しても、自分がどう思っているのかということと、実際にどう感じているのかを区別することは重要だ。次にあげる例は、自分の感情を表現しているように勘ちがいしやすいが、実際は「他者のふるまいを自分がどう思っているのか」を述べている。

A「いっしょに仕事をしている人たちから重要視されていないと感じる」
「重要視されていない」という言葉は、自分が人からどのような評価を受けているのかを推察するものであり、実際の感情ではない。この場合は、「わたしは悲しい」あるいは「がっかりした」と感じているのだろう。

B「誤解されていると感じる」
これは相手がどれだけこちらを理解しているのかという度合いを評価として表現しているものであり、実際の感情を述べたものではない。この場合は、「心配だ」あるいは「いらいらしている」といった感情を抱いているのだろう。

C「無視されたように感じる」
これもまた他人の行動の解釈という意味合いが強く、自分がどう感じているのかを明確に述べているわけではない。自分は無視されていると思い、ほっとする場合もあるかもしれない。放っておいてもらいたいと望んでいるときもあるからだ。しかし、仲間に加わりたいと望んでいれば、無視されていると思って傷つくのは自然なことだ。
「無視されたように感じる」という言い方は、あくまでも他人の行動に対する自分の解釈を表現したものであり、自分がどう感じているのかを表現したものではない。似たような言い方を次にあげてみよう。

圧力をかけられた　いじめられた　一顧だにされなかった
疑われた　裏切られた　追いつめられた
貶められた　聞いてもらえなかった　虐待された
脅迫された　強要された　拒絶された
攻撃された　誤解された　こきおろされた
酷使された　子ども扱いされた　さえぎられた
支援されなかった　失望させられた　操作された
正しく評価されなかった　だまされた　挑発された
恫喝された　包囲された　放置された
まるめこまれた　みくびられた　見捨てられた
迷惑がられた　利用された

感情を表現する語彙を増やす

自分の感情を表現するには、漠然とした言葉や一般的な表現を使うのではなく、特定の気持ちを示す言葉を使うほうがやりやすい。たとえば、「それについて、好ましく感じる」と表現すると、「好ましく」という言葉は「幸せ」とも「わくわくする」とも「ほっとした」ともとれる。「好ましい」や「嫌な」という言い方をすると、実際にどう感じているのかが相手に伝わりにくくなる。

次のリストは、自分の感情を明確に述べ、さまざまな気持ちの状態について的確に言い表す力をつける一助となるように言葉をあつめたものだ。

必要としていることが満たされているとき

愛情深い　明るい　あたたかい
ありがたい　安心　いい気分
生き生きする　息を飲む　威勢がいい
いとおしい　ウキウキした　打ち込んでいる
有頂天　うれしい　うれしくってたまらない
エネルギッシュ　大よろこび　穏やか

落ち着いた
開放的
活発な
感極まる
感心する
希望
キラキラした
好奇心がある
興奮
心奪われる
さわやかな
舌を巻く
集中した
爽快
探求的
得意
熱意がわいてくる

快活
覚醒した
軽やかな
感謝
感動する
気持ちが静まる
くらくらする
好奇心をそそられる
高揚した
心強い
自信
慈悲深い
上機嫌
ぞくぞくする
陶然
得心がいく
熱狂的

解放感
活性化した
歓喜
関心が深まる
期待に満ちた
興味津々
元気いっぱい
幸福
心地よい
冴えた
静かな
充足感
触発される
楽しい
研ぎ澄まされた
虜になる
熱を帯びる

のどかな
励まされる
はつらつとする
びっくりする
不安がない
誇らしい
舞い上がるような気分
まろやかな気分
満ち足りた
役に立ちたい
愉快な
よろこびに満ちた
冷静
のびやかな
弾む
晴れ晴れとした
人を信じられる
フレンドリー
ほっとする
前向きな
満足
魅了される
やさしい
ゆったりする
楽天的
わくわくする
上り調子
ハッスル
晴れやかな
敏感な
平穏無事
ほろりとする
魔法にかかった心地
満たされる
夢中になる
勇気づけられる
陽気な
楽観的

必要としていることが満たされていないとき

飽き飽きする
意地悪になる
意気消沈
いても立ってもいられない
行き詰まる
いらいら

陰気
打ちのめされる
恨みを抱く
厭世的になる
落ち着かない
懐疑的
かっとなる
気落ち
気が抜ける
疑念を抱く
恐怖
緊張する
暗くなる
激怒
興奮
困る
混乱

うしろめたい
内向き
うろたえる
怒りっぽくなる
驚く
愕然とする
悲しい
気が気でない
気が引ける
気乗りしない
気をもむ
悔しい
苦しい
懸念
業を煮やす
孤立感
困惑

打ち解けない
恨みがましくなる
うんざり
おじけづく
怯える
活気がなくなる
過敏になる
気が動転
危惧する
気難しくなる
気を悪くする
苦悩
激情にかられる
幻滅
心を痛める
怖がる
さびしい

寒々しい
沈む
失望
焦燥感
じれったい
深刻
絶望的
だらける
疲れ切る
つらい
とげとげしい
戸惑う
ばつが悪い
張り合いがなくなる
卑屈になる
悲嘆に暮れる
無愛想

残念
失意
受動的になる
消耗する
神経が逆立つ
心配
そわそわする
だるい
疲れた
敵意を抱く
どっちつかず
鈍感になる
パニック
張りつめる
ビクビクする
悲痛
不安

しおれる
嫉妬
傷心
ショック
神経質
せつない
退屈
短気になる
つまらない
動揺
途方に暮れる
熱意を失う
腹を立てる
悲観
悲惨な
びっくりする
不安定

不快	不機嫌	不幸
ふさぎ込む	不信感を抱く	不平を抱く
憤怒	辟易	へこたれる
まごつく	身がすくむ	惨め
身の毛がよだつ	むかつく	無感覚
無関心	無感動	むきになる
無気力	無頓着	無力感
やきもき	憂鬱	欲求不満
弱気	落胆	冷静でいられない
狼狽する	わびしい	

まとめ

自分自身を表現するために必要な第2の要素は、感情である。感情を表現する語彙を増やすことで、自分の気持ちを特定して的確に示せるようになり、もっと容易に人と気持ちを通い合わせることができる。自分の感情を表現して弱さを打ち明ければ、対立の解決につながる可能性がある。NVCは、考えや評価、解釈を表現する言葉や言い回しと実際の感情の表現とを区別する。

エクササイズ②

感情を表現する

感情を言葉で表現することに関して、あなたとわたしの意見が一致しているかどうかを確かめるために、次のなかから、感情を言葉で表現しているものに丸をつけてみよう。

1 「あなたはわたしを愛してなどいないように感じる」
2 「あなたが去るのは悲しい」
3 「あなたがそんなふうにいうと、怖く感じてしまう」
4 「あなたが挨拶してくれないと、わたしは無視されたみたいに感じる」
5 「あなたが無事に来られてうれしい」
6 「あなたはわたしをムカムカさせる」
7 「あなたを殴りたい気分だ」
8 「誤解されていると感じる」
9 「あなたがやってくれたから、気分がいい」
10 「わたしには価値がない」

わたしの考えは次のとおり。

1　あなたがこの番号に丸をつけたなら、あなたとわたしの意見は一致していない。「あなたはわたしを愛してなどいない」を、わたしは感情として分類しない。それは話し手の感情を表現するものではなく、相手がどう感じているのかを表現しているように聞こえる。「わたしは〜と感じる」のあいだに「わたし」「あなた」「彼女」「彼ら」「それ」「あれ」「みたい」「のよう」が入る場合、それは、わたしが感情として分類するものではないことが多い。感情の表現であれば、「わたしは悲しい」あるいは「わたしは苦悩を感じている」となるだろう。

2　あなたがこの番号に丸をつけたなら、わたしたちの意見は一致している。感情が言葉で表現されている。

3　あなたがこの番号に丸をつけたなら、わたしたちの意見は一致している。感情が言葉で表現されている。

4　あなたがこの番号に丸をつけたなら、あなたとわたしの意見は一致していない。「無視された」は感情ではなく、人のふるまいに対する話し手の解釈を表現したものであるとわたしは考える。感情を表現するなら、「戸口のところであなたがわたしに挨拶してくれなかったとき、わたしは寂しかった」となるだろう。

5 あなたがこの番号に丸をつけたなら、わたしたちの意見は一致している。感情が言葉で表現されている。

6 あなたがこの番号に丸をつけたなら、あなたとわたしの意見は一致していない。「ムカムカさせる」は話し手の感情を表現したものではなく、話し手が相手のことをどう思っているのかを表現していると考える。感情を表現するとしたら「わたしはムカムカしている」だろう。

7 あなたがこの番号に丸をつけたなら、あなたとわたしの意見は一致していない。「あなたを殴りたい」という表現は感情を言い表しているのではなく、話し手が想像している自分がやりたいことであるとわたしは考える。感情を表現するとしたら、「わたしはあなたに激怒している」となるだろう。

8 あなたがこの番号に丸をつけたなら、あなたとわたしの意見は一致していない。「誤解されている」という言い方は感情ではなく、相手のふるまいを話し手なりの解釈で言い表したものだとわたしは考える。この場合、感情を表現するとしたら、「わたしは不満である」あるいは「わたしはがっかりしている」となるだろう。

9 あなたがこの番号に丸をつけたなら、わたしたちの意見は一致している。ただし、「気分がいい」という表現は、感情を伝える言葉としてはあいまいだ。たいていの場合、感情はもっと明確に表現できる。たとえば、この場合なら、「ほっとした」「ありがたかった」「励まされた」など。

あなたがこの番号に丸をつけたなら、あなたとわたしの意見は一致していない。「価値がない」は感情ではなく、話し手が自分自身をどうとらえているのかを表現しているとわたしは考える。感情を表現するとしたら、「自分に才能があるかどうか、疑っている」、あるいは「惨めな気分だ」となるだろう。

第5章
自分の感情に責任をもつ

人間が不安に感じるのは事物によってではなく、
事物についての自らの意見によってである
——エピクテトス

否定的なメッセージの聞き方——4つの選択肢

NVCの第3の構成要素は、自分の感情のいちばん根底に何があるのかを見極めることだ。人の言動は、自分の感情を「刺激」することはあっても「原因」になることはない。NVCの実践はその自覚を強める。人の言動をどう受けとめるのかを「選択」した結果や、そのとき必要としていることや期待していることが感情を引き起こすととらえるから

人のやることが、わたしたちの感情を刺激することはあっても、原因になることはない。

になる。

だ。第3の構成要素を考えることで、自らの感情をつくりだす自分自身の行動に責任をもつようになる。

人から言葉で、あるいは言葉以外で否定的なメッセージが送られてきたら、4とおりの受けとめ方がある。第1の選択肢は、自分への非難もしくは批判として受け取ることだ。たとえば、相手が腹を立てて「あなたみたいに自己中心的な人間は初めてだ」といったとする。それを個人攻撃と受けとめれば、「気配りが足りなかった」と反応するかもしれない。人の評価を受け入れて、自分を責めるという図式だ。こうしたやり方を選べば、罪悪感、恥の意識、落ち込みという感情へとつながり、自尊心が損なわれてしまう。

第2の選択肢は、相手の落ち度をあげつらうこと。「あなたのような自己中心的な人間は初めてだ」という言葉には、「あなたにはそんなことをいう権利はない。わたしはいつも、あなたが何を必要としているのかを考えている。ほんとうに自己中心的なのはあなたのほうだ」と主張することもできる。こういう受けとめ方をして相手を非難する際には、怒りを伴う傾向がある。

否定的なメッセージを受けとめる第3の選択肢は、自分の感情と自分が必要としていることに

否定的なメッセージを受けとめる4つの選択肢

1　自分自身を責める
2　相手を責める
3　自分の感情と、自分が必要としていることを感じ取る
4　相手の感情と、相手が必要としていることを感じ取る

意識を向けるという方法だ。この場合は、「わたしほど自己中心的な人間はいないというあなたの言葉を聞くと、あなたの好みを尊重するためにしている努力を少しでも認めてもらいたいので傷つきます」という反応になる可能性がある。自分自身の感情と自分が必要としていることに集中することで、自分の努力を認めてほしいという欲求から自分が傷ついていることを意識するようになる。

否定的なメッセージを受けとめる第4の選択肢は、相手がどんな感情を表現しているのか、どんなことを必要としているのかに注意を向けることだ。たとえば、こんなふうに問いかけてみる。「あなたは、自分の好みにもっと配慮するよう求めていたから傷ついたのですか」。自分は何を必要としているのか、何を望んでいるのか、どんな期待をしているのか、どのような価値観や思考をもっているのかを自覚することで、相手を責めずに、自分の感情に自分で責任を負う。

例1　A「昨夜来てくれないものだから、きみにはがっかりさせられたよ」
　　B「気になっていることを話したかったので、きみが訪ねてこなかったとき、がっかりしたよ」

話し手Aは、がっかりしたことの責任をすべて相手の行動に押しつけている。Bの場合、がっかりしたのは自分の望みが叶えられなかったからだと原因を明らかにしている。

例2　Ａ「契約を破棄するなんて、ほんとうに腹が立つ！」
　　　Ｂ「彼らが契約を破棄したときに、ほんとうに腹立たしく感じた。そういう行為は非常に無責任だと思うから」

話し手Ａは、自分の腹立たしさをすべて相手側の行動のせいにしている。しかし、話し手Ｂは、その奥にある自分の考えを認めることで、自分の感情の責任をとっている。Ｂは、相手への否定的な考えが腹立ちのもとであると自覚している。ＮＶＣでは、Ｂがさらに自分の望んでいることを特定するまで掘り下げることを促す。自分は何を必要としているのか、どんな願望や期待、希望、価値観が満たされていないのか。実際にやってみるとわかるのだが、自分の感情が自分の必要としていることとつながっているということを自覚すればするほど、相手は思いやりをもって対応しやすくなる。自分が感じていたことを自分が必要としていることと結びつけたとき、話し手Ｂの発言は次のようになるかもしれない。

「彼らが契約を破棄したとき、わたしはほんとうに腹立たしく感じた。それは、この契約が成立したら、昨年解雇した社員たちを再雇用する機会が生まれると期待していたからだ」

罪悪感で人を動機づけるということは、自分の感情を相手のせいにするということだ。親が子どもに向かって「あなたの成績が悪いと、ママとパパは悲しい」といえば、子どものふるまいが両親の幸福や不幸の原因であるとほのめかしていることになる。相手の感情に対して責任を感じることと、進んで人に気を配ることは一見よく似ている。子どもは親を気づかい、両親の苦しみに対して申し訳ないと思っているようにふるまうだろう。しかし、このような責任を感じている子どもが親の願いを叶えるために行動を変えたとしたら、それは子ども自身が心の底から行動を起こしているのではなく、罪悪感を避けるために行動を起こしているのだ。

心の底から与えているのか、それとも罪悪感で動機づけしているのかを区別する。

自分の感情に責任をとることを回避しようとする、ごく一般的な表現を知っておくと役に立つだろう。

1　「それ」や「あれ」といった非人称代名詞を使う。「一般向けにつくったパンフレットに誤字が見つかると、それがほんとうに腹立たしい」「あれでほんとうにいらいらしてしまう」

2　人の行動だけを述べる。「あなたがわたしの誕生日に電話をしてくれないと、傷つく」「あなたがごはんを全部食べないと、ママはがっかりする」

3　「……だから（こんなふうに）感じる」という表現と、「わたし」以外の人物または人称代名詞がともに使われる。「あなたが愛していないといったから、悲しいと感じる」「上司が約束を破ったので、腹立たしさを感じる」

自分の責任に対する自覚を深めるには、「わたしは……と感じる。なぜなら、わたしが……だからだ」というかたちの文章に置き換えてみればいい。たとえば、

> 自分の感情を、自分が必要としていることとつなげる。
> 「わたしは……と感じる。なぜなら、わたしが……だからだ」

1 「一般向けにつくったパンフレットにあんな誤字が見つかると、わたしはほんとうに腹立たしく感じてしまう。なぜなら、わたしはわが社がプロ中のプロであるというイメージを発信することを望んでいるから」

2 「あなたがごはんを全部食べないとママはがっかりしてしまうわ。ママはあなたに強く健康に育ってほしいから」

3 「上司が約束を破ったことをわたしが腹立たしく感じるのは、わたしは週末に長い休暇をとって兄のところに行くつもりでいたから」

感情のおおもとにある、自分が必要としていること

判断する、批判する、評価する、解釈を加えるということはどれも、自分が必要としていることが満たされていないという遠回しの訴えだ。「あなたにはわたしのことは決して理解できない」と誰かがいえば、それは理解されたいというニーズが満たされていないという訴えなのだ。妻が

「今週、あなたは毎晩遅くまで働いていた。わたしよりも仕事のほうを愛しているのね」といえば、親密であることを必要としているのにそれが満たされていないという訴えなのだ。

人を一方的に決めつけるときには、自分のなかに満たされていない何かがあり、それを遠回しに表現している。

評価する、一方的に解釈する、勝手に想像するといったかたちで何かを表現すると、いわれた側は批判されていると受けとめがちだ。そういう場合、いわれた側はどうしても自己防衛か反撃にエネルギーを注ごうとする。人に思いやりをもった反応をしてもらいたいと願うなら、相手のふるまいを一方的に解釈したり評価したりするかたちで自分が必要としていることを表現するのは得策ではない。自滅につながる。それよりも、感じていることを自分が必要としていることと直接結びつけられれば、相手は思いやりをもってこたえやすくなる。

自分が必要としていることを表現すれば、それが満たされるチャンスに恵まれる可能性が高くなる。

残念ながら、多くの人は、自分がほんとうに必要としていることを自覚するような考え方を身につけていない。必要としていることが満たされていないとき、相手の何がいけないのかを考えることに慣れてしまっている。こうして、仮にコートをハンガーにかけてほしい場合でも、わが子に向かって「ソファにコートを置きっぱなしにするのはだらしない」などといったりする。あるいは、望むとおりに仕事をしてくれないとき、彼らのことを無責任だと解釈してしまったりする。

あるときカリフォルニア南部に呼ばれ、農場の地主とそこで働く季節労働者との対立の仲裁をすることになった。両者の対立は激しく、そして暴力的になるばかりだった。まず、彼らにふたつの質問をするところから話し合いを始めた。「あなたがたがそれぞれ必要としていることはなんですか。それに関して、相手にどんなことを要求したいのでしょうか」。すると、農場で働く者が叫んだ。「問題は、この連中が人種差別主義者だということだ！」。地主がもっと大きな声を出した。「この連中は法と秩序を無視する。それが問題なんだ！」。彼らは自分が必要としていることを明確に表現するよりも、相手がどれだけまちがっているかを分析することに長けていた。これは珍しいことではない。

イスラエル人とパレスチナ人の集団の話し合いの場面でも、似た状況になった。お互いに、信頼関係を確立して祖国に平和を取り戻したいと考えていた。わたしはここでも、同じ質問で話し合いを始めた。「あなたたちが必要としていることはなんですか。それに関して相手側にどんなことを要求しているのでしょうか?」。パレスチナ人のムフタール（村長のようなもの）は自分たちが必要としていることを率直に述べずに、次のように発言した。「あなたたちはナチの連中のようにふるまっている」。これではイスラエル人と協調できる可能性は低い。

ほぼ同時に、イスラエル人の女性が立ち上がって言い返した。「ムフタールともあろう人がそのようなことをいうなんて、あまりにも無神経です！」。これまで互いに信頼関係と協調関係を築こうとしてきたのに、この1回のやりとりで事態はさらに悪化した。自分が必要としていることを明確に表現する代わりに相手のふるまいを分析し非難するのに慣れてしまうと、こういうことがよく起きる。この場合、イスラエル人の女性はムフタールに対して次のように発言すれば、自分が必要としていることと相手への要求を明確に表現できただろう。「わたしたちは、もっと敬意を払って対話をおこなう必要性を感じます。わたしたちのふるまいをどう受けとめたのかをいうのではなく、わたしたちのふるまいのどの部分に反感をもつのかを話してもらえませんか？」

わたしは何度も経験しているのだが、相手の悪いところをあげつらうのではなく、自分が必要としていることが何であるかを話すようになれば、全員の望みが叶えられる方法が見つかる可能性はぐんと高まる。わたしたちが、人間として共有している基本的なニーズ（必要としていること）の一部を次にあげてみよう。

自律性

・自分の夢や目標、価値観を選ぶ
・自分の夢や目標、価値観を実現するための計画を選ぶ

祝福すること（嘆き、悼むこと）

・人生を創造し、夢を実現したことを祝福する
・愛する人、夢などを喪失したことを嘆き、悼む

価値観に沿った言動をする

・誠実さ
・創造性
・意味
・自尊心

相互依存

・受容
・承認
・親密さ
・コミュニティ
・配慮
・人生を豊かにするための貢献（自分や他人の人生に貢献すべく力を注ぐ）
・心の安心・安全
・共感
・正直さ（自らの限界から学ぶ力を与えてくれる正直さ）
・愛
・励まし
・尊敬
・支援
・信頼
・理解
・温かさ

遊び

・楽しさ
・笑い

精神的な交流

・美
・調和
・インスピレーション

・秩序
・平和

・ウィルス、バクテリア、害虫、捕食動物など、命を脅かすものから身を守る
・休息

身体的な養い

・空気
・食べ物
・運動、エクササイズ
・性的な表現
・住まい
・ふれあい
・水

必要としていることを表現する苦痛、表現しない苦痛

自分が必要としていることを特定し、それを明らかにすると厳しい批判を浴びかねないという世の中では、自分が必要としていることを明らかにするのが怖く、消極的になりがちだ。とりわけ女性は、自分が必要としていることを表現すると批判されやすい。何世紀ものあいだ、愛情深い女性のイメージ、自分が必要としていることを押し殺して人の世話を優先する自己犠牲的なイメージと重ねられてきた。女性は、自分以外の人の世話をするのが最高の務めという社会的教育を受けてきているので、多くの場合、自分が必要としていることを無視するように学んでしまっ

ている。

あるワークショップでは、女性がそうした信念を自分のなかに取り込んでしまうとどんなことが起きるのかを話し合った。そのような女性は、何かを求めるとき、自分には自分が必要としていることなどをもつ権利はないし、重要ではないという考えを反映したやり方、それを補強するやり方を選んでしまう。たとえば、自分が必要としていることを頼むのが怖いので、今日は忙しかった、くたくただ、だから夜は少し自分だけの時間が欲しいということすらいえないこともある。その代わりに、法廷で発言するような口調になる。「1日中自分の時間なんて全然なかったのよ。シャツ全部にアイロンをかけて、1週間分の洗濯をして、イヌを獣医に連れていって、夕飯の支度をして、お弁当をつくって、地区の会合のことでご近所に電話を何本もかけて、だから（泣き出しそうに）……だからあなたもすこしは……」。「嫌だ！」。相手からは即座に反応がある。彼女の哀れっぽい要求は、相手から思いやりよりも抵抗を引き出してしまう。聞き手の側からすると、彼女の懇願の奥にある、彼女が必要としていることを聞き取り尊重することは難しいのだ。「要求して当然」あるいは「自分には要求する資格がある」という姿勢で消極的に懇願する彼女に対し、相手は否定的に反応してしまう。そして結局、相手から肯定的な反応を引き出すのが難しい方法で自分が必要としていることを表現してしまったということに気づかず、自分が必要としていることは重要ではないのだと思い込んで

自分が必要としていることを自分が重視しなければ、人も重視しないだろう。

しまう。じつは、彼女の表現方法では相手から肯定的な反応を引き出すことは難しいのだが、それを理解できていない。

母が参加してくれたワークショップでは、自分の必要としていることを表現することが女性にとってどれだけ怖いかについてディスカッションをした。突然、母は立ち上がって部屋を出て行き、ずいぶん長いこと戻ってこなかった。ようやく姿をあらわした母は、とても青ざめていた。みんながいる前で、わたしは「母さん、だいじょうぶ？」と声をかけた。

「ええ。でもね、わたしはあることに突然、気づいてしまったの。それを受け入れるのがとてもつらくて」

「何に気づいたの？」

「わたしはね、夫がわたしの必要としていることにこたえてくれないと36年ものあいだ、腹を立てていたわ。でも、たったいま気づいたの。夫に対して、わたしは自分が必要としていることを一度もはっきりといったことがなかった」

母が気づいたことは、確かにそのとおりだった。わたしの記憶にあるかぎり、母は一度として、自分がほんとうに必要としていることを父に対してはっきり表現していない。ほのめかしたり遠回しにいったりというのはさんざんあったが、自分が必要としていることを率直に頼んだことは一度もなかったのだ。

母にとって、率直に頼むことがなぜそこまで難しかったのだろう。みなで理解しようとした。

母は経済的に苦しい家庭で育った。子どものころに何かを要求したところ、兄や姉に叱られたという経験を母は思い出した。「そんなものを欲しがってはだめ！　うちは貧乏だって知っているでしょう。家族はあなたひとりじゃないのよ」。自分が必要としていることを要求しても反対されるだけ、しかも否定的に決めつけられるにちがいないと怖がって育ったのだ。

母は、子ども時代のエピソードを話してくれた。姉のひとりが盲腸の手術を受け、術後もうひとりの姉からかわいらしい小さなバッグをもらったのだ。母は当時14歳。姉がもらったような美しいビーズがちりばめられたバッグを、母もどれほど欲しいと望んだことか。けれども、ねだることはとてもではないができなかった。母はどうしたか？　脇腹が痛いと言い張ったのだ。家族は何人もの医者に母を見せた。当然だが原因は判明せず、とうとうくわしく調べるための開腹手術を受けることになった。母にしてみれば大胆な賭けだ。だがうまくいった。似たようなかわいらしいバッグをもらえたのだ！　念願のバッグを受け取った母は、術後の痛みにもかかわらず天にも昇る心地だった。そこへ、看護師がふたり病室に入ってきた。ひとりが母の口に体温計を差し込んだ。母は体温計をくわえながら「むむむ、うーむ」といって、もうひとりの看護師にバッグを見せた。するとその看護師は、「あら、わたしにくれるの？　まあ、ありがとう！」と答え、そのバッグを手に取ったのだ！　母は途方にくれてしまい、言葉に詰まってしまった。「あげるつもりなんてないわ。返してください」といいたかったのに、いえなかった。自分が必要としていることを素直に認めないと痛ましい結果が待っていると、母のエピソードは強く物語っている。

感情の奴隷ではなく、感情から解放された自由へ

感情から解放された状態へと成長していく際には、人との関係において3つの段階を経験するケースが多いようだ。

第1段階

この段階を、わたしは「感情面の奴隷状態」と呼ぶ。自分以外の人の感情を優先し、みなの幸福な状態を維持するために、つねに自分がせっせと努力しなければならないと思い込んでいる状態だ。人が幸福そうに見えないと責任を感じてしまい、何かをしなくてはならないと強迫観念にかられる。こうなるとたちまち、自分にいちばん近い人々の存在が重荷に感じられてくる。

親密な人間関係で相手の感情に責任を感じるようになると、大きな問題となりやすい。その類の話は何度となく聞いている。「人と親しくなることが怖くてたまらないのです。パートナーが苦しんでいたり、何かを求めていたりすると重圧感を覚えます。まるで牢屋に閉じ込められて、窒息させられているように感じます。こんな関係はもうたえられません」。愛する人が必要としていることを最優先にして自分が必要と

第1段階　感情面での奴隷状態
自分は人の感情に責任があると考える。

していることは押し殺す、そういう関係を経てきた場合にこういう反応がよく見られる。親密な関係の初期にはたいてい、お互いに自由な立場からよろこびや思いやりをもって相手とやりとりをしている。うきうきとして、のびやかで、すばらしい関係だ。しかし、両者の関係が「シリアス」なものになるにつれて、自分は相手の感情に責任があると考えるようになるのかもしれない。

もしもわたしがパートナーとそういう関係に陥っていると自覚すれば、次のように説明するだろう。「パートナーとの関係で自分を見失ってしまい、とてもつらい。相手がつらい思いをしていると、自分のことを後回しにしてしまう。自分を見失い、そこから解放されたくなる」。しかし、ここまで自覚できていなければ、関係の悪化をパートナーのせいにするかもしれない。「わたしのパートナーは頼ってくるばかりで依存的だ。それが、この関係に悪影響を与えている」などといってしまうかもしれない。非難された側はどう反応するか。自分の必要としていることがまちがっているというふうには考えず、反発したとしたらまだいいだろう。非難を受け入れてしまったら、悪い状態をさらに悪化させてしまう。それより、感情面の奴隷状態になっている相手の苦痛に共感することもできるだろう。「あなたはパニックになってしまっているのね。責任や義務と感じずに相手を深く思いやり愛することが、どうしても難しくなってしまう。あなたは、いつも自分がわたしを気づかわなくてはならないと思うから、自分の自由がなくなっていると感じているのね」。しかし、こういう共感をもった反応の代わりに彼女が次のようにいったらどうなるか。「わたしがあなたにあまりにもたくさんのことを要求したから、おもしろくないの？」。

こうなると、お互いが感情面の奴隷状態から抜け出せず、ふたりの関係の継続も危ういものになってしまう。

第2段階　反抗期
人の感情に責任を負うのはごめんだと考える。

第2段階

ここでは、自分を犠牲にして人の感情に責任を負うことの代償が大きいことに気づく。いままでどれだけ自分の人生をおろそかにして、自分の魂の呼びかけをないがしろにしてきたかを自覚すると、怒りがこみあげる可能性はおおいにある。わたしはこの段階を、冗談まじりに「反抗期」と呼ぶ。そういいたくなるほど、反抗的なコメントをしてしまう。たとえば苦しんでいる人に向かって、「それは『あなた』の問題だ！　『わたし』はあなたの感情のお守り役ではない！」などといってしまう。人の気持ちに責任を負う必要はないということが明らかになった段階だ。今度は感情面の奴隷にならずに、他人の感情に対応する方法を学ぶ必要がある。

感情面の奴隷状態を脱しても、自分が必要としていることに対して恐れと罪悪感がつきまとうかもしれない。だから、他人には頑なに聞こえるやり方で自分が必要としていることを表現するのは無理もないことだ。たとえば、あるワークショップでの休憩時間中、若い女性がわたしに感謝を伝えてくれた。自分はこれまで感情面の奴隷状態にあったと気づくことができたと。休憩が終わりワークショップを再開すると、わたしはある活動をしようとみなに提案した。すると、さきほどの若い女性が「他のことがやりたいです」ときっぱり言い切ったのだ。なるほど、彼女はさっそく自分が必要としていることを表現するという、新しく手に入れたばかりの権利を行使している。たとえそれが、自分以外の人が必要としていることとは相反していたとしても。

彼女が望んでいることを自分で整理するのを手伝うために、わたしはこうたずねた。「わたしが必要としていることと食いちがっていても、他のことをしたいんですか？」。彼女は少し考えてから、口ごもりながら答えた。「ええ……その……つまり、いいえ」。彼女の混乱は、感情面の奴隷状態から解放されることが自分のニーズを主張するだけではすまない、それにはさまざまなことが伴うのだと理解しなくてはならないことを示していた。

わたしの娘のマーラが感情面の奴隷状態から解放される過程で起きたエピソードは、いまも忘れられない。マーラは、いつも自分が必要としていることを否定してまで人の願いを叶える「完璧ないい子」だった。人をよろこばせるために自分の必要としていることを押し殺すことが一度や二度ではないと気づいて、わたしは娘に話をした。きみが自分の必要としていることをもっともっと口に出して表現してくれたらうれしいのだが、と。わたしが初めてそう切り出すと、マーラは泣き出した。「でもねパパ、わたしはみんなをがっかりさせたくないの！」。彼女は弱々しく言い張った。そこで、人をいらいらさせないために彼らに合わせることよりも、彼女の正直さのほうが、結局はまわりの人にとって大切な贈り物になることをいってきかせ、さらに相手の感情に責任をもたずに機嫌の悪い人に共感する方法を教えた。

それからまもなく、マーラが自分の必要としていることを以前よりもずっとオープンに表現するようになったことを証明する出来事があった。娘が通っている学校の校長から電話がかかってきたのだ。校長は、マーラとの会話に気分を害していたようだった。オーバーオールを着て登校したマーラに、校長は「マーラ、若い女性はそんな服を着るものではない」と諭した。「うせろ！」がマーラの答えだった。これを聞き、お祝いをしたくなった。マーラは感情面の奴隷状態を卒業して反抗期に入ったのだ。自分が必要としていることを表現し、他人の不快感に対処するリスクをとるようになったのだ。もちろん、他人が必要としていることも尊重するかたちで自分が必要としていることを無理なく表現するのはこれからだが、それができるようになるのは時間の問題だとわたしは確信した。

第3段階

これは「感情面の解放」の段階であり、ここでわたしたちは人が必要としていることに思いやりをもって反応し、決して恐れや罪悪感、恥の意識から反応することはなくなる。相手はこちらのはたらきかけを受けとめ、互いに満足感を味わうことができる。わたしたちは自分の考えと行動に100パーセント責任を負うが、人の感情に責任を負

第3段階　感情面の解放
自分の考えと行動に責任を負う。

うことはない。この段階では、人を犠牲にして自分が必要としていることを満たすことはできないと自覚する。感情面の解放では、相手の必要としていることを満たすことにも同じくらい関心があるのだと相手に伝わるようなやり方で、自分が必要としていることを明確に述べることが大切である。NVCはこのレベルで人とかかわり、つながることをサポートするようにできている。

まとめ

NVCの第3の構成要素は、自分の感情の奥では何を必要としているかを認識することだ。人の言動はわたしたちの感情を「刺激」するかもしれないが、原因となることは決してない。相手が否定的なメッセージを送ってくる場合、わたしたちの対処法としては次の4つの選択肢がある。①自分を責める。②相手を責める。③自分の感情と自分が必要としていることを知る。④否定的なメッセージに込められている相手の感情と、その人が必要としていることを知る。

人を判断したり、批判したり、評価したり、解釈したりすることは、自分が必要としていることや価値観の遠回しの表現である。批判された側は、自己防衛や反撃に力を費やしがちだ。自分の感情を自分が必要としていることに直接つなげることができれば、相手は思いやりをもって反応しやすくなる。

自分が必要としていることを明らかにしても、それを表に出すと厳しい意見が飛んでくるような現実のなかでは、どうしても恐れがつきまとうだろう。自分が必要としていることに目をつぶって人の面倒を見るのが当然という社会通念に順応させられてきた女性にとっては、とくにそうだろう。

自分の感情に対する責任感を育てる過程で、たいていの人は3つの段階を経験する。①「感情面での奴隷状態」——自分は人の感情に責任があると信じる。②「反抗期」——人の感情や必要としていることを気づかうことを拒否する。③「感情面の解放」——自分の感情には100パーセント責任があるが、人の感情には責任はないという自覚をもつと同時に、人が必要としているものを犠牲にして自分が必要としているものを満たすことはできないという自覚もある状態だ。

NVC・イン・アクション

「十代の未婚出産は、もっと社会的制裁を受けるべきだわ！」

NVCを学ぶ女性が、食糧銀行でボランティアをした。あるとき、年上の同僚が新聞を見ながらいきなり次のように叫んだのでショックを受けたそうだ。

「十代の未婚出産は、もっと社会的制裁を受けるべきだわ！」

いつもならこういう類の言葉に対して何も言い返さず、黙ったまま相手に対する評価を下し、その場から離れて自分の感情を処理していたのだが、このときは、自分を驚かせた同僚の言葉の奥にある感情と、同僚が必要としていることに耳を傾けるという選択肢が頭に浮かんだ。

女性（まず、同僚が観察したことに関する推測を確認する）「新聞にティーンエイジャーの妊娠の記事が載っているんですか？」

同僚「そうよ。信じられないくらいの数字よ！」

女性（次に同僚の感情と、その感情のもとにある、必要としているが満たされていないことに耳を傾けた）「子どもたちに安定した家庭で育ってほしいから不安になっているの？」

同僚「もちろんよ！　とにかく、わたしがそんなまねでもしようものなら、きっと父に殺されていたわ！」

女性「同じ世代でそういう妊娠をしたケースではどういうことになったのか、思い出しているのですね？」

同僚「そうよ！　妊娠したらどんなことになるのか、わたしたちはちゃんとわかっていたわ。そういう目に遭うのが怖くてたまらなかった。いまどきの女の子たちとはちがっていたわ」

女性「いまどきの女の子たちは妊娠したら罰を受けるなどといった恐れる気持ちがなさそうなので、それにいらだっているのですか？」
同僚「怖がらせたり罰を与えたりすることには、まちがいなく効き目があったわ！　この記事によれば、妊娠を目的にいろいろな男性と寝るという女の子たちがいるそうよ！　なんてことでしょう！　その子たちが赤ん坊を産んだら、社会全体で養うことになるのよ！」

この話を聞いた女性は、2種類の感情を察知した。少女が進んで妊娠しようとすることへの驚きと、そうやって生まれてくる子どもたちを養うのは結局、納税者だといういらだちである。彼女は、そのうちの一方の感情に共感することを決めた。

女性「あなたが若いころは世間体や先々のこと、経済的な安定を気にしていたのに、最近の女の子はそういうものに頓着しないで妊娠しているから驚いているのですか？」
同僚（自分の驚きが相手に伝わったと感じて、いらだちも表明する。複数の入りまじった感情を表現し、共感してもらえない感情があると、話し手はまたそれを表現するというケースは珍しくない。聞く側は、複数の入りまじった感情を一度に返してあげる必要はない。ひとつひとつの感情がふたたび出てくるのにあわせて、思いやりをもったやりとりを続けていく)「ええ、結局、誰が費用をもっと思う?」

女性「つまり、ご自分が納めた税金を、もっと他のことに使ってほしいという気持ちから憤慨しているんでしょうか?」

同僚「そのとおりよ! わたしの息子夫婦はふたり目の子どもを欲しがっているのに、なかなか産めないのよ。息子たちは共働きまでしているのに、子育てはお金がかかりすぎるから」

女性「そのことで悲しい思いをなさっているんですね。ふたり目のお孫さんが生まれることを願っているのですね……」

同僚「ええ。そう思っているのは、わたしだけではないわ」

女性「……息子さんも、家族がふえることを希望しているんですね……」(推測したことは一部だけが正しかった。同僚は女性からの共感をいったん受けとめ、さらに続けたので、女性はもうひとつの心配事を理解することができた)

同僚「ええ。ひとりっ子というのも寂しいから」

女性「わかります。ケイティに弟か妹ができることを願っているんですね?」

同僚「そうなったら、すてきだわ」

女性はこのとき、同僚のなかで何かが解放されたと感じた。沈黙が訪れた。女性は、自分の考えを表現しようという気持ちがある。しかし、さきほど感じていたあせりも緊張も消えているのに気づいて驚いた。同僚に、対立している感じがしなくなったからだ。彼女は同僚の発言の奥にある感情と、同僚が必要としていることを理解した。もはやふたりがそれぞれ別の世界にいる感じがしなかった。

女性「あなたがさきほどティーンエイジャーの未婚出産は罰しなくてはというのを聞いて（O）、わたしはほんとうに怖かったの（F）。だって、ここで働く人たちが、援助を必要としている人たちに対して深い思いやりを共有していることが、わたしにとってとても大切だから（N）。食べ物を求めてここを訪れる人のなかには、子どもを抱えるティーンエイジャーもいます（O）。わたしは、その人たちに安心してここに来てもらいたいんです。もしよかったら、ダーシャルやエイミーや彼女のボーイフレンドがここにやってくるのを見たとき、どんな気持ちだったか教えてもらえる？（R）」

女性は、自分自身の考えをNVCで表現した。観察（O）、感情（F）、望み（N）、要求（R）というプロセスの4つの要素すべてを使っている。

ふたりのやりとりは、女性が必要としていた安心が満たされるまで続いた。ティーンエイジャーの未婚出産の相談者に対し、同僚は心から気づかい、敬意をもって援助していることがわかった。それよりも大切なのは、正直さとお互いに対する尊敬を必要としており、それを満たすかたちで異論を唱えるという新しい経験を得ることができたことだ。

一方、同僚はティーンエイジャーの妊娠に対する自分のわだかまりをじゅうぶん聞いてもらえたので満足した。両者とも相手に理解されたと感じ、お互いの理解を共有し、同時にお互いのちがいを敵意をまじえずに共有できた。ふたりの関係にとって有益なやりとりとなった。ＮＶＣという方法をとらなければ、ふたりの関係はたちまち悪化していたかもしれない。そして、人の援助をする仕事をともにやろうという状況に悪影響が出ていたかもしれない。

エクササイズ③

何を必要としているのかを自覚する

自分が必要としていることを自覚する練習として、次のなかから、話し手が自分の感情に対する責任を自覚し、表明しているものに丸をつけてみよう。

1 「あなたが仕事の書類を会議室の床に置きっぱなしにするたびに、あなたはわたしをいらいらさせる」

2 「あなたにそういわれると腹立たしい。わたしは敬意を必要としているのに、あなたの言葉がわたしには侮蔑的に聞こえる」

3 「あなたが遅刻するのはわたしにとって不愉快だ」

4 「あなたがディナーに来ないのは悲しい。夜いっしょに過ごせると思っていたから」

5 「あなたはやるといっておきながらやらなかったので、わたしはがっかりしている」

6 「いまごろはもっと先まで仕事が進んでいてほしかったのにそうならず、落胆している」

7 「人の発言のささいなことで、ときどき傷つく」

8 「あなたが受賞して、わたしは幸せな気分だ」

9　「あなたが声を荒げると、わたしは怖い」

10　「車に同乗させてもらって、ほんとうにありがたい。子どもたちが帰る前に帰宅している必要があったので」

わたしの考えは次のとおり。

1　あなたがこの番号に丸をつけたなら、あなたとわたしの意見は一致していない。話し手の感情の責任はすべて相手のふるまいだけにあることをほのめかしている。話し手の感情の奥にある、自分自身が必要としていることや考えは明らかにされていない。「あなたが仕事の書類を会議室の床に置きっぱなしにするといらいらする。わたしは、わが社の書類を安全に保管し、いつでも使えるようにしておきたいと考えているから」といえば、話し手が必要としていることや考えが明らかになる。

2　あなたがこの番号に丸をつけたなら、わたしたちの意見は一致している。話し手は自分の感情への責任を自覚している。

3　あなたがこの番号に丸をつけたなら、あなたとわたしの意見は一致していない。話し手の感情の根底にある自分が必要としていることあるいは考えを表現するには、次のような言い方もある。「わたしは1列目の席をとりたいと思っていたので、あなたが遅れてくるといらいらする」

4　あなたがこの番号に丸をつけたなら、わたしたちの意見は一致している。話し手は自分の感情への責任を自覚している。

5　あなたがこの番号に丸をつけたなら、あなたとわたしの意見は一致していない。話し手が自分の感情のおおもとにある自分が必要としていることを表明するなら、次のような発言になるだろう。「あなたがやるといってやらなかったとき、あなたのいうことを信用したかったのでがっかりした」

6　あなたがこの番号に丸をつけたなら、わたしたちの意見は一致している。話し手は自分の感情への責任を自覚している。

7　あなたがこの番号に丸をつけたなら、あなたとわたしの意見は一致していない。話し手が自分の感情のおおもとにある自分が必要としていることと考えをあらわすとしたら、次のような言い方ができる。「人の発言のささいなことで傷ついてしまうのは、批判ではなく評価されたいからだ」

8　あなたがこの番号に丸をつけたなら、あなたとわたしの意見は一致していない。話し手が自分の感情のおおもとにある自分が必要としていることと考えをあらわすとしたら、次のようにいうことができる。「あなたが受賞して、わたしはとても幸せに感じる。あなたがそのプロジェクトに費やした労力すべてが認められることを期待していたから」

9 あなたがこの番号に丸をつけたなら、あなたとわたしの意見は一致していない。自分の感情のおおもとにある自分が必要としていることを表現するには、次のような言い方もある。
「あなたが声を荒げるとわたしは怖い。なぜなら、ここにいる誰かが痛い目に遭うぞと身構えてしまうから。わたしは、わたしたち全員が安全であることを知りたいから」

10 あなたがこの番号に丸をつけたなら、わたしたちの意見は一致している。話し手は自分の感情への責任を自覚している。

第6章
人生を豊かにするための要求

これでＮＶＣの構成要素を３つ取り上げた。観察し、感じ、自分が必要としていることを自覚する。その際に人を批判し、分析し、非難し、裁くことなく、思いやりをもってもらえるような方法があることも学んだ。このプロセスの４番目、つまり最後の構成要素は、人生を豊かにするための「人に対する要求」である。自分の必要としていることが満たされていないとき、観察し、感じ、自分が必要としていることを自覚し、さらに具体的な要求をする。自分が必要としていることを満たすだろうと思われる行動をとってもらうよう、人にお願いする。どうすれば、相手が思いやりをもって、わたしたちが必要とすることにこたえてくれやすくなるように要求できるかを考えてみよう。

肯定的な行動を促す言葉を使う

肯定的な言葉で要求する。

まず、何を要求「していない」かではなく、何を要求「しているか」を表明する。わたしの仕事仲間、ルース・ベベルマイヤーは、「『するな』をどうやってするの?」という歌詞を童謡のメロディにのせて歌う。「『するな』をしろといわれたとき、わたしはただ『するものか』と思ってしまう」。ここでは、否定的な言葉で要求されたときに生じることの多い、ふたつの問題点が浮き彫りにされている。まず、ほんとうのところは何を要求されているのか、よくわからなくなる。さらに、否定的な言葉で要求されると、相手から反発を引き出してしまいがちだ。

あるワークショップに参加した女性は、夫が仕事ばかりすることに不満を溜め込んでいた。たまりかねて夫に要求したものの、それが裏目に出てしまった経緯を話してくれた。「夫に、そんなに長時間、仕事をしないでくれと頼みました。3週間後、彼はゴルフの大会に出場を申し込んだと宣言して、わたしの要求にこたえたのです!」。彼女は長時間を仕事に費やさないでほしいという、自分がしてほしくないことを上手に伝えたが、実際に「望むこと」を要求しそこねた。別の言葉でその望みを要求できなかっただろうかとたずねると、彼女は少し考えてから答えた。「少なくとも週に一度は、家で家族といっしょにゆっくりと夜を過ごしてほしいと話せばよかったと思います」

ベトナム戦争のさなか、わたしはあるテレビ番組に呼ばれて異なる主張の持ち主と討論することになった。その番組の収録を終え、放映の晩には自宅でそれを見た。画面のなかの自分のコミュニケーションの仕方に、わたしはおおいに動揺した。それは、自分が望むやり方ではなかったのだ。「次にディスカッションに参加する機会があれば、この番組のようには決してやるまい！　防衛的にはなるまい。相手にバカになどされるまい」と自分に言い聞かせた。このとき、自分が「望まない」ことに関する表現を多用し、自分が何をしたいと「望む」かという表現をしていないことに注目していただきたい。

挽回のチャンスは翌週訪れた。討論の続きをするように、同じ番組に招かれたのだ。スタジオまでの道々、自分が望まないことを繰り返し自分に言い聞かせた。番組がスタートするやいなや、相手は先週とまったく同じ調子で激しく攻撃してきた。相手の発言が終わってから10秒ほどのあいだ、わたしはやってはいけないと自分に言い聞かせていた方法でコミュニケーションをとらずにすんだ。具体的にいうと、何もいわなかった。ただそこに座っていただけ。しかし、いったん口をひらくと、自分が避けようと決意していた、前回とそっくり同じ調子で言葉が飛び出した！　自分が「望まない」ことだけを自覚して、「望む」ことを明確にしないとどういうことになりがちかという苦い教訓を得た一件だった。

あるとき、わたしは招かれて、高校生たちとワークショップをしたことがある。彼らは校長への不満をたくさん抱えて苦しんでいた。校長を人種差別主義者と見なし、それを思い知らせる方法を模索していた。彼らとじかに接していたある牧師は、暴力沙汰になるのを危惧していた。牧師に対する尊敬から、生徒たちはわたしと会うことに同意した。

校長がどのような差別をしているか、生徒たちは説明を始めた。何人かの言い分を聞いた後、わたしはひとつ提案した。校長に対して何を望んでいるのかを、具体的にあげてみてはどうだろうかと。

「そんなことをして、いったいどんな意味があるんですか？」。ある生徒が吐き捨てるようにいった。「すでに校長先生には直談判して、ぼくたちが望んでいることをいいました。そうしたら『ここから出て行け！　きみたちに指図を受ける覚えはない！』といわれましたよ」

校長に要求した内容をたずねてみた。すると、髪型を強制されたくないと訴えていたことがわかった。わたしは生徒たちに、「望まない」ことよりも「望む」ことを要求すれば校長は協力的な態度をとったのではないだろうかとたずねた。すると彼らはさらに、自分たちは校長に公平な扱いを望んでいると告げたと話してくれた。それに対し校長は、不公平に扱ったことなどないと声高に主張し、防衛的な態度をとったそうだ。それを聞いてわたしは、「公平な扱い」というあいまいな要求ではなく、具体的な行動を要求していたら校長はもっと友好的な反応をしたのではないだろうかと生徒たちにいってみた。

生徒と協力して、肯定的な行動を促す表現で要求する方法について考えてみた。結局、校長に実行してもらいたい具体的な行動は38種類にのぼった。たとえば、「服装の規定を決める際には黒人生徒の代表を加えることに同意してもらいたい」「自分たちのことを『きみたち』ではなく『黒人生徒』と呼んでもらいたい」など。翌日、彼らは校長に対し、練習どおりに肯定的な行動を促す言葉で自分たちの要求を伝えた。その夜、彼らから高揚した声で電話があった。校長は、彼らの38の要求すべてに同意してくれたのだ。

肯定的な行動を促す言葉を使うのに加え、あいまいで抽象的でどうにもとれるような言い方を避けて、相手が具体的に行動を起こせる言い方で要求するほうがいい。あるマンガを例にあげよう。湖に落ちた男性がもがきながら、岸にいる犬に向かって叫ぶ。「ラッシー、助けを求めてくれ！」。次のコマでは、犬が精神科医のソファに横たわっている。「助け」という言葉が定義するものがいかに多種多様であるか、ということだ。わたしの家族には、皿洗いを手伝うことはそれを監督することだと思っている者がいる。

あるワークショップに来た、危機的状態のカップルを例にとって、あいまいな言葉でコミュニケーションをとることが、互いの理解の妨げになることを学んでみよう。「わたしがわたしらしくいられるようにさせてちょうだい」。妻は夫に宣言した。「させている！」。夫が反論した。「いいえ、させていないわ！」と妻が言い張る。肯定的な行動を促す言葉で自分について表現するように求めると、その

明確に、具体的で肯定的な行動を促す言葉で要求を表現することで、わたしたちがほんとうに望んでいることがはっきりする。

女性はこう述べた。「わたしが成長して自分らしくなるための自由を、あなたに認めてもらいたいのよ」。しかし、これもまたあいまいで、相手から防衛的な反応を引き出しやすい。彼女は要求を明確に述べるのに悪戦苦闘したあげく、次のように認めた。「ちょっといいにくいけれど、正確にいうと、わたしが何をやっても、にこにこしながら大丈夫だといってはしいの」。あいまいで抽象的な言葉を使うと、こういう不条理なもくろみを隠すことになる。

同じように、カウンセリングに訪れたある父親と15歳の息子のあいだでも明確さがないことがあった。「おまえには、少しでもいいから責任感というものを見せてもらいたい。それは過剰な要求だろうか?」。そう主張する父親に、父親が求めている責任感をわからせるために、息子が具体的にどうすればいいのかを説明するよう提案した。明確に要求する方法についてしばらく話し合った後、父親はきまり悪そうにこういったのだ。「あまり聞こえがよくないのですが、責任感を求めているというとき、実際に意味しているのは、疑問をもたずにいわれたとおりにやってほしいということなのです。飛べといえば飛ぶ。しかも笑顔で飛んでほしい、ということです」。もし息子がほんとうにそうしたら、それは責任ではなく、服従を示していることになるというわたしの指摘に父親は同意した。

あいまいな言葉は内的な混乱を引き起こす。

この父親のように、相手にこう感じてほしい、こうあってほしいと求める場合、その状態に至る具体的な行動を言葉にしないであいまいな言葉や抽象的な言葉を使うことがよくある。たとえば、ある経営者は従業員からのフィードバックを求めてこう話した。「どうかわたしの前でも、自由な気持ちで、思っていることを表現してもらいたい」。自由な気持ちであってほしいという思いは伝わるが、具体的にどうすればそうした気持ちになれるのかはあいまいなままだ。代わりに、次のような肯定的な行動を促す言葉で要求することができる。「わたしの前で遠慮せずに思っていることをいえると感じてもらうために、わたしが『どんなことが』できるか『教えて』もらえるだろうか」

あいまいな言葉は内的な混乱を引き起こす。それを示す例としてもうひとつ、わたしが臨床心理士としてクライアントを診ていたころのやりとりをご紹介しよう。うつ状態で不快感を抱えていたクライアントとのやりとりだ。彼らが深い感情を表現し、わたしがそれに共感した後で必ずといっていいほど、次のようなやりとりが続いた。

「いい子」でいようとすればするほど、うつ状態になる。

わたし「いま、あなたが望むことで満たされていないものはなんでしょう?」
クライアント「自分が何を望んでいるのか、わかりません」
わたし「そうおっしゃると思っていました」
クライアント「どうしてですか?」
わたし「わたしはこう考えています。人は自分が望むものを得ていないとうつ状態になり、望むものを得ていないのは、望むものを手に入れるようにいままで教えられていないからなのです。わたしたちが教えられたのは、いい坊や、いいお嬢ちゃんでいること、いい父親、いい母親でいることなのです。そういういい人でいるつもりなら、うつ状態を覚悟しておいたほうがいいですね。『いい人』でいることの報酬が、うつ状態なんです。でも、もしもっと気分よく過ごしたければ、あなたの人生をもっとすばらしくするために、人にどんなことをしてほしいのかを明確にしてほしいのです」
クライアント「わたしは、ただ誰かに愛されたいだけです。無理な話ではないですよね」
わたし「スタート地点としてはいいでしょう。愛されるというあなたが必要としていることを満たすために、他人にとってほしい行動を明確にしてほしいのです。たとえば、わたしにはいま何ができるでしょうか?」
クライアント「ええ、それは、おわかりですよね……」
わたし「わかっているかどうか、確信できません。あなたが求める愛を与えるために、どんなことをしてほしいのか話してほしいのです」
クライアント「それは難しいです」
わたし「ええ、明確な要求をするのが難しいこともあります。でもあなた自身が何を要求したいのかを明確にできなければ、他の人がそれに応じるのがどれだけ難しいか考えてみてください」
クライアント「だんだん明確になってきました。愛されるという、わたしが必要としていることを満たすために他人に何を望んでいるか。でも、決まり悪くていいにくいです」

わたし「決まり悪く感じることはよくあります。それで、あなたは人にどうしてもらいたいのですか？」

クライアント「愛されたいと願うときに何を要求しているのかをよく考えてみると、わたし自身がその内容を自覚する前に、わたしが望んでいるものをあなたに察してほしいという思いがあります。しかも、いつもそうしてほしいと望んでいるのです」

わたし「明確にしてくれてありがとう。あなたの望みがはっきりしたわけですね。となると、それを満たしてくれてあなたを愛してくれる人が見つかる可能性が低いこともはっきりしますね」

わたしのクライアントの多くが、人に対して何を望んでいるのかを自覚できていないことがフラストレーションやうつ状態に大きな影響を与えていることに気づいてくれた。

意識的に要求する

ときに、わたしたちは言葉にしなくても明確な要求を伝えることができる場合もあるだろう。たとえば、あなたがキッ

自分の感情をシンプルに表現すれば、聞き手は、こちらの望みをはっきりと理解できるだろう。

チンにいて、あなたの妹は居間でテレビを見ている。妹が「喉が渇いた」と叫ぶ。この場合、彼女はキッチンにいるあなたに、水をコップに入れて運んでほしいと要求しているのは明白だろう。

しかし、こういうケースばかりではない。自分の不快感を表現して、その奥にある要求を相手が理解してくれていると誤って思い込んでいる場合もある。たとえば、妻が夫に次のようにいう。「夕飯に使うからバターとタマネギを買ってきてと頼んだのに忘れるなんて。わたし、困ってしまうわ」。妻はもう一度買い物に行ってくれと明確に要求しているつもりかもしれないが、夫は妻が自分に罪悪感を植えつけようとしているだけだと解釈するかもしれない。

自分が何を要求しているのか意識していないことがよくある。

さらに、自分が何を要求しているのか全然意識しないまま話している、というケースも多い。わたしたちは人に「向かって」、あるいは人に「対して」話しかけてはいるが、相手と「ともに」話すにはどうしたらいいのかわかっていない。目の前にいる人をくずかご代わりにして言葉を放り投げるだけ。これでは聞き手は話し手の要求を明確に理解できず、次に紹介するような絶望的な気持ちになってしまう恐れがある。

ダラスのフォートワース国際空港で、各ターミナルに飛行機の搭乗客を運ぶ乗り物に乗っていたときのことだ。通路をはさんで、わたしの向かいにはひと組の夫婦が座っていた。乗り物のスピードは遅く、飛行機に乗り遅れまいと急いでいる乗客がいらだつのも無理はない。男性が妻のほうを向いてきつい口調でいった。「こんなにのろい電車に乗るのは生まれて初めてだ！」。妻は無言のまま。夫にどんな反応をすればいいのかわからず緊張しているのか、落ち着かないそぶりだった。すると夫は、さきほどよりずっと強い口調で同じ言葉を繰り返した。思うような反応が返ってこないときにはよくあることだ。「こんなにのろい電車に乗るのは生まれて初めてだ！」

妻はなんと答えたらいいのかさっぱりわからず、おろおろしている。そして必死になって答えた。「コンピュータで制御されているんでしょう」。この情報に夫が満足するとは思えなかった。わたしの予想はあたった。夫はまたもや同じセリフを繰り返したのだ。3度目は、もっと大きな声で。「こんなにのろい電車に乗るのは生まれて初めてだ！」。妻の忍耐もはやこれまで。彼女は腹立たしそうに切り返した。「わたしにどうしろというの？　降りて電車を押せとでも？」。ああ、これではふたりともつらくなるばかり！

男性はどんな反応を望んでいたのだろうか。おそらく、自分の苦痛が理解されたということを聞きたかったのだろう。理解したといってほしかったのだろう。妻がそれを知っていたなら、こんなふうに答えたかもしれない。「飛行機に乗り遅れるのではないかと心配しているようね。ターミナルを結ぶ電車にもっとスピードを出してほしいので、嫌になってしまっているのね」

先のやりとりでは、夫のいらだちは妻に伝わったが、彼

話し手の感情と必要としていることを伝えずに要求すると、聞き手は強要されたように受けとめてしまうかもしれない。

が何を望んでいるのか妻はさっぱり見当がつかない。これと逆のケースもやはり問題をはらんでいる。つまり、感情も必要としていることも伝えずに、要求だけを述べる。典型的なのは、質問というかたちで要求が出される場合だ。両親がいきなり「髪を切りに行ったらどう?」といったら、若者は強要にも攻撃にも感じるだろう。そこに両親の感情と必要としていることが含まれていないからだ。「あなたの髪がずいぶん伸びてしまって、ものを見るのがたいへんそうね。それではバイクに乗っているときに、とくに見にくいのではないかと心配だわ。髪を切ったらどう?」

しかし、取り立てて相手に要求するつもりもなく話していることは珍しくない。「わたしは何も要求していない。ただ、いいたいと思ったことをいっただけだ」という場合だ。だが、わたしにいわせれば、人は必ず相手からなんらかの見返りを期待して話をしているはず。それは単に、共感をもったつながりかもしれない。自分がいったことを理解したということを、言葉で、あるいは言葉以外の方法で伝えてほしいのかもしれない。また正直さを要求するかもしれない。自分の言葉に対する率直な相手の反応を知りたいと望むかもしれない。また、自分が必要としていることを叶えるための行動を要求しているのかもしれない。相手から受け取りたいものがはっきりすればするほど、必要としていることが叶う可能性は高くなる。

相手から受け取りたいものがはっきりすればするほど、それを相手から受け取る可能性は高くなる。

伝え返しを要求する

> 伝えたメッセージと受け取られたメッセージが同じかどうかを確認するために、伝え返してもらう。

自分が発信するメッセージは当然ながら、必ずしも相手に届いているとはかぎらない。そこで、自分の満足のいくように相手がメッセージを理解したかどうか、たいていは言葉を手がかりに確かめようとする。意図したとおりに受け取られたかどうかはっきりしない場合は、メッセージがどのように受け取られたのかを確認するための問いかけを明確にする必要がある。誤解があれば、それを訂正できるように。「わかった?」という簡単な問いかけでじゅうぶんという場合もある。「はい、わかりました」という答えだけでは、相手がほんとうに理解しているかどうか確信をもてない場合もある。そんなときには、どのようにこちらのメッセージを受け取ったのか、相手の言葉で表現してくれるように頼むという手がある。そうすることで、相手の表現のなかのズレや欠落に対処するために、自分のメッセージを発信し直す機会を得ることができる。

たとえば、ある教師が生徒に次のようにいう。「ピーター、昨日記録をチェックしたら、気になることがあったの。まだ提出していない宿題があることに気づいているかどうか確認したいの。放課後に職員室まで来てもらえる?」。ピーターがつぶやく。「わかってます」。それから向こうを向いてしまう。教師は、自分のメッセージをピーターが正確に受けとめているかどうか確信がもてない。教師は確認するために、ピーターにたずねる。「いまわたしがいったことがどう聞こえたか、教えてもらえる?」。ピーターは次のように返事をする。「ぼくが提出した宿題が気に入らないから、放課後居残りをしてサッカーには出るなっていったんでしょう?」。ピーターが意図したとおりに受けとめていないという心配があたっていたので、教師は再度メッセージを伝えようとする。だが、まず次に何を伝えるかに注意を払った。

聞き手が話した内容を伝え返してほしいというあなたの要求にこたえてくれようとしたら、感謝を伝えよう。

「わたしのいったことを聞いていなかったのね」「わたしはそんなことはいわなかった」「あなたはわたしのいったことを誤解している」といった主張は、自分が非難されているという考え方にピーターを導いてしまう。伝え返してほしいという要求にピーターは誠実にこたえようとしてくれたと教師は思ったので、それに対し、次のようにいうことができる。「どういうふうにわたしの言葉を受けとめたのかを教えてくれてありがとう。どうやら、わたしは自分が望んでいるほどいいたいことを明確にいえてなかったみたいね。だからもう一度いわせてね」

こちらの発言をどう受けとめたのかを伝え返してほしいと相手に頼むのは、最初は気まずく、やりにくいかもしれない。めったにない要求だからだ。相手に伝え返しをお願いする能力はとても重要なのだと

伝え返しをしようとしない相手には共感しよう。

強調しても、どうも反応がよくない。もしもそういうことを頼めば、「わたしが何も聞いていないとでも思うのか?」「心理学のゲームに巻き込むのはやめてくれ」などといわれてしまうのではないかと心配なのだろう。そうならないためには、なぜときどき自分がいったことを伝え返してもらっているのか、理由をあらかじめ説明しておけばいい。聞き取り能力をテストしているのではなく、伝えたいことを的確に伝えられているのかを確認するためなのだと。それでも「きみのいったことはちゃんと聞いている。わたしは愚かものではない!」という反論が返ってくるかもしれない。その場合は相手の感情と必要としていることに注意を向けて、こんなふうにたずねてみるのもひとつの手だ。「あなたの理解力に敬意を払われることを望んでいるので、腹立たしいのですか?」と声に出して、あるいは心のなかでたずねてみる。

率直な反応を要求する

自分をオープンに表現し、望んでいた理解が得られたら、次に自分の発言に対する相手の反応を知りたくなるものだ。相手に望む率直な反応は次の3つのうちのいずれかだ。

- どんな感情が刺激されたのか。なぜそういう感情が起き

> **自分の心を正直に明らかにした後に知りたくなること。**
>
> **1　聞き手はどう感じているのか**
> **2　聞き手がどう考えているか**
> **3　こちらが勧めた行動をとる意思があるかどうか**

たのか。それを知るには、「いまわたしがいったことを聞いてどう感じたのか、なぜそう感じるのか教えてもらえますか?」などと頼んでみる。

・どういうことを考えているのか。この場合、どの部分についての考えを知りたいのかを明らかにすることが重要だ。ただやみくもに「いまわたしがいったことについてどう考えるのか、教えてほしい」と問うのではなく、「わたしの提案は成功すると思いますか? 成功しそうにないと考えているなら、何がその妨げになっていると思うか教えてもらえますか?」とたずねるほうがいい。具体的にどの部分に関する考えを知りたいのかをはっきりさせなければ、相手がいくら話してもこちらの知りたいことは出てこないだろう。

・こちらが勧めた行動をとる意思があるのかどうか。たとえば、次のようなかたちで答えを要求できる。「打ち合わせを1週間延期してもかまわないかどうか、教えてくれませんか」

NVCを使うときには、自分はどんなことに関して相手の率直な反応を知りたいのかを意識し、それを具体的な言葉で要求することが必要だ。

集団に対して要求する

集団に対してメッセージを発信し、相手がどのような理解をしたのかを知りたい、率直な反応を知りたいという場合、どんな反応を期待しているのかを明確にすることはきわめて重要だ。自分が望んでいる反応をはっきりさせておかないと、誰の必要としていることも満たさない生産性の低い会話のきっかけをつくってしまうかもしれない。

わたしはときどき、コミュニティ内での人種差別を懸念している市民の集まりに招かれることがある。こういう集団によく見られるのが、退屈で実り少ない会合になりがちという問題だ。生産性が低いことで、参加者の支払う代償が大きくなってしまう。会合に出席するために交通費とベビーシッターの費用を捻出している人にとって、それは大きすぎるのだ。これといった方向性もないまま、だらだらと続くディスカッションに辟易して脱会する人も多い。彼らは、会合に出席するのは時間の無駄だと判断する。また、集団全体で取り組んでいる制度改革を一朝一夕に実現させるのは困難だ。会合で共有する時間の活用法にはじゅうぶんに注意を払う必要がある。

地元の学校制度を改革する目的で結成された集団の例をご紹介しよう。学校制度の多くの面で生徒に対する人種差別がまかり通っていると考えるグループだった。だが彼らの会合は非生産的で、メンバーの脱会が相次いだ。そこで、わたしが呼ばれて討論のオブザーバーになった。いつもどおりに会合を進めてください、ＮＶＣがどのように役立つかを知りたいので、とわたしは提案した。

ある男性が口火を切り、最近の新聞記事を紹介した。マイノリティの母親が、娘に対する校長の態度に不平と懸念を訴えたという内容だった。これを聞いていたある女性出席者から反応があった。同じ学校に生徒として通っていたときに遭遇した状況を彼女は述べた。ひとり、またひとり、メンバーは記事に関係する個人的体験を述べた。20分後、わたしはグループに対して質問した。現在のディスカッションでみなさんが必要としていることは満たされていますか、と。「はい」と答えた人はひとりもいなかった。「会合のたびにこうなるんですよ！」。ある男性が腹立たしげに発言した。「ここに座って毎度同じ繰り言ばかり聞かされるなら、もっと自分の時間を有効に使いたいですね」

そこで、わたしは口火を切った男性にたずねた。「あなたは新聞記事を紹介しましたが、それに関してメンバーからどういう反応を望んでいたのか、聞かせてもらえますか？」。「興味深い記事だと思ったのです」。彼は答えた。記事についての見解ではなく、グループのメンバーからどんな反応が返ってくるのを期待していたのかを教えてもらいたいのだというと、彼はしばらく思案し、「何を望んでいたのか、はっきりしていませんでした」と認めた。

集団に向かって話をする場合、どのような反応を返してもらいたいのかが明確でなければ、多くの時間が無駄になる。

それが理由で、グループの貴重な20分は実りのないおしゃべりのために浪費されてしまったのだとわたしは思った。集団に向かって話をする場合、どのような反応を返してもらいたいのかが明確でなければ、非生産的なディスカッションが続いてしまいがちだ。

しかし、グループのメンバーのうちひとりでも、どのような反応を返せばいいのかを明確にすることの大切さを自覚していたら、その自覚をグループ全体に広げていくことができる。たとえば、この男性は自分がどんな点について反応を求めているのかを定義しなかったが、そういう場合に他のメンバーがこんなふうにたずねることができる。「あなたの話に対してどのような反応を望んでいるのかがはっきりわかりません。わたしたちにどのような反応を期待しているのか、説明してくれますか?」。こうすれば、グループの貴重な時間が浪費されずにすむ。

誰が必要としていることも満たされないまま、会話がだらだらと続いていく、というケースはよくある。これは、会話を始めた者が期待していたことを得られたかどうかが明確でないからだ。インドでは、会話を始めた者が期待どおりの反応を相手から得たら「bas」(バス)と告げる。この言葉の意味は、「もうそれ以上話す必要はない。わたしは満足し、他のことを始める準備が整っている」というものだ。わたしたちの言葉にはそういう語彙が存在しないが、どんなやりとりにおいても「バス意識」を成長させ、広めることはおおいに意義がある。

要求vs強要

要求に応じなければ非難されたり罰せられたりすると思われてしまうと、要求は強要と受け取られてしまう。強要されていると相手が受け取れば、ふたつの選択肢しかなく

こちらの言葉が強要しているように聞こえる場合、相手には、服従と反抗のふたつの選択肢しか見えなくなる。

なる。服従か反抗か。どちらをとるにしても、聞き手は要求する側を強制的な存在と認識し、共感をもって応じようという気持ちは薄れていく。

過去に相手がこちらの要求にこたえなかったときに、相手を非難したり、罰したり、相手に「罪悪感を抱かせた」りしたことがあればあるほど、要求が強要として受け取られる可能性は高い。しかも、他の人が同様の仕打ちをしていれば、そのぶんも上乗せされる。要求されたことに応じなかったことで非難され、罰せられ、罪悪感を植えつけられたという経験の度合いに応じて、人はその後のあらゆる人間関係にその経験を持ち込み、どんな要求であっても強要として受け取ってしまいがちである。

要求と強要を見分けるには、話し手の要求が通らなかった場合にどういう行動に出るのかを観察すればいい。

例をふたつご紹介しよう。ジャックが友人のジェーンに話しかけている。「さみしいから、夜、いっしょに過ごしてほしいんだ」。これは要求だろうか強要だろうか？　ジェーンが断った場合のジャックの態度を見るまでは、どちらかわからない。仮にジェーンがこう答えたとする。「わたし、くたくたなの。相手が欲しいなら、今夜いっしょにいてくれる人を他にさがしてちょうだい」。それに対してジャックが「きみはいつだってそんなふうに自己中心的だ！」と答えたら、彼の

話し手が聞き手を批判したり裁いたりしたら、話し手の要求は強要だったことになる。

要求の正体は強要である。休息をとりたいというジェーンが必要としていることに共感しないで、彼女を非難している。

第２のシナリオを想定してみる。

ジャック「さみしいから、夜、いっしょに過ごしてほしいんだ」
ジェーン「わたし、くたくたなの。相手が欲しいなら、今夜いっしょにいてくれる人を他にさがしてちょうだい」
ジャックは無言のまま、そっぽを向く。
ジェーンは彼の怒りを感じ取る。「何か、困ったことでもあるの？」
ジャック「ないよ」
ジェーン「そんなこといわないで。何かあったんじゃないの？　いったいどうしたの？」
ジャック「ぼくがどれだけ孤独を感じているのか、わかっているくせに。きみがぼくのことをほんとうに愛しているのなら、夜、いっしょに過ごしてくれるはずだよ」

話し手が相手に罪悪感を植えつければ、話し手の要求は強要だったことになる。

これも共感する代わりに、ジャックはジェーンの反応から、彼女は自分を愛していない、拒絶していると解釈している。相手が要求に応じないことをこちらへの拒絶と解釈すれば、相手はますますこちらの要求を強要と見なすことになるはずだ。こうなると悪循環に陥り、強要されたと感じた相手はますますいっしょにいるのを嫌がるようになる。

だが、ジャックがジェーンの感情と必要としていることに敬意ある理解を示せば、ジャックの要求は純粋に要求であり強要ではなかったと判明する。「そうか、きみはくたくたで今夜は少し休息を必要としているんだね」と。

話し手が相手の必要としていることに共感を示せば、話し手の要求はあくまでも純粋な要求だったと判明する。

相手が進んで応じられるときのみ応じてほしいと伝えることで、これは要求であって強要ではないと相手に信じてもらう際の助けとなる。たとえば「テーブル・セッティングをしてもらいたい」ではなく、「もしよければテーブル・セッティングをしていただけませんか」と依頼するなど。そして、純粋な要求だと伝えるいちばんの方法は、こちらの要求に応じないときに相手に共感を示すことである。相手が応じないときにこちらがどう反応するかで、強要なのか要求なのかが相手に伝わる。こちらが頼んでいることを相手がしたがらない場合、その理由に共感した理解を示すつもりがあれば、それは強要ではなく要求であるとわたしは考える。強要ではなく要求だからといって、「ノー」という返事が返ってきたらあきらめるという意味ではない。相手が「イエス」といわない理由に共感するまでは、説得しようとはしないということである。

要求を出すときには自分の目的を明らかにする

純粋な要求を伝えるには、自分の目的を自覚しておくことが必要だ。人に変わってもらいたい、人のふるまいを変えてもらいたい、あるいは自分の思いどおりにしたい、ということだけをめざしているなら、NVCは適切なツールではない。NVCのプロセスは、あくまでも相手が進んで思いやりをもってできるときにのみ、人が変わること、反応してくれることを望む人々のためにデザインされている。NVCの目的は、人と人とのあいだに誠実さと共感を基盤とした絆を結ぶことだ。自分の主な目的が相手と質の高い絆を築くことだということ、そして自分はこのプロセスで全員が必要としていることを満たそうとしているということを相手が信頼してくれれば、わたしたちの要求が要求にみせかけた強要ではなく、あくまでも要求なのであると信じてもらえる。

> わたしたちが目的とするのは、人と人とのあいだに誠実さと共感を基盤とした絆を結ぶことである。

この目的を絶えず意識するのは簡単ではない。とりわけ、親や教師、管理職をはじめ、まわりの人に影響を与えて行動面の変化を促すことをめざす仕事をしている人にとっては難しい。あるワークショップで、昼の休憩から戻った女性がわたしに話しかけてきた。「いったん家に戻って試してみましたが、うまくいきませんでした」。わたしは、くわしい経緯を説明してほしいと頼んだ。

「家に戻って、ここで練習したとおりに自分の感情と必要としていることを表現してみました。息子への批判も決めつけもしませんでした。ただ、こういったんです。『あなたが自分でやるといったことがまだ済んでいないのを見ると、がっかりしてしまうわ。家に帰ったら部屋がきれいに片づいて、あなたがやるぶんの家事が終わっているのを見たかった』と。それから息子に要求をしました。すぐにそうじをしてくれと」

「4つの構成要素すべてを明確に表現できたようですね。それで、どうなりました？」

「息子はやりませんでした」

「それで？」

「わたしは息子に、怠惰で無責任なままでは生きていけないわよ、といいました」

この女性はまだ、要求と強要の区別がついていないことがわかった。彼女は、自分が出した「要求」に相手が従ったときのみ、このプロセスがうまくいっていると考えていた。このプロセスを学びはじめたころには、根底にある目的を自覚しないまま、ただ機械的にNVCの4つの構成要素を組み立ててしまいがちだ。

しかし、たとえ自分の目的を意識して配慮しながら要求を表明しても、相手は強要として受けとめてしまう場合がある。とくにこちらが立場の強い側にいて、相手に権威をもつ威圧的な人物との体験が頭にある場合は、そうなってしまう。

あるときハイスクールの経営者に招かれ、教師たちを対象に話をしたことがある。教師に協力的ではない生徒とコミュニケーションをはかるために、NVCをどのように役立てればいいのか、という内容だった。

そして、生徒40人と話をすることになった。「社会的に、そして情緒的に不適応を起こしている」と判断されている生徒たちだという。わたしは彼らが、そのレッテルどおりのふるまいをしている様子に愕然とした。あなたが生徒だとして、このようなレッテルを貼られたら片っ端から抵抗して学校で勝手放題してやれという気分になるのは無理もないのではないか。人にレッテルを貼るという行為は、わたしたちが懸念する行動を引き起こすように相手を誘導する接し方といえる。それで相手が問題行動を起こせば、ああやっぱり自分の見立ては正しかったと再確認する。この生徒たちは、自分が「社会的に、そして情緒的に不適応を起こしている」と分類されていることを知っていた。わたしが教室に入っていったときに、大部分の生徒が窓から身を乗り出して校庭にいる友人たちに暴言を吐いていたのだが、それを見てもわたしは驚かなかった。まず、彼らに要求を出した。「みなさん、どうか席についてください。みなさんが席についたところで、わたしの自己紹介をして、今日みなさんとしようと思っていることについてお話ししましょう」。半分ほどの生徒が席についた。全員に聞こえたのかどうか確信がなかったので、要求を繰り返した。すると、ふたりの男子生徒を除いて全員が席に座った。ふたりの生徒は窓の桟にもたれている。運が悪いことに、クラスのなかで彼らはいちばん大柄だった。

「すまないがきみたちふたりのうちどちらか、いまわたしがいったことがどう聞こえたか教えてくれないか」。ひとりがこちらを見て、鼻を鳴らした。「俺たちに席につけってていった」。「やれやれ、彼らには要求ではなく強要と聞こえたんだな」とわたしは思った。

わたしは大きな声で呼びかけた。「サー」（彼らのように二の腕が筋肉で盛り上がっているタイプの人間には、わたしはつねに「サー」と呼びかけることにしている。相手がタトゥーを誇示していれば、なおさらだ）。「教えてくれないかな。きみに対する要望があるんだが、どうしたらそれを偉そうに聞こえないように、伝えられるだろうか」。「なんだって？」。権威ある側から強要されるのに慣れっこになっていたので、わたしの異なるアプローチに彼は面食らった。「わたしはきみに対して望んでいることがあるんだが、あくまでもきみの意思を尊重したい。それをわかってもらうには、どうしたらいいんだろうか？」。それを聞いて彼は一瞬躊躇し、肩をすくめた。「わからない」

「きみとわたしのいまのやりとりは、今日ここで話そうと思っていたこととぴったり一致しているんだ。人に対していばり散らしたりしないで要望を伝えることができれば、誰もが楽しくやっていけるとわたしは信じている。わたしがきみにこうしてほしいと伝えたとしても、きみにそれをしろと命じているわけではない。どうすれば、わたしがきみたちの意思を尊重していないと思われずに、わたしが望んでいることを伝えられるだろうか」。どうやら彼らに通じたらしい。彼らはぶらぶらとした足取りで席についた。わたしはほっとした。このように、こちらの要求を相手にありのまま理解してもらうには少々時間がかかるという場合もある。

何かを要求するときには、自分の心をすみずみまでスキャンすることが役立つ。次にあげる思考があると、要求は自動的に強要に変わってしまう。

・彼は自分が汚したら掃除を〝しなければならない〟。
・彼女はわたしが頼んだことをする〝べきである〟。
・わたしの給料は上がって〝当然〟だ。
・彼らを残業させたことは〝まちがっていない〟。
・わたしはもっと休暇をとる〝権利がある〟。

必要としていることについて、こういうかたちで考えてしまうと、相手がこちらの要求にこたえてくれないとき、相手を裁いてしまう。わたしがそういう独善的な考えにとらわれたのは、下の息子がゴミを出さないときだった。家事の分担を決めた際、息子はゴミ出しを担当することに同意した。しかし、わたしたちは毎日ゴミ出しでもめていた。わたしは毎日、息子にいってきかせた。「これはきみの仕事だよ」「ひとりひとり、仕事が決まっているんだよ」などと。わたしの目的はただ、息子にゴミ出しをさせることだけだった。

ついにある晩、わたしはじっくりと息子と話をしてみた。ゴミを出さない理由について、息子の言い分に耳を傾けたのだ。息子との話し合いの後で、わたしは次の歌をつくった。息子はわたしから自分の立場に対する共感を得たと感じ、それ以降、声をかけなくても進んでゴミを出すようになった。

ブレットからの歌

パパがぼくに強要していないとはっきりわかったら、
そうしたら、呼ばれたらすぐに返事をするさ。
でも、パパがすごく偉そうなボスみたいに
伝えてきたら、
壁にぶちあたった気分にさせてやる。
もし敬虔ぶって
これまで僕のために
してきたことを並べはじめたら、
覚悟しておけ
もうひと勝負だ！
パパがいくら叫んでも、

唾を吐いても、
呻いても、唸っても、カンカンになっても、
ゴミなんか出してやるものか。
パパが態度を変えたとしても、
ぼくが変わって
水に流したり忘れたりできるようになるには
時間がかかるだろう。
だって、
僕がパパのすべての基準を満たすまで、
パパは僕を人間として認めてくれない
だろうから。

まとめ

ＮＶＣの第４の構成要素は、「人生を豊かにするために、お互いに何をしてもらいたいか」の要求だ。あいまい、抽象的、漠然とした言い方を避け、肯定的な行動を促す言葉で要求する。つまり、自分は何を要求「しない」のではなく、何を要求「している」のかを述べる。

相手に何かを伝える際には、相手から得たいものが明確であればあるほど、それが得られる可能性は高くなる。こちらが発信するメッセージを、相手がそのまま受け取っているとはかぎらない。そこで正確に届いているかどうかを確認する方法を身につけておく必要がある。とりわけ集団に対して何かを表明する場合は、相手にどのような反応を求めているのかを明確にしておく。さもなければ非生産的な会話が始まってしまい、グループとしての時間を有効に活かすことができない。

こちらの要求に応じなければ非難されたり罰せられたりすると相手が信じている場合、要求は強要として受け取られてしまうだろう。相手が進んでこたえられるときにのみ応じてほしいというこちらの望みを伝えれば、強要ではなく要求していることを信じてもらえる。NVCの目的は、自分の思いどおりにするために人を変えたり人のふるまいを変えたりすることではない。誠実さと共感を基盤とした絆を相手とのあいだに確立し、全員が満たされた状態をつくりだすことだ。

NVC・イン・アクション

親友の喫煙をめぐり、恐れを共有する

アルとバートは30年来の親友だ。アルはタバコを吸わない。バートは長らく日に2箱吸っ

ている。アルは何年も前から、あの手この手でバートの喫煙の習慣をやめさせようとしてきた。去年、バートの空咳がひどくなる一方なのに気づいたアルは、それまで溜め込んでいた怒りと恐れを爆発させた。

アル　「バート、この件に関してはもう何十回もふたりで話し合ってきた。それを忘れたわけじゃない。でも、聞いてくれ。きみが吸うタバコがきみの命を奪っていると思うと、怖くてたまらないんだ！　きみはぼくの親友だ。できるかぎりいっしょに長生きしたい。わかってくれ。決してきみを裁いているわけではない。そんなつもりはないんだ。ただ、ほんとうに心配なんだ」（過去にアルは、バートに禁煙させようとしたが、バートはアルが自分を裁いているといって非難した）

バート「ああ、きみが心配してくれているのはわかる。これだけ長いつきあいなんだから……」

アル　（要求を出す）「タバコを吸うのをやめてくれるか？」

バート「そうできたら、いいのだが」

アル　（自分の要求への同意を妨げる、彼の感情と彼が必要としていることを聞き取ろうとする）「禁煙に失敗したくないから、禁煙するのが怖いのかい？」

バート「そうだ……。これまで何度も失敗してきたのを知っているだろう……。禁煙できなかったことで人から見下されているのはわかっている」

アル　（バートは自分に何を要求したいのだろうかと考える）「ぼくはきみを見下したりしない。今回、きみがまた禁煙に失敗したとしても、やっぱり見下したりはしないよ。ぼくはただ、きみに禁煙にチャレンジしてもらいたいだけだ」

バート「ありがとう。でも、いくらきみがそういってくれても……、みんなはそうじゃない。目を見ればわかる。ぼくのことを負け犬だと思っている」

アル　（バートの感情に共感する）「そういうふうに思われているだろうと考えてしまうのは、さぞかしつらいことだろう。禁煙するだけでもつらいのに。そうだろう?」

バート「自分が依存症になっているなんて考えたくもない。自分の意思で自分をコントロールできないなんて……」

アル　（バートと視線を合わせ、肯定するようにうなずく。そのまなざしと沈黙で、バートの感情と必要としていることがじゅうぶんに伝わっていることを知らせている）

バート「ぼくはもうタバコなど吸いたくはない。公共の場でタバコを吸えば、社会のやっかいものみたいに扱われるしね。きついよ」

アル　（共感し続ける）「どうやらきみは、ほんとうにタバコをやめたがっているようだ。でも、失敗するのではないかと恐れている。失敗したら自尊心と自信がガタガタになってしまうのではないかと恐れている」

バート「ああ。そのとおりだと思う……こんなこと、たぶんいままで誰にも打ち明けたことがない。誰かに禁煙しろといわれると、目障りだから消えろなんて答えてすませてきた。タバコはやめたい。でも、周囲からプレッシャーをかけられるのはごめんだ」

アル「ぼくはきみにプレッシャーをかけるつもりはないよ。禁煙の失敗を恐れる気持ちをどうしたら軽くしてあげられるのかはわからないが、ぼくは、なんとしてもきみを支えるつもりだ。もちろん……あくまできみの気持ちしだいだが……」

バート「きみに力になってほしい。ぼくのことを気にかけてくれて、はたらきかけてくれて、こんなにうれしいことはない。でも……、いますぐ禁煙するふんぎりがつかなくても、それでもいいかな？」

アル「いいとも。ぼくはそれでもきみが大好きだよ。ただ、このままずっと、きみを好きでいたいんだ」（アルの要求は、純粋な要求であって強要ではない。バートの反応よりも、ふたりの絆の質こそが重要だとアルは自覚している。だからそれをバートに伝え、さらに自主性を貫きたいというバートが必要としていることに敬意を払っていることも、「ぼくは、それでもきみが大好きだよ」という言葉で伝える。と同時に彼自身が必要としていることも伝える。「このままずっと、きみを好きでいたいんだ」と）

バート「それじゃあ、もう一度試してみるか……でも誰にもいうなよ、いいか？」

アル「もちろんだ。ふんぎりがついたら決行すればいい。ぼくは誰にもいわないよ」

エクササイズ④

要求を表現する

要求を明確に表現することについて理解できているかどうかを確認してみよう。次の文章のうち、話し手が、相手にある行動をとってほしいと明確に要求していると思われるものに丸をつけてみよう。

1 「あなたにはわたしを理解してもらいたい」
2 「わたしの行動であなたが高く評価していることをひとつ取り上げて、話してほしい」
3 「あなたにはもっと自分に自信をもってもらいたい」
4 「あなたにはお酒をやめてもらいたい」
5 「わたしらしく、いさせてほしい」
6 「昨日の会議について、正直なところをわたしに話してほしい」
7 「制限速度以下で運転してください」
8 「あなたのことをもっと知りたい」
9 「わたしのプライバシーを尊重してください」

10「もっとひんぱんに夕飯をつくってほしい」

わたしの考えは次のとおり。

1　あなたがこの番号に丸をつけたなら、あなたとわたしの意見は一致していない。「理解する」という言葉は、要求している特定の行動を明らかにしていないとわたしは考える。それよりも、次のような言い方はどうだろう。「わたしがいったことを、あなたはどう聞いたのかを話してほしい」

2　あなたがこの番号に丸をつけたなら、わたしたちの意見は一致している。話し手が要求していることが明確に表現されている。

3　あなたがこの番号に丸をつけたなら、あなたとわたしの意見は一致していない。「もっと自分に自信をもってもらいたい」という言葉は、要求している特定の行動を明らかにしていないとわたしは考える。話し手は、たとえばこんなふうにいうことができる。「自己主張の訓練を受けてもらいたい。きっと、あなたの自信につながるでしょう」

4　あなたがこの番号に丸をつけたなら、あなたとわたしの意見は一致していない。「お酒をやめる」というのは、話し手がしてほしいと思っていることではなく、しないでほしいことを表現しているとわたしは考える。それよりも、次のように表現してはどうだろう。

「お酒はあなたが必要としているどんなことを満たしてくれるのか話してほしい。他の方法でそれを満たすことができるのか、話し合いたい」

5 あなたがこの番号に丸をつけたなら、あなたとわたしの意見は一致していない。「わたしらしくいさせて」という言葉は、要求している特定の行動を明らかにしていないとわたしは考える。次のような言い方はどうだろう。「あなたの気に入らないことをわたしがしたとしても、絆を切ったりしないといってほしい」

6 あなたがこの番号に丸をつけたなら、あなたとわたしの意見は一致していない。「正直なところを話す」という言葉は、要求している特定の行動を明らかにしていないとわたしは考える。話し手は次のようにいえたのではないか。「わたしがしたことについてどう感じているのか、そして、これは変えてほしいと考えている点を話してもらいたい」

7 あなたがこの番号に丸をつけたなら、わたしたちの意見は一致している。話し手が要求していることが明確に表現されている。

8 あなたがこの番号に丸をつけたなら、あなたとわたしの意見は一致していない。要求している特定の行動を明らかにしていないとわたしは考える。話し手はこんなふうにいえたのではないか。「週に一度はいっしょに昼食をとってもらえるか教えてほしい」

9 あなたがこの番号に丸をつけたなら、あなたとわたしの意見は一致していない。「わたしのプライバシーを尊重して」という言葉は、要求している特定の行動を明らかにしていないとわたしは考える。話し手はこんなふうにいえたのではないか。「わたしの執務室に入る際にはノックするということに同意してほしい」

10 あなたがこの番号に丸をつけたなら、あなたとわたしの意見は一致していない。「もっとひんぱんに」という言葉は要求している特定の行動を明らかにしていないとわたしは考える。話し手は次のようにいえたのではないか。「毎週月曜日の夜は、夕飯をつくってもらいたい」

第7章
共感をもって受け取る

第3章から第6章までの4つの章では、NVCの4つの構成要素について述べた。それは、われわれが観察し、感情に気づき、何を必要としているのかを明確にし、人生を豊かにするために要求することだった。本章では、これら4つの要素を応用して、自分が表現する代わりに相手が何を観察し、感じ、必要とし、要求しているのかを聞く。このことを「共感をもって受け取る」と呼ぶ。

NVCは次のふたつの部分からなる。

1　率直に表現する

2　共感をもって受けとめる

何もしなくてもいい、ただそこにいるということ

共感とは、自分以外の人の経験を敬意とともに理解することだ。中国の哲学者、荘子は、共感するためには自分という存在すべてで聞くことが要求されると述べている。「これを聞くに耳を以てすることなく、これを聞くに心を以てせよ。これを聞くに心を以てすることなく、これを聞くに気を以てせよ。聞くは耳に止まり、心は符に止まる。気なる者は虚にして物を待つ者なり。ただ道は虚に集まる」

共感とは、心を空にして全身で聞くこと。

相手に対する先入観や決めつけを排除したとき、初めて共感が生まれる。ただそこにいるというあり方の本質について、オーストリア生まれのユダヤ人哲学者マルティン・ブーバーは次のように述べている。「同じように見えても、人生におけるあらゆる状況が、生まれたばかりの赤ん坊のように新たな顔をもっている。それは、これまでもなかったし、これから遭遇することもないものだろう。それは、まえもって準備することができない反応をあなたに要求する。過去のことは何も求めない。求められるのは、ただそこにいるということ、責任、そしてあなた自身だ」（マルティン・ブーバー著、植田重雄訳『我と汝・対話』岩波文庫）

共感するために必要な、ただそこにいるということを維持するのは簡単ではない。「苦しんでいる者に気持ちを寄せるというのは、きわめて希有で得がたい能力である。ほとんど奇跡にちかい。それは奇跡なのだ」。フランスの作家、シモーヌ・ヴェイユは断言する。「自分にはその能力があると考える者のほとんどは、その能力をもっていない」。共感する代わりに、わたしたちはどうしてもアドバイスを与えたり、励ましたり、自分の立場や気持ちを説明したくてたまらなくなる。共感するには、相手が発信するメッセージにすべての注意を傾けることが必要とされる。相手が満足のいくまで自分を表現し理解されたと感じるのに必要な、じゅうぶんな時間と空間を与える。このような能力を、仏教ではこんなふうに表現している。「やみくもに何かをしなくてもいい、ただそこに立っていればいい」

アドバイスや励ましを提供する前に、相手がそれを求めているかどうかを確認する。

共感を求めている人にとって、励ましや「改善策」のアドバイスを欲しがっていると思われることは、フラストレーションとなりかねない。相手がアドバイスや励ましを求めているのかどうか、確認することが大切だ。わたしはそれを娘から学んだ。娘はある日、鏡を見てこういったのだ。「わたしって、ブタみたいにブスだわ」

それを聞いてわたしは、「きみは神様がこの地上に送り込んだ生き物のなかで最高に華麗だよ」ときっぱりといった。娘はむっとした表情になって叫んだ。「パパなんて知らない！」。そしてバタンとドアを閉めて行ってしまった。娘は共感してもらいたかったのだと気づいたのは、その後のこと。タイミングの悪い励ましよりも、こんなふうにいってやればよかったのだ。「今日の自分の見た目にがっかりしているのかい？」

共感をもって接することがじゅうぶんにできない場合、どんな行為が妨げとなっているのか、わたしの友人ホリー・ハンフリーが突き止めている。たとえば、次のようなふるまいだ。

・アドバイスする。「……するべきだと思う」「どうして……しなかったの？」
・うわてに出る。「そんなのたいしたことではない。わたしに起きたことを聞いたら、よくわかるはず」
・教え諭す。「もし……さえしたら、これは非常に有益な経験となるはずだ」
・慰める。「あなたがいけないのではない。あなたはできるかぎりのことをした」
・自分語り。「それを聞いて思い出すのは、わたしがあのときに……」
・話を切ってしまう。「元気出して。そんなにしょげないの」
・同情する。「まあ、なんてかわいそうなのかしら……」
・尋問する。「それはいつから始まったんだ？」
・説明する。「電話しようと思っていたのだけど……」
・まちがいを正す。「その経緯はちがう」

ラビ、ハロルド・クシュナーは著書『なぜ私だけが苦しむのか』（斎藤武訳、岩波現代文庫）のなかで、息子を亡くしたときにまわりの人が元気を出させようと気づかってかけてくれる言葉が、ひどく苦痛に感じられたと述べている。だが、それ以上につらかったのは、彼自身が20年間にわたって、同じような状況にある人に同じような言葉をかけていた、ということに気づいたことだった。

ある状況を「なんとかしなくてはならない」と信じて、相手を元気にしようとすることがかえって妨げとなり、ただそこにいるということができなくなってしまうのだ。とくにカウンセラーや心理療法の専門家は、そういった信念をもちがちだ。かつて、メンタルヘルスの専門家23人とともにワークショップをおこなったことがある。そのときには、もしもクライアントが「気分がとても落ち込んでいます。このままやっていく理由がまったく見えないのです」といったらどのように対応するかとたずね、回答を書いてもらった。それを回収し、「これから1枚ずつ声に出して読んでゆきます。みなさんは落ち込んだ気分を訴えた人の立場に立って聞いてください。回答を聞いて、自分は理解されたと感じたら挙手してください」と述べた。結局、すべて読んだが23人のうち3人の手しかあがらなかった。回答のなかでいちばん多かったのは、「それはいつから始まったんですか？」などと問いかけるものだった。専門家として、診断や治療をするために情報をあつめようとしているように見えてしまう。だが、そうした知的な理解は、共感するために必要

知的な理解は、共感を阻む。

な、ただそこにいるということを妨げてしまう。自分の考えとどう結びつくかを考えながら他人の言葉に耳を傾けているときは、その相手とともにいるのではなく、端から見ている状態だ。共感するために大切なのは「ただそこにいる」ということであり、相手や相手の体験とともにいるということだ。相手に共感しているのか、それとも知的な理解や同情を抱いているのかのちがいは、「ただそこにいる」という状態にあるかどうかである。相手の気持ちを感じ取り、同情することをあえて選ぶ場合もあるだろう。だが、そのときは、共感しているのではなく同情しているのだということを自覚しておくことが役に立つ。

感情と必要としていることを聞き取る

NVCでは、人が自らを表現するためにどんな言葉を使おうと、その言葉のなかから、彼らが観察していること、感じていること、必要としていること、人生を豊かにするために要求していることを聞き取る。たとえば、引っ越してきたばかりの隣人に車を貸すという状況を想定してみよう。隣人は急用ができて、車を貸してくれと申し込んできた。あなたの家族は貸したことを知って猛烈に反発する。「よく知りもし

たとえどんな発言であっても
相手の言葉を聞き、彼らが
①観察していること、
②感じていること、
③必要としていること、
④要求していること、を聞き取る。

ない人を信用するなんて、とんだ愚か者だ！」と。この後で紹介する対話例は、①家族の発言を自分への非難と受け取って自分を責める、②家族を非難して裁くという2種類の対応ではなく、家族の感情と必要としていることをすくい取るための方法を示している。

この状況で家族が何を観察して何に反応しているのかははっきりしている。よく知らない人物に車を貸したという事実だ。いつもこれほどはっきりしているとはかぎらない。もしも同僚から「きみは優秀なチームプレイヤーではない」といわれたら、相手は何を観察しているのだろうか。自分のどういう行動がそのようなコメントを引き出したのか、見当をつけることはできても、はっきりとはわからない。

ワークショップで取り上げた対話をご紹介しよう。つねに相手の感情に責任を負い、相手の発言は自分への攻撃だと思い込んでいると、相手の感情と必要としていることに焦点を絞って聞くことが難しくなるという例だ。この会話の女性は、夫の言葉の奥にある感情と必要としていることを聞き取る方法を学ぶためにワークショップに参加した。わたしは、彼女が夫の感情と必要としていることを推測し、実際に夫にそれを確認してはどうかと提案した。

夫の言葉「きみに話してどうなるというんだ？　きみは絶対に耳を貸さないじゃないか」

女性（妻）「わたしに不満があるの？」

わたし「『わたしに』といってしまうと、彼の感情の原因があなたの行動にあると示唆してしまいます。『わたしに不満があるの？』ではなく、『あなたが不満だったのは……を必要としていたからなの？』といったほうがいいと思います。そうすれば、彼の内面で何が起きているのかに注意が向いて、彼が発信するメッセージをそのまま自分への攻撃と解釈することもなくなるでしょう」

女性「でも、なんといったらいいのでしょう？『あなたは……だから不満なの？』。その理由をなんといえばいいんでしょう？」

わたし「その手がかりは『きみに話してどうなるというんだ？　きみは絶対に耳を貸さないじゃないか』というメッセージのなかにあります。あなたの夫がそういったとき、彼は何を必要とし、満たされていなかったのでしょうか？」

女性（メッセージの奥にある夫が必要としていることに共感しようとする）「あなたは、わたしから理解されていないと感じているから不満なの？」

わたし「あなたは、いま彼が必要としていることではなく、彼が考えていることに焦点をあてている、ということに注目してください。相手が自分についてどう考えているのかではなく、相手が何を必要としているのかを聞き取ろうとすれば、相手に対して感じる脅威が薄れるはずです。夫は、わたしが彼の言葉に耳を貸していないと思っているから不満なのだ、

自分が相手にどう思われているかではなく、相手が何を必要としているのかを聞き取る。

というように聞くのではなく、『あなたは……を必要としているから不満なの？』といって、彼が必要としていることに注意を振り向けてみましょう」

女性　（もう一度試みる）「あなたは、自分のいうことを聞いてもらいたいということを必要としているのに、それが満たされていないから不満なの？」

わたし「そう、それです。そういうふうに相手のいうことを聞くと、あなたの気持ちはさきほどとはちがいますか？」

女性　「それはもう、おおちがいです。自分の落ち度ではなく、彼に何が起きているのかに目を向けています」

言い換える

人が何を観察しているのか、感じているのか、必要としているのか、人生を豊かにするために何を要求しているのかに注意を向けた後に、自分が理解したことを別の言葉に置き換えて相手に伝え返したいという気持ちが起きるかもしれない。第６章で要求を取り上げた際に、相手に伝え返すようにお願いする方法について述べた。ここでは、それを相手に提供する方法について見てみよう。

相手のメッセージを受けとめていれば、それを言い換えて相手に返すことで、相手も自分が受けとめられたことがわかる。正確に伝わっていないとわかれば、話し手はまちがいを正す機会に恵まれる。このように伝え返すことのもうひとつの利点は、発言の内容を振り返り、さらに掘り下げる機会を相手に与えることができることだ。

ＮＶＣでは相手の発言を言い換える際に、問いかけのかたちにするように勧める。そうすれば、こちらがどう理解しているかが伝わり、話し手側から訂正する言葉を引き出すことができる。問いかけのポイントを次にあげてみよう。

Ａ　相手が何を観察しているのか。「先週、わたしが夜出かけた回数についていいたいことがあるの？」

Ｂ　相手がどのように感じているのか、また、その感情を引き起こしているのは何を必要としているからなのか。「あなたが傷ついているのは、努力したことをもっと高く評価してもらいたかったから？」

Ｃ　相手が何を要求しているのか。「なぜわたしがあの発言をしたのか、その理由を教えてほしいの？」

こうした問いかけをするには、相手の内面で何が起きているのかを感じ取らなくてはならない。そして、こちらが感じ取ったことに誤りがあれば、どうぞ正してくれと相手に伝えなくてはならない。次にあげる問いかけは、どこがちがっているだろうか。

a「わたしがした、どの行動のことをいってるの？」

b「どんな気持ちなの？」「どうしてそんな気持ちになるの？」

c「それに関して、わたしにどうしろというの？」

これらの問いかけは情報を求めているが、相手の状況を察しようとはしていない。表面的には相手の内部で起きていることに直接つながりそうに見えるが、求める情報をもっとも確実に得られる方法ではないということを学んだ。そういう問いかけをすると、学校の教師に試験をされているような、セラピストにカウンセリングを受けているような印象を与えてしまいがちだ。もし、このような方法で聞くことをあえて選ぶのであれば、まず自分のなかの感情と必要としていることを、なぜその質問をするのかと結びつけて明らかにする。そうすることで相手が警戒心を起こすのを防げるだろう。つまり、「わたしが何かしたのでしょうか？」とたずねるのではなく、「あなたがいいたいことをもう少しちゃんと理解したいんです。わたしのどんな行為が原因で、あなたはわたしをこんなふうに見るようになってしまったのでしょう。教えてもらえま

情報を得るために問いかけをするとき、まずは、こちらの感情と必要としていることを相手に伝える。

せんか?」と問いかけることができる。ただし、前後の文脈や声の調子で感情や必要としていることが相手に伝わっている場合があるので、必ずしもこのステップが必要とはかぎらない。あるいは役に立たないかもしれない。それでも、わたしはこのステップを踏むことを勧める。とりわけ、話し手に対する質問の裏に強烈な感情がある場合は、実行したほうがいい。

相手が発信したメッセージを伝え返す必要があるのかどうか、どのように判断すればいいのだろう。相手のメッセージを自分が正確に理解している自信がなければ、自分の言葉に置き換えて伝え返し、相手に正してもらえばよい。一方、こちらは正確に理解していると確信しても、相手が確認を求めていると感じる場合もあるだろう。「わかりましたか?」あるいは「わたしのいっていることを飲み込めましたか?」などといった問いかけは、そうした気持ちのあらわれだ。その際には、単に「はい、わかりました」と答えるよりも、自分の言葉に置き換えてはっきり伝えたほうが相手は安心できるだろう。

NVCのトレーニングに参加したばかりの女性の例をご紹介しよう。彼女は病院のボランティアをしており、看護師に頼まれて年配の女性患者と話をすることになった。「病状は深刻なものではなく、薬を飲めばよくなるという説明は、すでにその患者さんにしました。それでも1日中病室に座り込んだまま、『死にたい、死にたいわ』と繰り返す状態でした」。ボランティアの女性は年配の女性患者に近づいた。看護師の言葉どおり、女性患者はひとりきりで座って、「死にたい」と繰り返しつぶやいていた。

「死んでしまいたいんですね」。ボランティアが共感した。女性患者は驚いてつぶやくのをやめた。そしてほっとした表情を見せ、話しはじめた。自分がどれほどつらい気持ちでいるのか、誰もわかってくれないのだと。ボランティアは、女性の気持ちをひとつひとつ言葉で伝え返した。やがてふたりのやりとりは温かい気持ちのこもったものとなり、並んで座り、腕を組んだ。女性患者と会話した後、その女性ボランティアは看護師からいったいどんな奥の手を使ったのかと聞かれた。年配の女性患者は食事をとり、薬を飲むようになり、見ちがえるほどしゃんとしたのである。それまで看護師たちはさんざんアドバイスをしたり励ましたりしてきたが、女性ボランティアとのやりとりによって、女性患者は初めて自分がほんとうに必要としていたことを得たのだった。彼女は自分の深い絶望感に耳を傾けてくれる人間と交流することを必要としていたのだ。

どの時点で相手の言葉をこちらの言葉に置き換えればいいのか、絶対に失敗しないルールはない。しかし、これまでの経験からいえるのは、相手が強い感情とともに言葉をぶつけてくる場合、自分なりの言葉に置き換えて返すことは役に立つだろう。話す側に立った場合は、相手から言葉を返してもらいたいのかもらいたくないのかを明確に意思表示すれば聞き手は助かるだろう。

激しい感情を伴うメッセージは伝え返す。

自分が身を置く文化の規範に敬意を払い、発言の伝え返しをあえてしないという場合もあるだろう。たとえば、あるワークショップに参加した中国人は、父親の発言の奥にある感情と必要としていることに耳を傾ける方法を学んだ。彼は度重なる父親の批判と攻撃の言葉にたえかね、父親に怯え、会うことをとても嫌がり、ときには何カ月も避けていた。ワークショップから10年後、彼が訪ねてきた。相手の感情と必要としていることを聞き取る能力を身につけたおかげで父親との関係はがらりと変わり、いまでは親密な交流を楽しむところまできたと報告してくれた。彼は父親の感情と必要としていることを聞き取ったが、それを自分の言葉に置き換えて確認する作業はしていなかった。

「口に出したことは一度もありません。わたしたちの文化では面と向かって相手の気持ちについて話すという習慣がないのです。でも、おかげさまで父の言葉を攻撃として受けとめることはなくなり、父自身の感情や父自身が必要としていることとして聞けるようになりました。父との関係は、たいへんすばらしいものになりました」と彼は話してくれた。

「つまり、お父さんの感情を聞き取れるようになったのは有益だったが、これからもお父さんの気持ちについて直接話し合うことはないということですね？」。わたしはたずねた。

「いいえ、そろそろいい潮時だと思っています。いまの父とわたしはしっかりとした信頼関係がありますから、『父さん、お互いの気持ちについて話し合えるようになりたいんだ』といえば、父もそれに応じる準備ができているでしょう」

より深い共感と理解に結びつくときにのみ、相手の発言を自分の言葉に置き換える。

相手の発言を自分の言葉に置き換えて返す際、とても重要なのは声の調子だ。ほんのかすかにでも批判や皮肉がこもっていれば、相手は敏感に感じ取る。さらに、相手の心のなかで起きていることをさもわかったような調子で述べることも、否定的な影響を及ぼす。それよりも相手の感情と必要としていることに意識的に耳を傾けていれば、こういう理解で正しいのだろうかと確認しているということが——主張ではないということが——声の調子できちんと伝わる。

こちらの言葉に置き換えて確認する場合、意図を誤解される可能性があることを承知しておこう。「そういう心理学のまねごとを押しつけるな！」といわれるかもしれない。その場合も、相手の感情と必要としていることを感じ取り続ける。このケースでいえば、おそらく話し手はこちらの動機を信用していない。こちらの意図をじゅうぶんに理解してからでなければ、伝え返されたことを受けとめることはできないだろう。これまで述べてきたように、相手が発信するメッセージの奥にある感情と必要としていることを聞き取ることに焦点をあてれば、批判や攻撃、侮蔑、非難とは決別できる。そしてありのままの真実を理解できるようになる。これを実践すればするほど、シンプルな真実が明らかになってくる。脅威を感じさせるメッセージの奥には、自分が必要としていることが満たされておらず、幸福になりたいとただ訴えかけている人がいるだけなのだ。それを意識してメッセージを受けとめれば、非人間的に扱われたという思いを抱かずにすむ。人は、人を貶め

威嚇するような発言の裏には、自分が必要としていることを満たしてくれと強く望んでいる人がただいるだけである。

厳しいメッセージは、誰かの人生を豊かにするための、よいきっかけとなる。

るような考えや、自分を否定するような考えにとらわれたときにのみ非人間的に扱われたと感じるからだ。作家で神話学者のジョセフ・キャンベルはこう述べている。「彼らはわたしのことをどう思うだろうか、という思いを捨てないかぎり至福は味わえない」。過去に批判あるいは非難として受けとめたメッセージを、苦痛のさなかにある人々に手を差し伸べるための手がかりとして認識しはじめたとき、至福を感じはじめる。

相手の発言を言い換えて返しても、こちらの意図と誠意が疑われることが重なるなら、詳細に自分の意図を検討する必要があるかもしれない。意図を明確に意識せずに、NVCの構成要素を機械的にはめこんで言い換えてしまっているだけかもしれない。目の前にいる人間と絆を結ぶことより、プロセスを「正しく」実行するほうに熱心になっていないだろうか。あるいは、NVCのかたちをとってはいるけれど、ほんとうは相手のふるまいを変えてやろうという気持ちしかないのではないか。そんな問いかけを自分にしてみる。

言い換えをするのは時間の無駄だと抵抗する人もいる。セッションに参加したある都市の行政官はこう説明した。「わたしは事実と解決策を明らかにすることで給料をもらっているのであって、オフィスを訪れる人たちを相手に心理療法をおこなうのが仕事ではないのです」。しかし、この行政官は市民たちに詰め寄られ、怒りをぶつけられていた。彼らは懸案事項に関する苦情を訴えるために彼のもとを訪れるが、言い分を聞いてもらえないという不満を抱いて立ち去っていくのだった。わたしは後に、市民から打ち明けられた。「あの人のオフィスに行くと、事実を次々に出してくるばかりで、こちらのいっていることを聞いているのかどうか、まったく見当がつかなかったのです。そうなると、あの人が示す事実を疑うようになってしまうんですよ」。言い換えによる確認作業は時間を無駄にするどころか、時間を倹約することにつながる場合が多いのだ。労使交渉について調査した結果、労使双方が、相手のいったことにすぐ反応するより、まずは相手の発言を正確に繰り返した場合のほうが、問題解決にかかる時間は半分ですむとわかった。

言い換えは、時間の倹約につながる。

そこで思い出すのは、ある男性のことだ。言い換えることの意義について疑ってかかっていた人物だ。深刻な問題で結婚生活が危機に直面していた彼は、夫婦でNVCのワークショップに参加した。妻は彼に「あなたはわたしの言葉に耳を傾けたことがない」と指摘した。

「いや、傾けている」と彼。

「いいえ、聞いていない」妻が言い返した。

（そこで、わたしが彼に向かって発言した）「あなたはたったいま、奥様がおっしゃったことを証明してしまったようですね。あなたは彼女の言葉に耳を傾けていたことを、彼女に伝えるようなやり方で返事をしなかった」

わたしの指摘に彼は困惑した。わたしがあなたの代わりをやってみましょうかと提案すると、彼はよろこんで承知した。うまい返答ができていないという自覚があったのだ。彼の妻とわたしのやりとりは次のとおり。

妻「あなたはわたしの言葉に決して耳を傾けない」

夫を演じるわたし「会話をするときはもっとつながりを感じたいので、とてもいらだっているようだね」

妻は感極まって涙をこぼした。自分のいっていることが理解されたという確認を受け取った瞬間だった。わたしは夫のほうを向いて説明した。「奥さんが伝えようとしていたこと、必要としていたことはこれだったのだと思います。ちゃんと聞いてもらえたということの確認として、奥さんが感じていること、必要としていることを伝え返してもらうことです」。夫はあぜんとしていた。「妻が求めていたのは、たったそれだけだったのですか？」。そんな簡単な行為で妻がこれほど感激するとは思いもよらなかったのだ。

まもなく彼自身が、自分がおおいに気持ちを込めて語ったことを妻が伝え返してくれるよろこびをじゅうぶんに味わった。妻が言葉を置き換えて確認してくれるのを満喫しながら、わたしにこう言い切ったのである。「これはじつに効果がありますね」。誰かが自分たちと共感をもってつながっているという確証を受け取ることは、感動的な経験だ。

共感を持続させる

相手を救うための解決方法や申し出に注意を向ける前に、まずは相手にじゅうぶんに気持ちを表現してもらうようにわたしは勧める。相手が要求していることを察して迅速に動くと、相手の感情と必要としていることに純粋に関心を払っていることがかえって伝わりにくい。逆に、さっさと解放されたい、問題に決着をつけたいと考えているように相手に受け取られてしまいかねない。また、相手が最初に発信するメッセージは氷山の一角であり、まだ表現されていない感情が――より強力である場合も――あるかもしれない。相手の内面に継続して注意を向ければ、相手は自分の内面をじゅうぶんさぐって表現する機会を与えられる。あまりにも速く彼らの要求や自分自身の表現したいという欲求に関心を移してしまうと、この流れをせき止めてしまうだろう。

ある母親が次のように発言したとする。「わたしの息子はどうにもなりません。あれをしろこれをしろといっても、いっさい聞く耳をもたないのです」。彼女が感じていることと必要としていることは、次のような言葉で伝え返すことができるだろう。「あなたは途方に暮れて、息子さんと心を通い合わせる方法を見つけたいと思っているようですね」。このように言葉を換えて相手に返すことで、多くの場合、話し手

共感を継続することによって、話し手がより深く自分の内面をさぐる機会を与える。

は自分の内面を見つめるように促される。こちらが返した言葉が的確であれば、母親は別の感情に気づくかもしれない。「わたしがいけないのかもしれません。いつも息子に向かって怒鳴ってばかりですから」。聞き手は話し手が表現する感情と必要としていることに寄り添い、たとえば、こんなふうに言葉をかける。「あなたは、息子さんにあんな態度をとったりしないで、もっと理解を示せばよかったと罪悪感を抱いているのですか」。こちらからの確認の言葉を聞いてわかってもらえているとその母親が感じれば、引き続き自分の内面を見つめ、「わたしは母親として失格なんです」と言い切る可能性もある。その言葉であらわされている感情と、必要としていることにさらに寄り添い続ける。「それであなたは落胆していて、息子さんとちがう接し方をしたいと願っているのですね？」。息子との関係についての気持ちをすべて出し切るまで、この調子で母親の気持ちに寄り添い続ける。

じゅうぶんに共感することができたという確信は、どのようにして得られるのだろうか。まず、自分の内側で起きているすべてのことに対して、じゅうぶんな共感を伴う理解を得られたことを感じると、誰でも心からほっとするだろう。そして、安堵感とともに身体の緊張がほぐれるのを実感する。第2のサインはもっとはっきりしている。話がやむ。話し手の気持ちにじゅうぶん寄り添ったかどうかを確かめたいときには、こうたずねてみればいい。「何か言い足

話し手がじゅうぶんな共感を受け取ったと判断できるのは、
①緊張がほぐれた、あるいは、
②言葉の流れがやんだときだ。

りないことはありませんか？」

つらくて共感できないとき

人に与えたくても、自分がそれをもっていなければ与えることはできない。同様に、努力しているにもかかわらず、どうしても共感できない、もしくは共感する気になれない場合は、自分自身が他者からの共感を強く望んでいて、それが妨げになっているというサインである。自分自身の痛みが共感をもってこたえることの妨げになっていると打ち明けてしまうことで、相手が共感を与えてくれる場合もある。

共感を与えるには、まず、自分が共感してもらうことが必要だ。

ときには「緊急時の応急手当」として、自分で自分に共感しなくてはならないだろう。人に共感するときと同じように、ただそこにいるということ、注意を向けることで、自分の内面で起きていることに耳を傾けるのだ。元国連事務総長のダグ・ハマーショルドの言葉をご紹介しよう。「自分の内なる声に真摯に耳を傾ければ傾けるほど、自分の外で起きていることがよく聞こえるようになるだろう」。自分自身に共感する技術を高めれば、ほんの数秒で自然にエネルギーが解き放たれ、人に寄り添えるようになるのを実感できるだろう。あいにくそれが実感できない場合のために、さらにふたつ、別の選択肢がある。

ひとつは、悲鳴をあげる――非暴力的に。あるとき、殺人にまで発展していたふたつのギャングの対立を3日かけて仲裁したことがある。一方はブラック・エジプシャンと名乗るギャング、もう一方はイースト・セントルイス警察署というギャングである。ひと月で双方合わせて3名死亡しており、犠牲者のスコアは2対1だった。互いに相手の言い分に耳を傾け、両集団の軋轢を解決するために神経をすり減らした3日間だった。それを終えて自宅に向けて車を走らせながら、争いのまっただなかに身を置くのは二度とごめんだと考えていた。

自宅の裏口から入ったわたしが最初に目にしたものは、わが子が取っ組み合いの喧嘩をしている場面だった。彼らに共感するエネルギーはなかったので、非暴力的に悲鳴をあげた。「おいおい、パパはとてもつらい気分なんだ！　いまはきみたちの喧嘩の仲裁はしたくない！　いまはただ平和と静けさが必要なんだよ！」。すると、当時9歳だった上の息子はつかの間、喧嘩をやめてわたしにたずねた。「話を聞いてもらいたいの？」。苦悩を抱えているとき、誰を非難することなく自分の痛みをありのまま話すことができれば、きつい状況にある人でもそれに耳を傾けてくれることもあるのだ。むろん、「いったい何ごとだ？　どうして喧嘩なんかするんだ？　こっちはたいへんな1日を終えてやっと戻ったところなんだぞ！」などと怒鳴りつけたり、ましてやいかなるかたちでも子どもたちの行動を暗にとがめたりするつもりはない。それよりも、いまこの瞬間、自分が抱えている痛みと必要としていることに、どうか注意を向けてくれと非暴力的に悲鳴をあげるのだ。

だが、相手も同じようなつらさを抱え、こちらの言葉に耳を傾けることも、そっとしておくこともできないという場合は、３番目の選択肢をとる。そこから自分を物理的に隔離する。いったん休息をとり、ちがう気持ちでそこへ戻ってくるために必要な共感を得る機会を自分に与えるのだ。

まとめ

共感とは、自分以外の人の経験を敬意をもって理解することだ。わたしたちは、共感する代わりにアドバイスや励ましを与えたり、自分の立場や気持ちを説明したいという衝動にかられたりしてしまいがちだが、相手に共感するには、頭を空っぽにして自分のすべてを傾けて相手の話を聞くことが必要とされる。

人がどんな言葉で自分自身を表現したとしても、ＮＶＣではただひたすら、相手が観察していること、感じていること、必要としていること、要求していることを聞き取る。やがて、自分が理解したことを自分なりの言葉で表現して相手に伝え返すこともできる。わたしたちは相手に共感し続ける。問題の解決方法や安心を得る方向に注意を向ける前に、相手が気持ちを出し切る機会を与える。

共感するためには、わたしたち自身が共感を得ている必要がある。身構えたり共感できないと感じたりしたとき、わたしたちは①いったんストップし、深呼吸し、自分自身に共感を与える、②非暴力的に悲鳴をあげる、③いったん休息をとる、などの必要がある。

NVC・イン・アクション

死期が迫った夫と気持ちを通い合わせる妻

その患者は進行した肺がんと診断されていた。次にご紹介するのは、彼の自宅での訪問看護の看護師、患者、患者の妻の会話である。入院を前に夫婦が気持ちを通い合わせ、死について話し合うことのできる最後の機会と思われた。妻は看護師に対し、訪問看護のチームの一員として夫のケアを担当している理学療法士への不満をまず洩らす。

妻　「彼女はいい理学療法士ではないわ」

看護師（妻の気持ちと望みを聞き取ろうと共感をもって耳を傾ける）「腹を立てていて、もっとレベルの高いケアを望んでいるのですか?」

妻　「彼女は何もしません。夫の脈が上がったら歩行訓練をやめてしまったんです」

看護師（妻の気持ちと願いになおも耳を傾ける）「ご主人の回復を望んでいらっしゃるから、理学療法士が協力してくれなければ体力がつかないのではないかと心配なんですね？」

妻　（泣き出す）「ええ、わたし、とても心配なんです」

看護師「伴侶を失ってしまう心配ですね？」

妻　「そうね。長いこといっしょでしたから」

看護師（心配の奥にある、他の感情に耳を傾ける）「ご主人が亡くなったら、どんな気持ちになるのかが心配なのですか？」

妻　「夫なしでいったいどう生きていくのか、とても想像がつかなくて。彼はいつだってわたしのためにそこにいてくれたのです。いつもね」

看護師「ご主人がいない暮らしを想像すると悲しいんですね？」

妻　「彼以外誰もいないんです。わたしには彼しかいないの。娘はわたしと口もきかないし」

看護師「娘さんのことを考えると平静でいられない、それは娘さんとの関係がもっとうまくいくことを願っているからですね」

妻　「そう願っています。でも娘はあのとおり自己中心的な人間ですから。子どもをもとうなんて、どうして考えたりしたのかしら。おかげで、いまのわたしはとんでもない目に遭っているわ！」

看護師「少し腹も立つし、がっかりもしているという心境のようですね。ご主人が病気のときには、ご家族からのサポートがもっとあればと考えていらっしゃるのでしょうね」

妻「ええ、彼の病気はとても重いわ。わたしだけでこの状況にどうやって耐え抜いていったらいいのか、わからない。わたしには誰もいないの……話をする相手すら。いまはここにいるあなただけ。夫はそのことについては話そうとしないのよ……ほらあのとおり！」（夫は沈黙したまま感情を示さない）「ひとことも口をきかないわ！」

看護師「ご夫婦で支え合って、もっと気持ちを通い合わせたいという思いがあるから、悲しいのですね？」

妻「ええ」（そこでしばらく間を置き、それから要求をする）「わたしと話をしたみたいに、彼と話をしてくださらないかしら」

看護師（妻の要求の奥にある、必要としていることを的確に理解しようとして）「それは、ご主人が自身の感情を言葉にするのを手伝うようなやり方で、話を聞いてほしいということですか？」

妻「ええ！　彼に気兼ねなく話してもらいたいの。何を感じているのか知りたいんです。（看護師が推測を述べ、妻はそれを手がかりに自分の望みを自覚した。そして、的確な言葉で表現することができた。これはきわめて重要な瞬間だ。ある状況において自分が望んでいないことははっきりしていても、何を望んでいるのかを見極めるのは難しい場合がある。明確な要求――ここでは「わたしと話をしたみたいに、彼と話をして」――は、相手に力を与える。看護師は妻の願いに沿って自信をもって行動できる。ここから看護師と妻は思いやりをもちながら協力しはじめ、部屋の雰囲気は変わっていく）

看護師（夫のほうに向かって）「奥様が話してくださったことを聞いて、どう感じましたか」

夫「彼女のことを心から愛しています」

看護師「奥様とこうして話ができるのは、うれしいことでしょうか」

夫「はい。わたしたちにとって必要なことです」

看護師「がんについてどのように感じていらっしゃるのか、お話しいただけますか」

夫（短い沈黙の後）「あまりいい感じはしませんね」（「いい」と「悪い」という表現は、自分の気持ちをまだ見極めていないときに使われる場合が多い。夫が自分の感情をもっと明確に表現できれば、望みどおり妻と気持ちを通い合わせることにつながるだろう）

看護師（彼がもっと明確に表現できるように励ます）「死を恐れていますか」

夫「いいえ。恐れてはいません」（看護師の推測は正しくなかったが、それが対話の流れを妨げなかったことに注目）

看護師「死ぬことについて、怒りを感じていますか」（この患者は内的な経験をうまく表現できないので、看護師はさらにサポートして彼が言葉にすることを促す）

夫「いや、感じていない」

看護師（さきほどに引き続きまた推測が正しくなかったので、看護師は自分の感情を言葉であらわすことにした）「そうですか、わたしはいま、あなたがどう感じていらっしゃるのか、わからないのです。話していただけますか」

夫「わたしがいなくなった後、妻がどうするだろうかと考えているのだと思います」

看護師「まあ、あなたを亡くしたら奥様は生きていけないのではと心配なさっているんですか」

夫「はい。わたしのことを思って寂しがるだろうと心配しています」

看護師（死が間近な患者は、後に残していく者たちのことを心配するあまり、死ぬに死ねないという思いを抱く場合がある。看護師はそのことを知っていた。そういう患者には、旅立つ前に、残された人も死を受け入れられるということを確認させてあげる必要がある）「それを聞いて奥様がどう感じていらっしゃるのか、知りたいですか？」

夫「はい」

ここで妻が会話に加わる。引き続き看護師は会話に立ち会い、夫婦は互いに包み隠さず気持ちを表現しはじめる。この対話では、妻はまず理学療法士への不満を口にしている。しかし、何度かやりとりをして看護師に共感をもって受けとめられていると感じた妻は、自分がほんとうに求めているのは、夫婦の人生にとって大切な場面で夫とより深く気持ちを通い合わせることだと自覚することができた。

エクササイズ⑤
共感をもって受け取ることと、共感しないで受け取ることのちがい

共感することについてじゅうぶんに意思疎通が果たせたかどうかを確認するための練習をしてみよう。次の文章のうち、BがAの内面で起きていることに共感をもって受け取り反応しているものに丸をつけてみよう。

1　A　どうしてあんな愚かなことをしてしまったのだろう？
　　B　完全な人間なんていない。きみは自分に厳しすぎる。

2　A　わたしにいわせれば、この移民全員を船に乗せて、彼らの故郷に送り返すべきだ。
　　B　それで何かが解決できると本気で思っているのか？

3　A　神様のつもり？
　　B　この件に関して、他の解釈の仕方があるということをわたしに認めてほしいから、きみはいらだっているの？

4　A　きみは、ぼくがいてあたりまえだと思っているんだろう。ぼくなしで、いったいどう

やっていくつもりなんだろう。

５
Ａ　それはちがう！　わたしはきみがいて当然だなんて思っていない。
Ｂ　よくもそんなことをわたしにいえたものだ。

６
Ａ　わたしがそういったから、傷ついたのですか？
Ｂ　夫に腹が立って仕方ない。いてほしいときに、いてくれた試しがないの。

７
Ａ　彼はもっと、あなたといっしょにいるべきだということ？
Ｂ　こんなに体重が増えて、嫌になってしまう。

８
Ａ　ジョギングは効果がありそうよ。
Ｂ　娘の結婚式の計画をしていて、神経が参った。娘の婚約者の家族はちっとも協力的ではない。どんな結婚式にしたいのか、毎日のようにころころ気が変わる。

９
Ａ　あなたは、結婚式のプランについて神経をとがらせているのね。これから親戚になろうという人たちに、自分たちが意見を変えるからプランが複雑になっているのだということを、もっと自覚してもらいたいと思っているのね？
Ｂ　まえもって連絡もしないで親戚がやってくると、侵略されたように感じる。そういうときには、両親がいつもわたしの都合を無視してわたしの計画を決めたことを思い出す。

Ｂ　あなたの気持ち、わかります。わたしも昔はいつもそんなふうに感じていました。

10 A あなたがたの業績にはがっかりした。先月まで、あなたがたの部署の生産高が倍増するのを期待していたのに。

B がっかりされた気持ち、わかります。でも、わが部署は病欠が多かったのです。

わたしの考えは次のとおり。

1 わたしはこの番号に丸をつけない。ＢはＡがいっていることを共感をもって受けとめているのではなく、励ましているとわたしは考える。

2 ＢはＡがいっていることを共感をもって受けとめているのではなく、教育しようとしているとわたしは考える。

3 あなたがこの番号に丸をつけたなら、わたしたちの意見は一致している。ＢはＡがいっていることを共感をもって受けとめているとわたしは考える。

4 ＢはＡの気持ちを共感をもって受けとめているのではなく、異論を唱え、自己弁護しているとわたしは考える。

5 ＢはＡの感情に責任をとっているとわたしは考える。したがって、Ａの気持ちを共感をもって受けとめているとは思えない。Ｂはこんなふうにいえたのではないか。「あなたは、自分の要求に同意してほしかったので、傷ついてしまったのですか？」

6　あなたがこの番号に丸をつけたなら、わたしたちの意見は部分的に一致している。BはAの考えていることを受けとめていると感じられる。しかし、相手の考えよりも、相手が表現している感情と必要としていることを受けとめるほうが、より深く相手と気持ちを通い合わせることができるとわたしは信じている。したがって、Bには次のようにいってもらいたい。「彼にいまよりも長くあなたのそばにいてもらいたいから、そんなに腹立たしく感じているのね？」

7　BはAの気持ちを共感をもって受けとめているのではなく、アドバイスを与えているとわたしは考える。

8　あなたがこの番号に丸をつけたなら、わたしたちの意見は一致している。BはAの気持ちを共感をもって受けとめているとわたしは考える。

9　BはAの気持ちを共感をもって受けとめているのではなく、相手の気持ちを理解していると思い込み、自分の考えを述べているとわたしは考える。

10　BはまずAの感情に注意を払っているが、そこから説明へとシフトしているとわたしは考える。

第8章 共感の力

共感には治癒力がある

アメリカの臨床心理学者カール・ロジャーズは、人が誰かに共感してもらう効果を次のように表現している。「何かをいったとき、誰かがそれに真摯に耳を傾け、なんの決めつけもせず、責任を背負い込もうとせず、型に押し込もうともせずに聞いてくれたら、じつにいい気分になる……誰かが耳を傾け聞いてくれると、わたしは自分の世界を新しくとらえ直し、先に進むことができる。解明できそうになかったさまざまなことも、誰かが耳を傾けてくれるだけで解明できるようになる。なんともはや驚きだ。誰か

共感は、「(わたしたちの)世界を新しい方法でとらえ直し、先に進む」ことを可能にしてくれる。

がわたしの言葉を聞いてくれれば、どうにも手のつけようがないと思っていた混乱がスムーズに流れるようになる」

共感に関する、わたしのお気に入りのエピソードをご紹介しよう。ある革新的な小学校の校長の体験だ。ある日、その校長が昼食から校長室に戻ると、ミリーという児童がしょげた様子で座っていた。校長先生を待っていたのだ。彼女がミリーの隣に座ると、ミリーが話を始めた。「アンダーソン先生、こんな経験をしたことがありますか？　自分では誰のことも傷つけようなんて思っていないのに、自分がやることなすこと誰かを傷つけてしまう、そんな1週間」

「ありますよ」。校長は答えた。「あなたの気持ち、わかるわ」。すると、ミリーはどういう1週間だったのか、話を始めた。後に校長はわたしにこう語った。「その時点で、わたしはとても大事な会議にかなり遅刻していました。まだコートも脱いでいなかった。大勢の人たちを待たせておくことはとても気がかりでした。仕方がないので、わたしはミリーにこうたずねました。『ねえミリー、わたしはあなたに何をしてあげられるかしら？』。ミリーは手をこちらに伸ばし、両手でわたしの肩をつかみ、真正面からわたしの顔を見据え、はっきりとこういったのです。『アンダーソン先生、わたしは何もしてもらいたくないの。ただ、話を聞いてもらいたいだけ』

これはわたしの人生において、もっとも重要な学びの瞬間でした。それも、子どもから教えられたのです。わたしはこう考えました。『おおぜいの大人が別室でわたしを待っていることなど、

「やみくもに何かをしない……」

気にすることはない！』。ミリーとわたしは、もっとじっくり話をするために長椅子に移動しました。そこに座ってわたしは彼女の肩に片腕をまわし、彼女はわたしの胸に頭を預けて片腕をわたしの腰にまわしました。そして、ミリーはいいたいことをすべていい終えたのです。しかも、たいして時間はかからなかったのです」

わたしの仕事の醍醐味といえば、NVCを活用して共感をもって心を通い合わせる能力を高めた経験談を聞くことにある。スイス在住の友人ローレンスは6歳の息子に向かって話している途中で、息子が憤慨して席を立ってしまい、そのことで自分がひどく気分を害したときのことを話してくれた。彼女には10歳の娘イザベルがおり、いっしょにNVCのワークショップに参加したばかりだった。イザベルはその場にいあわせて、こう発言したそうだ。「ママはすごく怒っているのね。腹を立ててあの子が飛び出していくことではなくて、話をすることを望んでいるからでしょ」。その言葉を聞いて、ローレンスはストレスがすっと消えていくことに驚いた。そして、息子が部屋に戻ると、より深く理解してやることができたそうだ。

ある大学教官は、教員が共感をもって聞くことと自分の弱さを率直に表現することの大切さを学んだことで、学生と教員の関係が大きく改善したと語った。「学生たちは格段にオープンになって、学習の妨げとなっているさまざまな個人的な問題をわたしたちに話してくれるようになりました。そうやって打ち明けるのに歩調を合わせるように、彼らは多くの課題をこなせるようになったのです。学生たちの話に耳を傾けるには、大幅な時間がとられます。これは満足のいく時間の使い方です。ところが、これが学部長を怒らせてしまったのです。教員はカウンセラーではない、教えることにもっと時間を割くべきだ、学生と話をする時間はもっと抑えるべきだというんですよ」

それに対してどうしたのかとたずねると、彼はこう答えた。「わたしたちは、学部長の思いに共感したのです。学部長はとても心配していて、わたしたちが自分の手に余ることに巻き込まれていやしないかと気にしていることがわかりました。それに、教員が学生と話すことに時間をとられ、教える時間が侵食されていないか確かめたがっているとわかったのです。実際に、わたしたちが彼の言い分に耳を傾けたことで、学部長は安堵した様子でした。わたしたちは引き続き、学生たちと話をしています。話に耳を傾ければ傾けるほど、彼らの学業成績はよくなるとわかっているからです」

階層のある組織で働いている場合、ヒエラルキーの上部の者の発言を、命令や非難の言葉として受け取ってしまう可能性が高い。こういう組織では、同輩や自分よりも地位の低い者には共感しやすいが、自分にとって「目上」にあたる人物には共感的になるよりも自己防衛的、あるいは弁解がましくなってしまいがちだ。だからこそ、教員たちが学生だけでなく学部長にも共感することを忘れなかったと知って、わたしはとてもうれしく感じたのである。

より大きな権力、高い地位、豊富な財源をもつと見なされている者に対して共感することは難しい。

共感する能力と弱さを見せる能力

NVCでは、自分のもっとも深い感情と必要としていることを明らかにするように求められる。そのぶん、自分を表現することに難しさを覚えることも多いだろう。じつは、自分を表現しやすくなるのは人に共感した後だからだ。共感することで相手の人間らしさに触れ、相手も自分と同じ資質をそなえた人間だと理解することができる。相手の言葉の背後にある感情と必要としていることを共有できれば、自分をさらけだすことが怖くなくなる。自分の弱さをもっとも表現しにくい状況といえば、自分の権威や相手へのコントロールを失うことを恐れ、「タフなイメージ」を維持したいという場合だろう。

相手に共感すればするほど、わたしたちは安全だと感じる。

あるとき、わたしはクリーブランドのギャングに弱さを見せた。自分が傷ついているという感情や、もっと敬意を払って扱ってもらいたいという願いを相手の前で認めたのだ。すると、ギャングのひとりがいった。「ほお、彼は傷ついているそうだ。気の毒にな!」。ギャング仲間全員が同調して笑った。わたしとしては、自分の弱さにつけこまれているという解釈もできたし（選択肢2「相手を責める」）、彼らのふるまいの奥にある感情と必要としていることに共感することもできた（選択肢4）。

しかし、自分は彼らから屈辱を受け、つけこまれていると考えてしまえば、傷ついたり腹が立ったり、あるいは怯えてしまったりしてうまく共感できないかもしれない。そういう場合、わたしに必要なのは、物理的にその場を離れ、自分に共感を与えることだ。または、信頼できる相手に共感してもらうこと。自分が何を痛切に必要としているのかを自覚し、その気持ちへの共感をじゅうぶんに与えてやれば、その場に戻って相手に共感することができる。ひどく苦しいと感じたら、まず自分の気持ちに共感しよう。自分の頭を占拠している思いの奥にある、より深く自分が必要としていることに気づくためにも。

「彼は傷ついているそうだ。気の毒にな!」という言葉と、それに続く笑い声に耳を澄ませたわたしは、彼らの気持ちを察した。彼らはいらだち、罪悪感を植えつけられたり、操られたりしたくないと思っているようだった。彼らは過去に何度も、「そういうことをされると傷つく」といった言い回しで否定されてきたのだろう。そういう人々への気持ちが蘇ったのかもしれない。彼らにはっきりと確かめたわけではないので、わたしの推測があっていたかどうかはわからない。しかし、その部分に注意を向けたおかげで、彼らの言葉を個人攻撃と受け取らず、腹を立てることもなかった。愚弄されている、無礼に扱われていると受けとめて彼らを裁く代わりに、彼らのふるまいの奥にある痛みと必要としていることを聞き取ることに集中した。

「おい!」と、ひとりが怒鳴った。「たわごとをいいやがって! ここに俺たち以外のギャングがいて、奴らは銃を持っているのにこっちは持っていなかったらどうなる? 連中の前に突っ立って〝話〟をしろだと？　ふざけるな！」

そこでまた全員が笑った。わたしはもう一度、彼らの感情と必要としていることに注意を向けた。「絵空事のようにしか思えないことをいってきかされるのは心底うんざりしているのかな？そう聞こえるが」

「ああそうだ。この界隈に住んでいれば、そんなのはたわごとにすぎないってわかるさ」

「では、きみはこの界隈についてくわしい人のいうことにしか耳を傾けたくないんだね？」

「そのとおりだ。ここで会う奴らは、あんたが二言しゃべらないうちにぶっ放してくる！」

「この界隈が危険であるとよく理解している人物だと信用できるまでは、耳を傾けようとは思わないんだね？」。こうして、わたしは相手の言葉を聞き続けた。聞き取ったことを言葉にして返したり、そのままにしたりしながら45分間が過ぎたころ、変化が起きたのを感じた。わたしがほんとうに彼らを理解していると、彼らは感じたのだ。話し合いに参加していたカウンセラーが変化に気づいて、彼らにたずねた。「この人について、どう思う？」。わたしにいちばんきつい態度をとっていた若者が答えた。「これまで俺たちが出会ったなかで最高の語り手だ」

カウンセラーは驚いてわたしのほうを振り返り、ささやきかけた。「あなたは何もいってないというのに！」。実際には、わたしはたくさんのことを彼らに語りかけていた。彼らが何を口にしようと、人間としての普遍的な感情とニーズに翻訳

わたしたちは、人の感情と、必要としていることに耳を傾けることで「たくさんのことを語っている」

できないものはないということを実演し、語りかけていたのだ。

共感することで危険を取り除く

危機的な状況で人に共感する能力を発揮すれば、暴力の回避につながる。
セントルイスのスラム街の教師の体験談をご紹介しよう。その学校では、教師は身の安全のため、放課後は建物から退去するように警告されていた。そんななか、ある女性教師はひとりの生徒の面倒を見ていたので放課後も教室に残っていた。すると、見知らぬ若者が教室に入ってきた。そして次のようなやりとりが交わされた。

若者「服を脱げ」
教師（若者が震えているのに気づいた）「あなたはいまとても怯えているのではないかしら」
若者「聞こえなかったのか？　おい、服を脱ぐんだ！」
教師「とてもいらだっていて、わたしにいうことをきかせたいのね」
若者「そのとおりだ。いわれたとおりにしなければ、痛い目に遭うぞ」
教師「痛い目に遭わずに、あなたが必要としていることを満たす方法があるか教えてほしいの」

若者「脱げといっただろう」
教師「あなたがどれだけこれが欲しいのかがわかるわ。でも同時に、わたしがどれだけ怯えて怖がっていて、わたしを痛い目に遭わせないであなたが立ち去ってくれたらどれくらいありがたく感じるかわかってほしい」
若者「財布を渡せ」

教師は見知らぬ若者に財布を渡した。レイプを免れて安堵していた。自分が若者に共感するたびに、彼のレイプの意思が弱まっていくのを感じたと彼女は振り返った。
NVCのフォローアップ・トレーニングに参加したある警察官は、次のような話をしてくれた。

「前回のトレーニングでは、腹を立てている人々に共感する方法を学んでよかった。学んでからほんの数日後、わたしは公共住宅団地の住人を逮捕しにいきました。彼を連行して車に向かうと、60人ほどが車を取り囲み、口々にわたしに叫んだのです。『彼を放せ！　彼は何もしてはいない！　おまえら警官は人種差別主義のブタどもだ！』などと。わたしは共感が役に立つかどうか懐疑的でしたが、それ以外にあまり選択肢はなかった。そこで、自分に向けられた感情を彼らに言葉で伝え返したのです。こんな具合に。『では、あなたがたは、わたしがこの男性を逮捕した理由が信じられないということですね？　この男性の人種が原因で逮捕したのだと考えているんですね？』。彼らの感情を数分かけて伝え返すと、彼らの敵意は弱まりました。しまいには、彼らは道をあけ、わたしは車にたどりつくことができました」

最後にご紹介するのは、トロントの薬物解毒センターで夜勤についていた若い女性が、共感を使って暴力を回避できた一件である。彼女は2回目のワークショップに参加した際に、その経験を話してくれた。第1回目のワークショップでトレーニングを受けてから数週間後のある晩、午後11時ごろ、明らかにドラッグを服用したと見られる男性が通りから入ってきた。そして部屋を提供してほしいと要求した。彼女は今夜は満室だと説明を始めた。別の解毒センターの住所を書いたメモを手渡そうとしたとき、男が彼女を床に押し倒した。「あっという間に彼はわたしに馬乗りになって、ナイフを喉に突きつけて叫んだのです。『おい、俺に嘘をつくな！　部屋は空いているんだろ！』」

彼女はトレーニングで学んだとおり、彼の感情と必要としていることに耳を傾けることにした。「そんな状況でよく思い出したものだ」。わたしは感銘を受けた。

「他にどんな選択肢があったでしょう？　ときとして人は絶望によってすばらしいコミュニケーターになるのです！　ところでマーシャル、あなたがワークショップで話してくれたジョークがほんとうに役立ちました。実際、あのおかげで命拾いをしたと思っています」

「ジョーク?」

「覚えていないんですか? 怒っている人に『デモ』は禁物といったでしょう? わたしはもう少しで彼と言い争いを始めるところでした。『でも、部屋は空いていないのよ!』といってしまいそうになったところで、あなたのジョークを思い出したんです。それをよく覚えていたのは、ほんの1週間前に、母と喧嘩をしてこういわれたからです。『わたしがいうことにあなたが片っ端から〈でも〉というと、殺してやりたくなるわ!』。じつの母親が殺したくなるほど怒るくらいだから、この男はいったいどうなるか。彼が叫んでいるときに、『でも、部屋は空いていないのよ!』と言い返したら、まちがいなく彼はわたしの喉を切り裂くでしょう。

だから深呼吸して、こういいました。『あなたはすごく腹を立てていて、部屋を与えられることを望んでいる』。彼は怒鳴りました。『確かに俺は依存症かもしれない。だが、いいか、人として敬意を払われるに値するんだ。誰にも敬意を払われないのにはうんざりだ。親ですら俺に敬意を払わなかった。敬意を払ってもらうぞ!』。わたしは彼の感情と彼が必要としていることに注意を絞り、こういいました。『あなたは、敬意を払われることを望んでいるのにそれが得られなくて、うんざりしているのね?』」

腹を立てている人間には、面と向かって「でも」をぶつけるのではなく、共感する。

「それがどのくらい続いたの?」と、わたしはたずねた。

「ええと、それから35分くらいです」。彼女が答えた。

「それは恐ろしかっただろう」

「いいえ、最初の何回かのやりとりの後はそうでもありませんでした。というのは、それ以降はここで学んだもうひとつのことが明らかになってきたのです。彼の感情と必要としていることに耳を傾けようと集中すると、彼はもう怪物には見えなくなりました。あなたが教えてくれたとおり、怪物のように思えるのは、じつは、言葉とふるまいのせいで相手の人間性を見るのが難しくなっているだけだ、ということがわかったからです。彼の感情と必要としていることに意識を集中させればさせるほど、彼のことを、必要とすることが満たされず絶望でいっぱいになっている人間として見られるようになりました。そうやって注意を注ぎ続ければ、決して傷つけられることはないと確信したのです。じゅうぶんな共感を得た時点で彼はわたしを放し、ナイフをしまいました。そして、わたしはよそのセンターに問い合わせて彼のために部屋を見つけたのです」

相手の感情と、必要としていることに耳を傾けると、その人物は怪物には見えなくなる。

そのような切羽詰まった状況で共感をもって反応することを彼女が学んだと知ってわたしはよろこび、好奇心にかられて問いかけた。「もう一度ここに参加して、何をしようとしているのかな？　きみはすでにNVCをマスターして、今度は外で他の人たちに教える側なのではないかと思うが」

「まだ手強い相手が残っているので、あなたに助けてもらう必要があるんです」。彼女は答えた。

「聞くのも恐ろしいね。さらに手強いなんて、いったいどういう相手なんだい？」

「母との関係で助けてほしいんです。『でも』という言葉が引き起こす現象に関してあれほど洞察力を深めたというのに、その後どうなったと思います？　翌日の晩、夕食のときに前夜のことを母に話したんです。そうしたら母は、『あなたがその仕事を辞めないかぎり、親であるわたしたちの心臓発作の原因はなくならないわ。もっと別の仕事をさがしなさい！』というのです。それでわたしがなんと答えたと思います？　『でもねお母さん、これはわたしの人生なのよ！』」

家族同士で共感することは、ことほどさように難しいという例である。

自分に身近な者たちに共感的になることは難しいかもしれない。

「ノー！」を受けとめて共感する

人が「ノー！」といったり、「わたしは……したくない」といったりすると、わたしたちはその言葉から拒絶を読み取ってしまいがちだ。だからこの言葉を重要なメッセージとして受けとめ、相手に共感できるようになることは大切だ。相手に攻撃されたと受けとめてしまうと、相手の内面でどんなことが起きているのかを理解せずに、傷つけられ

「ノー」に共感することで、相手から攻撃されたと受けとめることを避けられる。

たとだけ感じてしまうだろう。だが、「ノー」という言葉の奥にある感情と必要としていることに注目すれば、相手がこちらの望みどおりに行動することを何が妨げているのかが明らかになってくる。

あるワークショップでのこと。休憩時間に参加者たちといっしょに近所にアイスクリームを食べに行くことになり、ある女性にも声をかけた。すると、彼女は無愛想に「ノー！」と答えた。声の調子から拒絶していると解釈したが、「ノー」という表現で彼女があらわしている感情と、必要としていることに注目しようと考え直した。「腹を立てているみたいですね、ちがいますか？」とわたしはたずねた。

「いいえ。ただ、何かいうたびに正されたくないんです。ただそれだけです」。彼女は答えた。

彼女は腹を立てていたのではなく、心配していたのではないかと察した。わたしはそれを確認するために、こうたずねてみた。「あなたは心配なんですね。自分のコミュニケーションの仕方を批判されるような状況から、身を守りたいと思っているんですね」

「ええ。アイスクリームショップでいっしょに座って、わたしがいう一言一句に注意を払われるのだろうなと想像がつきます」と彼女は肯定した。

そこで、はたと気づいた。ワークショップで参加者にフィードバックを与えるわたしのやり方を、彼女は恐ろしいと感じていたのだ。彼女のメッセージにわたしが共感したことで、「ノー」という表現にささったトゲを抜き取ることができたのである。公衆の面前でも同じようなフィードバックを与えられるのは避けたいと彼女は望んでいた。わたしはそれを理解し、ワークショップの外では彼女のコミュニケーションについて評価はしないと約束した。そして、どうしたら彼女が安心して受け取れるようなフィードバックができるだろうかと相談した。もちろん、彼女はみなといっしょにアイスクリームを食べに行った。

停滞した会話を共感で蘇らせる

誰でも、死んだ言葉のやりとりに陥ってしまうことがある。たとえば、社交の場で、話し手とのつながりをいっさい感じられないまま相手の言葉を聞き続けたことがあるだろう。あるいは、わたしの友人ケリー・ブライソンが「延々とおしゃべりスト」と呼ぶ、いつ果てるともなく話を続けて聞き手をぞっとさせるタイプの人物と遭遇することがある。話し手の感情や話し手が必要としていること、そして、必要としていることを満たすための要求が聞き手に伝わらないと、会話は精彩のないものになってしまう。人が自分の感情や必要としていること、要求したいことを意識しないで話していると、そういうことになる。そういう会話では、活力をやりとりするどころか、相手の言葉が投げ込まれるくずかご代わりになった気分になる。

停滞した会話をいつどのようにして中断し、生き生きとしたものに蘇らせるのか？　自分が聞きたいと思うよりもひとこと多く相手の話を聞いてしまった時点で、会話を中断することを勧める。スマートに中断するのは、時間が経つほどに難しくなる。中断する目的は、こちらの言い分を聞かせるためではなく、話し手が言葉の奥にある活力とつながる手伝いをするためである。

具体的には、話し手の感情と必要としていることに見当をつけてみる。仮におばが、20年前に幼な子ふたりとともに夫に置き去りにされた件をいまだに持ち出しているとしたら、次のような言葉でそれにストップをかけることもできるだろう。「まあ。おばさんはそのことでいまでも傷ついていて、もっと大事に扱ってほしかったと望んでいるようね」。多くの場合、人は自分が共感を求めていることに気づいていない。不当な目に遭った経験やつらい目に遭った話を繰り返すよりも、いまだに感じている感情と必要としていることを表現したほうが共感が得られやすいということに気づいていない。

会話を生き生きとしたものに蘇らせるには、共感をもって中断する。

会話を生き生きさせるには、他にも方法がある。相手とのつながりを深めたいという望みを率直に表現し、つながりを深めるのに役立つ情報を要求する。あるカクテルパーティーで、わたしは言葉の洪水のただなかにいた。しかし、その言葉は精気に欠けているように感じられた。そこで、わたしは会話に割り込み、いっしょにいた9人に向かって話しかけた。「すみません、わたしはみなさんとつながりを深めたいと思っているのですが、この会話はわたしが望んでいるようなつながりを生み出していないのでじれったいのです。この会話で、みなさんが必要としていることは満たされているのでしょうか。満たされているとしたら、どんなことが満たされているのでしょう」

9人全員がわたしをじっと見つめた。まるで、わたしがパンチボウルにネズミを投げ込んだかのような目つきだ。そこで、幸いにも、彼らが沈黙という方法で表現している感情や必要としていることを聞き取ればいいのだということを思い出した。「わたしに会話を中断されたことでいらだっているのは、もっと会話を続けたかったからですか?」。わたしはたずねた。

さらに沈黙。ひとりが答えた。「いいえ。いらだってはいません。あなたが問いかけたことについて考えていたんです。ええ、わたしは会話を楽しんでいませんでした。ほんとうのところ、心底飽き飽きしていました」

意外な発言だった。なぜなら、彼は中心となって話をしていた人物だったからだ!　いまとなっては当然の発言だと思っている。その後、わたしは気づいたのだ。聞き手が停滞していると感じていれば、話し手もまた停滞を感じているのだと。

聞き手が退屈していれば、話し手も退屈している。

しかし、人が話しているのをにべもなく遮るのは勇気がいる。それをどのように奮い起こすのだろうか。わたしは、非公式な調査を実施したことがある。質問は次のとおり。「相手が聞きたいと思っているよりも多くの言葉を自分が使ってしまっている場合、相手に聞いているふりをしてもらいたいですか、それとも話を中断してくれることを望みますか?」。おおぜいに問いか

話し手は、聞いているふりをされるよりも、中断してもらうことを望む。

けてみたが、ひとりを除いて全員が中断してもらいたいと答えた。わたしは自信を得た。聞くふりをするよりも中断するほうが、相手に対する思いやりだと確信した。人はみな、自分の言葉で相手を豊かにすることは望んでも、負担をかけたいとは思わないのだ。

沈黙に共感する

ほとんどの人にとって共感するのがもっとも難しいメッセージは、沈黙だ。とりわけ、自分の気持ちをさらけだし、相手がこちらの言葉にどう反応するのかを知りたいときには、難儀する。そういう状況では、反応がないということに恐れおののき、沈黙を手がかりに相手の感情と必要としていること、つながりをもつことを忘れてしまいがちだ。

ある会社でワークショップをおこなったときのことだ。わたしは、心の深い部分に関することについて話しながら泣いてしまった。顔を上げると、その会社の重役から反応が返ってきた。沈黙というかたちで。それを受けとめるのは楽ではなかった。彼は顔をそむけたので、わたしはそれを嫌悪感のあらわれと解釈した。幸いそこで、彼の内部で何が起きているのかに注意を振り向けることを思い出し、たずねてみた。

沈黙に共感するために、沈黙の奥にある感情と必要としていることに耳を傾ける。

「わたしが泣いたことに対するあなたの反応から、わたしへの嫌悪感、社員に助言を与える人間はもっと感情を抑制できる人間であってほしいという考えが感じられますが、どうでしょう?」

　そこで彼が「はい」と答えていたら、感情をあらわした自分は誤ったことをしたとは考えずに、感情を表現することに関してお互いに価値観がちがうのだと、ただ受けとめるだけだっただろう。ところが、彼の答えは「はい」ではなかった。「いいえ、まったくちがいます。わたしが泣けたらどんなにいいだろうと妻が願っていたことを思い出していました」だった。そして、妻に離婚されたこと、自分との暮らしは岩といっしょにいるみたいだと妻にいわれ続けていたことを明らかにしたのだ。

　心理療法医として仕事をしていたときのことだ。20歳の娘をもつ夫婦と面談をした。彼らの娘は精神科を受診し、数カ月にわたって投薬や入院、ショック療法を受けており、面談の3カ月前から口をきかなくなっていた。両親に連れられて彼女がわたしのオフィスに来たときには、自分からはまったく動こうとしないので介助が必要だった。

　オフィスに入ると彼女は椅子にうずくまるように座り、震え、視線は床に向いていた。無言のメッセージで表現されている彼女の感情と彼女が必要としていることにつながるために、たずねてみた。「あなたはとても怖がっていて、話しても大丈夫かどうか、確かめたいと感じているように見えます。これは、あたっていますか」

　彼女がなんの反応も示さなかったので、わたしは自分自身の気持ちを言葉にした。「わたしは、あなたのことをとても心配しています。わたしがいったりしたりすることで、あなたが安心するのに役立つようなことがあったら、教えてくれませんか」。依然として反応はない。それから40分間、わたしは彼女の感情と彼女が必要としていることを確認したり、自分の気持ちを伝え続けたりした。目に見えるような反応は返ってこなかった。こちらがコミュニケーションをとろうとしていることすら、気づいていないかのようだった。ついに、わたしは自分が疲れてしまったこと、翌日も来てほしいと思っていることを伝えた。

それからの数日間は1日目と同じだった。彼女の感情と必要としていることに注意を向け続けた。自分なりに理解したことを言葉にして伝え返し、ときには沈黙したまま注視した。時折、わたしの気持ちも伝えた。彼女は椅子に座ったまま震え、無言だった。

第4日目、彼女は相変わらず反応しなかった。わたしは手を伸ばして彼女の手を握った。彼女を心配する気持ちが、言葉でうまく伝わっているのかどうかあやふやだった。じかに接触することで、もっと効果的にコミュニケーションできるのではと期待した。最初、彼女の筋肉はこわばり、椅子に身体を押しつけて縮こまった。手を放そうとしたとき、かすかな反応があった。手を放すのをやめた。その直後、彼女がリラックスしていくのを感じた。わたしは彼女の手を数分間握り、これまでの数日間と同じように話しかけた。彼女はやはり何もいわなかった。

翌日、姿をあらわした彼女は、それまでよりも緊張が強くなっているように見えた。しかし、ひとつだけちがうことがあった。彼女は、固く握ったこぶしをわたしのほうに差し出した。顔をそむけたままで。このジェスチャーに最初はとまどったものの、わたしに受け取ってほしいものを手に握っているのだと感じた。彼女の握りこぶしに触れ、指をこじあけた。しわくちゃなメモがあった。そこには、「わたしのなかにあることを言葉にするのを手伝ってください」と書かれていた。

コミュニケーションをとりたいというサインだった。メモを受け取って、わたしは非常にうれしかった。それから1時間励まし続け、ようやく彼女は最初の文をゆっくりと、恐る恐る口にした。それをわたしが言葉で確認すると、彼女はほっとした表情を浮かべ、さらに、ゆっくり、用心深く言葉を続けた。1年後、彼女から日記の一部が送られてきた。

「わたしは病院から出て、ショック療法や強い薬から逃れた。あれは4月ごろだった。その前の3カ月間のことはまったく何も覚えていない。4月以前の3年半前にあったことも。退院後、わたしは自宅で何も食べず、話さず、1日中ベッドに横になったままで過ごしていたそうだ。それからローゼンバーグ博士のカウンセリングに連れていかれた。その後の2カ月か3カ月のあいだのことは、ローゼンバーグ博士のオフィスで彼と話をしたこと以外はあまり覚えていない。わたしは、最初のセッションをきっかけに『目覚め』はじめた。自分が困っていることを、彼に伝えるようになった。人に話すなんて夢にも思わなかったようなことを話すようになったのだ。それが、わたしにとって、どれだけ意味のあることだったかは、いまでも覚えている。話すのはとてもたいへんだった。それでもローゼンバーグ博士はわたしを気づかい、それを示してくれた。わたしは彼と話がしたかった。自分のなかのものを出せた後は、いつもうれしかった。次の約束までの日数や時間まで数えたのを覚えている。現実に向き合うのは悪いことばかりではないと学ぶことができた。自分ひとりで立ち向かう必要があることが、だんだんとわかってきた。世の中に出て行って、自分自身でやる必要があることを。怖い。それにとても難しい。どんなにがんばったとしても大失敗することがあるということを考えると、がっかりする。でも、現実の世界のすてきなところは、すばらしいこともあるということ。

これまでの1年で、人とわかり合うことのすばらしさを学んだ。そのなかでもとくにひとつのことを学んだと思う。それは、人に話をして、耳を傾けてもらい、ときには実際に理解してもらうというよろこびだ」

わたしは、共感がもつ癒しの力にいまだ驚かされ続けている。精神的な苦痛に責めさいなまれる人がそれを超越するのを、何度もこの目で見てきた。共感をもって耳を傾けられる人とじゅうぶんに接したとき、その瞬間は訪れる。聞き手の側に必要なのは相手の精神活動に洞察をはたらかせることでも、心理療法のトレーニングを積むことでもない。重要なのは、そのとき相手の内部でほんとうに起きていること、つまり、その人がいまその瞬間に体験している

共感を生み出すのは、いまここにいる能力である。

感情と必要としていることと、ともにいるという能力なのである。

まとめ

相手に共感することができれば、自分の弱さをさらけだすことも、暴力を未然に防ぐことも、相手が「ノー」といっても拒絶とは受けとめないことも、停滞した会話を蘇らせることも、沈黙を通じて表現される感情と必要としていることを聞き取ることも可能となる。人は、共感して話を聞いてくれる人とじゅうぶんに接することで、精神的な苦痛の悪影響を幾度となく乗り越えてきた。

第9章 思いやりをもって自分自身とつながる

世界に変化を望むのであれば、自らがその変化になりなさい。
――マハトマ・ガンジー

ここまではNVCが、友人や家族、仕事上の人間関係、政治の世界での人々の絆づくりにどれほど役に立つのかを見てきた。しかし、じつは自分自身との関係づくりにおいてもっとも真価を発揮するのかもしれない。自分自身に対して暴力的になっているとき、自分以外の人に心から思いやりをもつことは難しい。

NVCがもっとも真価を発揮するのは、自分への思いやりを育てることかもしれない。

自分はかけがえのない存在であることを思い出す

ハーブ・ガードナー脚本の舞台"A Thousand Clowns"のなかで、主人公は12歳の甥を児童福祉局の職員に引き渡すのを拒み、職員に対してこう宣言する。「わたしは、この子に自分がどれだけ特別な存在かを知っていてもらいたい。さもないとそれを失いはじめても気づかない。この子には目を覚ましていてほしい……ちゃんとその目で見て確かめてほしい……まったく想像もつかないような可能性を。チャンスがあれば世界に少々刺激を与えることはとても価値があるのだということを、この子に知ってもらいたい。自分がなぜ人間に生まれ、椅子には生まれなかったのか、そのささやかで忍びやかで重要な理由を、この子に知ってもらいたいんだ」

多くの人間は、自分が「特別な存在」であるという自覚を失っている。これは由々しきことだ。芝居のなかで叔父が甥に知ってもらいたいと情熱的に語った「ささやかで忍びやかで重要な理由」を、多くの人はすっかり忘れてしまっている。自分を批判的な目でとらえることが自身のすばらしさを知る妨げになったとき、存在の源にある類まれなエネルギーとのつながりを失ってしまう。自らを物体、さらには欠点だらけの物体として見るように条件づけられていたら、自分自身に対して暴力的になってしまうのも無理もないだろう。

自分への暴力的な気持ちを思いやりに置き換えようとするとき、とくに重要なのは、ひとつひとつの瞬間に自らをどう評価するかだ。わたしたちは何をするときにも、それが人生を豊かにすることにつながってほしいと願っている。その思いを実現させるには、出来事や状況の評価の仕方を学んで自分の成長につなげ、前向きな選択を続けることが大切だ。あいにく、わたしたちは自己嫌悪を増すような自己評価の方法を教わってしまっている。

NVCによって、自己嫌悪ではなく、成長を促す方法で自分自身を評価する。

完璧ではなかった自分を評価する

ワークショップでは決まって、こんなことをしなければよかったという最近の経験を参加者に思い出してもらう。それを題材に、「過ち」や「まちがい」と世間一般では呼ばれることをした直後に、わたしたちはどんな言葉を自分にかけるのかを検証していく。よくあるのが、「なんてバカなことを！」「よくもあんなバカげたことができたものだ」「いったいどうした？」「いつだって、しくじるんだから！」「自分勝手すぎる！」などである。

こういう言葉を自分に向ける人は、自分がしたことはまちがっている、あるいは悪いということを暗に示すやり方で自分に評価を下すよう教育されてしまっている。自分に向けた厳しい言葉は、してしまったことで自分は罰せられるに値すると暗に認めてしまっている。自分の限界を知り、成長するための契機として失敗を活かすのではなく、多くの人が自己嫌悪に陥ってしまうのは残念でならない。

失敗をした自分を厳しく非難することで「教訓から学ぶ」道がないわけではないが、そういうかたちで学び、変わっていくために費やされるエネルギーとは、どういう類のものだろうか。それを思うとわたしは心配になる。恥の意識や罪悪感といった破壊的なエネルギーによって変わるのではなく、自分の人生を、そして自分以外の人の人生を豊かにしたいという明確な意識に促されて変わることが望ましいとわたしは考える。

自分を否定的に評価し、恥の意識から自分のふるまいを変えるということは、自己嫌悪に促されて成長し学ぶということになる。恥ずかしいという気持ちは自己嫌悪が形を変えたものだ。恥の意識がつきまとうかぎり、自由で楽しい行動とはならない。やさしさと思いやりに裏づけられたふるまいをめざしても、行動の奥に恥の意識や罪悪感が透けて見えてしまうと、人生に貢献したいという自然で純粋な動機に促された行動をとったときほどには、相手によろこんではもらえないだろう。

わたしたちの言語には、恥の意識と罪悪感をすさまじくかき立てる暴力的な言葉がある。わたしたちはこうした言葉で自分を評価し、そうした言葉はわたしたちの意識の奥深くに刻み込まれている。そうした言葉抜きで生活することは想像するのも難しい、という人もたくさんいるだろう。それは、「〜すべき」という言葉。「もっとよく考えるべきだった」あるいは「あんなことをすべきではなかった」などと使われる。これを自分に向けると、学ばなくなってしまう。なぜなら、「～すべき」という言葉は、他に選択肢がないことを意味しているからだ。人は、どんなかたちであっても強要されることに抵抗しようとする。強要は、自分の自律性を脅かし、

自分を「……すべき」で縛ってしまうのを防ごう!

選択の自由というわたしたちが強く必要としていることを妨げるからだ。だから、わたしたちは横暴な仕打ちに抵抗する。それが自分の内側の「～すべき」という横暴さであっても同じことだ。

たとえば自分に対して「自分はなんと愚かなことをしているんだ。なんとか改善すべきだ」などと厳しい評価をぶつける際も、わたしたちの内面ではやはり同じような強要が頭をもたげる。誰かが次のような言葉を口にするのを聞いたことがあるだろうか。「わたしはほんとうに禁煙しなきゃダメだ」あるいは「エクササイズを増やさなくては。ほんとうにどうにかすべきだ」。彼らは自分が「しなくてはならない」ことを言い続ける一方で、実行に移すことには抵抗する。それは、人は奴隷になるために生まれてきたわけではないからだ。わたしたちは、「～すべき」と「しなくてはならない」という命令に屈服するようにはできていない。外部からの命令でも、自分の内部からの命令でも同じこと。その命令に屈服して行動すれば、そこにはよろこびも生き生きとしたエネルギーも感じられない。

自己批判と内なる強要の意味を理解する

自分自身を批判したり、非難したり、強要したりするコミュニケーションを繰り返しとり続ければ、自分が「人間というよりも椅子のような」ものに感じられてしまうのも無理はない。相手に対し、あなたはまちがっている、悪いといいたくなるときには、こちらが必要としていることに調和した行動を相手がとっていないと伝えたがっている、というのがＮＶＣの考え方である。批判している相手が自分自身なら、「わたし自身が、自らが必要としていることに調和した行動をとっていない」ということである。自分が必要としていることが満たされているか、どのように満たされているかといった視点で自らを評価することを学んだほうが、得られるものははるかに大きいとわたしは確信している。

とすれば、わたしたちの言動が人生を豊かにしていない場合には、

１　自分がめざす方向に向かって、

２　自己嫌悪、罪悪感、恥の意識ではなく、自分自身への敬意と思いやりに促されて、変化を引き起こす方法で自分を評価してやればいい。それも一瞬ごとに。

自分への批判もまた、その他の批判と同様、必要としていても満たされていないことが悲劇的なかたちで表現されたものである。

NVCで過去を振り返り、悲しむ

学校教育を受け、すっかり社会に順応したいまとなっては、ひとつひとつの瞬間に自分が必要としていることや価値を置いていることにもとづいて考える方法をマスターするのは手遅れかもしれない。しかし、人に対する批判が意味していることを学んだように、自分を批判していることを自覚してすぐさまその根底にある、自分が必要としていることに焦点をあてるように自らを訓練することはできる。

たとえば、もしも自分の言動に対し、「ほらまたしくじった！」などととがめ立てをする自分に気づいたら、すぐさまストップして自分に問いかけてみる。「道徳をふりかざして厳しく叱責している奥には、どんなニーズがあり、何を満たされたいと願っているのだろうか？」。必要としていることが何層にも重なっている場合もあるだろう。だが、必要としていることとのつながりができたとき、自分でも驚くほどの変化を身体で実感するはずだ。「またしくじった」という自分への叱責に伴う恥の意識や罪悪感、憂鬱は姿をひそめ、悲しみやフラストレーション、失望、恐れ、悲嘆など、さまざまな感情を経験するようになる。いずれも、自分が必要としていることや価値を置いているものを追求するように駆り立ててくれる自然な感情なのである。それらがわれわれの精神と心に与える影響は、罪悪感や恥の意識、憂鬱がもたらす断絶感とはまったくかけ離れている。

NVCにおいて、過去を振り返り悲しむという行為は、完璧に行動できなかったために必要としていたが満たされずに終わったことと、そのときの気持ちにつながるためのプロセスだ。それは後悔という経験だが、自分を非難したり嫌悪したりせずに自分の言動から学ぶことを促してくれる後悔である。自分の行動が自分が必要としていることや価値観とはずれていることを理解し、それに気づいたことで生まれる感情を受けとめる。自分が何を必要としているのかに意識が集中していると、それを満たすための創造的な方法を求めて、わたしたちは自然と動き出す。一方、道徳的な尺度をふりかざして自分を叱責すると、そのような動きにつながる可能性はひらけないまま、いつまでも自分を罰する恐れがある。

NVCで過去を振り返り、悲しむ。後悔している過去の行動が引き起こす感情と必要としていたことにつながる。

自分を許す

悔やむプロセスをフォローするのは、許すプロセスだ。いまの状況につながる行動をとることを選んだ自分の内面をじっくりと見つめ、こう問いかけてみる。「いま悔やんでいる自分のふるまいは、もともと自分が必要としている何を満たすためのふるまいだったのだろうか?」。人はどんなときでも自分が必要としていることを満たすために、そして価値観に忠実であろうとするために行動するとわたしは考える。結果的にその行動によって必要としていることを満たすことができてもできなくても、そして、その行動に満足できた、あるいは後悔したとしても。

自分自身に共感をもって耳を傾ければ、行動の奥底にある自分が必要としていることを、きっと聞き取ることができるだろう。こうして自分自身と共感するつながりがもてたとき、自分を許せるのだ。過去を振り返り悲しむプロセスを通じて、自分が必要としていることが満たされていなかったと知ることになるかもしれないが、自分はあくまでも人生をよりよくしようと選択したのだと受け入れることができる。

自分への思いやりを考えるうえで重要なのは、自分のなかのふたつの部分、過去の行動を悔やんでいる自分と、その行動をとらせた自分の両方を共感して受け入れることだ。悲しむプロセスと自分を許すプロセスは、わたしたちを解き放ち成長へと促す。ひとつひとつの瞬間、自分が必要としていることとつながることで、自分の価値観と調和して行動するための創造的な能力が引き出される。

NVCで自分を許す。いま振り返って悔やんでいる行動をとったとき、自分が必要とし満たそうとしていたことが何かを理解する。

水玉模様のスーツから得た教訓

悲しむプロセスと自分を許すプロセスを具体的にわかっていただくために、わたしの個人的な経験を引き合いに出してみよう。ある重要なワークショップに、前日に購入したばかりのライトグレーのサマースーツを着ていった。参加者の多かったワークショップで、終了後にみなに取り囲まれ、連絡先をたずねられたり、サインの求めに応じたり、質問に答えたりしていた。次の約束の時間が迫っていたので、目の前に次々に差し出される紙にひたすらペンを走らせた。そして、おろしたてのスーツのポケットにペンを突っ込み、ドアを出て駆け出した。ペンのキャップをしないまま。表に出たところで愕然とした。すてきなライトグレーのスーツを着ていたはずが、なんと水玉模様になっているではないか！　それからの20分間、わたしは自分を猛烈にののしった。「なんだってそんなに不注意なんだ？　よくもこんな愚かなまねを！」。新品のスーツを台無しにしてしまった自分に追い打ちをかけるように惨めな気持ちにさせ、いちばん必要としている同情と理解を与えてやらなかった。

幸いそれはたったの20分だけで、わたしは自分がやっていることに気づいた。それにストップをかけ、ペンのキャップをしなかったために満たされなかったものは何かをさぐった。「自分を『不注意』そして『愚か』と評価したのは、どんなことを必要とし、それを満たしたかったからなのだろうか？」

すぐにわかった。自分をもっと大切にしたいという気持ちだった。他の人が必要としていることを大急ぎで満たす一方で、自分自身が必要としていることにも、もっと関心を払いたかったのだ。それを自覚すると、気持ちが一変した。自分が必要としていることにもっと注意を払いたいという心の奥底からの望みに気づくと、自分への怒りや恥の意識、罪悪感が消え、こわばっていた身体から力が抜けた。わたしは自分をもっと大事にしたいという望みとともにやってきた悲しみの感情を受けとめ、台無しになったスーツと、キャップをし忘れたペンのことをたっぷりと悲しんだ。

次に、キャップをしないままペンをポケットに滑り込ませたときには何を必要とし満たそうとしていたのかに注意を向けてみた。そしてわかったのは、他人が必要としていることを気づかい配慮することが、自分にとってどれだけ大切かということだった。ただ、人が必要としていることをたっぷり満たそうとするあまり、自分のことには時間を割いていなかったのだ。そのことに対し、非難ではなく思いやりが湧いてくるのを感じた。あわてていた、うっかりペンをしまってしまったというのは事実だが、それは人を大切にしたいという自分が必要としていることに忠実であろうとしたからだと納得できたのだ！

その思いやりをもった状態に達すると、互いが必要としていることを自覚し、大切にするといったゆとりが生まれる。相手が必要としていることに思いやりをもって対応する一方、自分自身が必要としていることにも気づいてそれを大切にすること。双方を同時に意識することで、同じような状況でも異なる対処の仕方を想像しやすくなるだろう。もっと機知に富んだ対処方法を。自らを批判し自身を見失ってしまっては、それが非常に難しくなる。

自分のすべての面を受け入れ、それぞれが何を必要としているのか、どんな価値観をあらわしているのかを認識できたとき、自分自身に思いやりをもてる。

「楽しくないことはしてはいけない！」

悲しむプロセスと自分を許すプロセスに加え、自分に思いやりをもつためのひとつの側面として強調したいのは、自分の行動の裏にあるエネルギーについてである。「楽しくないことはしてはいけない！」というアドバイスをしたとき、それは過激である、あるいはまっとうな考えではないと受けとめる人がいる。しかし、自分に思いやりをもつために大切なのは、恐れや罪悪感、恥の意識、義務や責務ではなく、純粋に人生を豊かにするために貢献したいという動機をもとにして選択することだとわたしは強く信じている。自分は人生を豊かにするために行動するのだという意識があれば、そして人々の人生をすばらしいものにし

何かをする場合は、恐れや罪悪感、恥の意識、義務からではなく、豊かな人生に貢献したいという思いを原動力にしたい。

たいというエネルギーだけを燃料としていれば、どんなにきつい仕事のなかにも楽しさを感じられる。逆に、義務や責務、恐れ、罪悪感、恥の意識にかられて何かをする場合、本来楽しいはずの活動もよろこびが失われ、やりたくなくなってしまう。

第2章では選択の余地がないことをほのめかす言葉を使うのではなく、選択肢を認める言葉を使うことについて考えた。わたし自身、ずいぶん前のある取り組みをきっかけに自分らしく生きるよろこびと幸せがぐんと増し、絶望や罪悪感、恥の意識ががくんと減った。それをここでご紹介したい。自分への思いやりを深めるために。そして自分の行動の背後には、人生を豊かにしたいという思い、つまり自分が必要としていることがあるのだと、つねにはっきりと自覚しながら活動し、よろこびにあふれた楽しい人生を生きるために。

「〜しなければならない」を「〜することを選ぶ」に翻訳する

ステップ1

あなたの人生において、やっていても楽しくないことはなんだろうか。やらなければならないと自分に言い聞かせながらやっていることを、すべて紙に書き出してみよう。やりたくないのに、自分にはやる以外の選択肢がないと考えてしまっていることを、片っ端から書いてみよう。

わたしは、初めて自分のリストを見直したとき、リストの長さを見て、なぜ自分はこれまでのたくさんの時間や人生を楽しまずに過ごしてきてしまっていたのかがわかった。どれだけたくさんのことをやらなくてはならないと自分に信じ込ませ、やらせていたかに気づかされた。
リストの先頭にあったのは、「臨床報告書を書く」ことだった。わたしはこういう報告書を書くことが大嫌いだった。それでも、毎日それを書くために少なくとも1時間は苦痛のなかで時間を過ごしていた。リストの2番目は「子どもたちをまとめて車で学校に送る送迎当番」だった。

ステップ2

リストを完成させたら、やらなければならないからやっているのではなく、自分でやると選択してやっているのだとはっきり認識する。リストアップした項目すべてに、「わたしは自分で選択して……する」とつけ加える。
このステップには抵抗を感じたのを覚えている。「臨床報告書を書く」ことは「自分で選択してやっていることではない！　やらなくてはならないことだからだ。わたしは臨床心理士なのだから、この報告書を書かなくてはならないのだ」と自分に対して言い張った。

ステップ3

ある行動を自分は自らの選択でおこなっていると認め、そこにはどんな意図がはたらいているのかを自覚する。「わたしは自分で選択して……する。それは自分が……を望んでいるからだ」

という文章を完成させる。

臨床報告書を書くことは自分のどういう望みにつながっているのかを、わたしはああでもないこうでもないと考えはじめた。すでに数カ月前に、報告書は書くのに時間がかかるわりにはクライアントに役立っていないという結論をわたしは出していた。しかし、それ以降も多大な労力を注いで報告書を書き続けていた。それはなぜなのか？　しだいにわかってきた。わたしが報告書を書く選択をしていたのは、そこから得られる収入が目的だったのだと。それを理解し、以来、二度と臨床報告書を書かなかった。あれは35年前のこと。あの後、自分が書かなかった臨床報告書の数を思うと、うれしくてたまらない！　金銭が主たる動機だと知ると、収入を得る手段なら他にいくらでもあると思った。とにかくあと1通でも臨床報告書を書くくらいなら、ゴミ箱をあさって食べ物を手に入れるほうがましだと思ったのだ。

楽しくないと思いながらやっていることのリストで次に書かれた項目は、子どもたちを車で学校に送ることだった。検証の結果、その雑用の背後にある動機を考えたとき、わが子がいま通っている学校から受けている恩恵をありがたく思った。近所の学校に徒歩で通わせるのは簡単だったが、いまの学校のほうがわたしの教育方針にぴったりだったのだ。それ以後も車での送り迎えは続けたが、「あーあ、今日は車で送っていく当番か」というこれまでの気分は一新、わが子には価値ある教育を受けてほしいという目的意識

ひとつひとつの選択が満たそうとしているのは何を必要としているからか、を意識する。

をもつことによる、これまでとはちがうエネルギーで送り迎えをすることができた。といっても運転中は二度か三度、これはどういう目的を叶えるための行動なのかと自分に思い出させ、気持ちがぶれないようにする必要があったのは事実だ。

自分の行動の原動力への自覚を深める

子どもを車で送るという例のように、「わたしは自分で選択して……するのは、自分が……を望んでいるからだ」と言い換えることで、自分の選択の背後にある重要な価値を発見できるかもしれない。わたしたちの行動が満たそうとしているのは何を必要としているからなのかが明らかになれば、どんなつらい仕事でも、困難な、あるいはフラストレーションのたまることでも、きっと楽しいものとなるとわたしは考える。

あなたのリストに並んでいる行動の原動力となっているのは、もしかしたら次にあげるものに該当するかもしれない。それもひとつとはかぎらない。

1　お金

わたしたちの社会では、お金は外部からの報酬としてもっとも代表的なものである。報酬を求めて行動を選択すると、大きな犠牲を払うことになる。他人が必要としていることに貢献したいという明確な意図があれば得られたはずのよろこびを得られないからだ。わたしたちが必要としているものとしてNVCが定義するなかに、お金は含まれない。お金は、必要としていることを満たすための無数の手段のひとつにすぎない。

2　認められたい

人から認められることも、お金と同様、外部からの報酬のひとつのかたちだ。わたしたちの文化は、見返りを切望するように人に教え込む。学校では、見返りを原動力として勉強するように促される。家庭ではいい子でいれば報われ、いい子ではないと養育者が判定すれば罰せられる。やがて成長すれば、人生とは見返りを求めて何かをすることで成り立っていると信じてしまうように自分自身をだましてしまう。人から笑顔を向けられる、よくやったと誰かに背中をぽんと叩いてもらう、「いい人」「いい親」「いい市民」「いい働き手」「いい友人」というレッテルを手に入れるといったことをひたすら求めるようになる。人に好かれるための行動をとり、人に嫌われたり罰を与えられたりしそうな行動を避ける。

愛を得るために必死に努力をして、自分を否定してまで人に好かれるために行動したりするのは、悲劇以外の何ものでもない。人生を豊かにすることだけをめざしてものごとに取り組んでいると自然に人から感謝されるが、人からの感謝というのはあくまで、こちらの努力が実を結び、意図した効果があがったことを示すフィードバックにすぎない。一方、人生をよりよくするために自分の力を使うという選択をしたという認識、それを首尾よくやりとげたという認識は、純粋なよろこびをもたらし、自分を祝福したくなる。このよろこびは、人から認められることでは決して得ることのできないものだ。

3　罰を受けないため

罰を受けたくないから所得税を払う、という人がいる。そうした動機が根本にあると、毎年の支払いの手続きには少なからず憤りを感じることもあるだろう。しかし、自分の子ども時代を振り返ってみると、父と祖父は納税についてまったくちがうとらえ方をしていた。ロシアからアメリカに移民として渡ってきた彼らは、ロシア皇帝とはちがい、この国の政府が国民を守ることを信じて、それを支持しようとした。自分の税金が多くの人々の福祉に役立っているところを想像し、心底よろこびを感じながらアメリカ合衆国政府に小切手を送った。

4　恥を恐れる

恥を恐れるあまり、何かを選択するという場合もあるだろう。その選択をしない場合、きっと自分自身を叱責し、まちがっている、愚かであるという声を自分に向けてしまうと予測できるからだ。恥の意識から逃れたいという理由だけで行動するかぎり、その行動を忌み嫌うようになっても無理はない。

5　罪悪感をもちたくない

「これを自分がやらなければ、人をがっかりさせてしまうだろう」と考えてしまう場合もあるだろう。人の期待を裏切ることに伴う罪悪感を、わたしたちは恐れる。しかし、罪悪感を避けるために人のために何かをすることと、人の幸福に貢献したいという明確な意識で何かをすることとは、まったく別物だ。前者は自分が惨めになるばかり。それに対して、後者はひたすら楽しい。

何かをする動機が、お金や人から認められること、恐れ、恥の意識、罪悪感かどうかを自覚しよう。そうした動機がある場合、大きな犠牲を払うことを覚悟しよう。

6　義務感

他に選択肢があることを否定する言葉、たとえば「〜すべき」「〜しなければならない」「〜して当然だ」「〜できない」「〜するはず」などを使う場合、その奥には漠然とした罪悪感、義務感、責任感がある。こういうものを動機とした行動は、自分が必要としていることから切り離されながらとる行動のなかで、社会的にもっとも危険で、個人的にもっとも不幸なものだとわたしは考える。

第2章では、アドルフ・アイヒマンらが「官庁用語」によってあくまでも冷静に、しかも個人としての責任を感じることなく何万人もの人々を死に追いやったことを取り上げた。他の選択肢の存在を否定する言葉を使うと、自分自身を生きることを放棄し、ロボットのような精神状態に支配されることになる。

わたしが臨床報告書を書くのをやめたように、あなたが自分のリストを検証した結果、これっきりやめようという決断を下すものがあるかもしれない。大胆な選択だと感じるかもしれないが、楽しいという理由だけで行動することはじゅうぶんに可能だ。人生を豊かにしたいという望みだけを原動力に、いまという楽しい瞬間にかかわればかかわるほど、その度合いに応じて自分自身に思いやりがもてると信じている。

あらゆるふるまいのうち、もっとも危険なのは、「そうすべきだから」という理由だけでおこなわれるものだろう。

まとめ

自分とのコミュニケーションにおいてこそ、ＮＶＣは真価を発揮するといえるかもしれない。失敗してしまったときには、ＮＶＣを活用して、悲しむプロセスと自分を許すプロセスをたどればいい。道徳や倫理をふりまわして自分を容赦なく叱責するのではなく、成長するための糸口を見つける。必要としていたが満たされなかったことについて自身の行動を評価することで、恥の意識や罪悪感、怒り、絶望ではなく、人や自分の幸福に貢献したいという純粋な望みを原動力として自分を変えることができる。

自分が必要としていることと自分の価値観に忠実に行動すると決め、日常生活でそれを意識的に選択する。それが、自分を大切にすることにつながる。義務感から行動する、外部からの見返りを求めて行動する、罪悪感や恥の意識、罰を避けるために行動するといったことはやめる。現在自分が楽しくないと感じている行動を見直し、「〜しなくてはならない」を「〜することを選ぶ」に置き換えれば、人生のなかにより多くの楽しみや一貫性を見つけることができるだろう。

第10章
怒りをじゅうぶんに表現する

ＮＶＣへの理解を深めるための絶好のきっかけとなるのが、怒りという感情だ。怒りへの取り組みを通じて、ＮＶＣのプロセスの多くの側面の細かな部分まで知ることができる。ＮＶＣとそれ以外のコミュニケーションの仕方のちがいがもっとも明確になるのが、怒りの表現の仕方なのである。

人を殺すことは、怒りの表現としてはあまりにも表面的であるとわたしは考える。怒りにかられて人を肉体的あるいは精神的に殺す、殴る、非難する、傷つけることは、怒っているときに内面で起きていることを表面的にしか表現していない。真に怒っているなら、はるかに強力な方法を望むはずである。

人を殺すことはあまりにも表面的である。

わたしは多くのグループとともにワークショップをおこなうが、抑圧され差別される側にあり、変化を起こすために力をつけたい人たちは、これを理解するとほっとする。彼らは「非暴力」あるいは「思いやりのある」コミュニケーションという言葉を聞くと、まず不安に襲われる。それは、これまで何度となく自分の怒りを抑え、気持ちを鎮め、現状を受け入れるように説き伏せられてきたからだ。怒りは望ましくない資質なので一掃すべき、という考え方を警戒する。だが、ここで説明するプロセスは、怒りを無視したり、押し込んだり、飲み込んだりすることを奨励しない。それよりも、怒りの核心を心の底からじゅうぶんに表現するように勧める。

原因と刺激を区別する

怒りをじゅうぶん表現するためのNVCの最初のステップは、わたしたちの怒りの責任から相手を解放することだ。「彼、彼女、彼らが、ああいうことをしたから、わたしは怒ったのだ」という考えを手放すこと。そうした考え方は、人を非難したり罰したりするかたちで表面的に怒りを表現することにつながってしまう。すでに述べたように、人の言動は、わたしたちの感情を刺激することはあっても、感情の原因とはならない。人がとった行動が理由となって怒ることは、決してないのだ。人のどんなふるまいが刺激になっているのかを特定するだけで

人の言動によって怒りが生まれることは絶対にない。

なく、刺激と原因をはっきりと区別することが重要である。

この区別について、スウェーデンの刑務所でおこなったワークショップを例として説明しよう。このワークショップは、暴力的にふるまっていた受刑者たちを対象に、殺人や殴打、レイプではなく、別の方法で怒りをじゅうぶんに表現するにはどうしたらいいかを教えることをめざしていた。エクササイズとして、怒りの刺激となっているふるまいを特定するように呼びかけたところ、ある受刑者がこう書いた。「3週間前に刑務所の職員に要望を出したのですが、まだ返事がこない」。怒りの刺激となっている他者のふるまいを明確に観察している。

次に、怒りの理由を彼にたずねてみた。「それで、あなたが怒りを感じたのは〈なぜ〉だろうか?」

すると彼は叫んだ。「いまいったばかりでしょう。こちらの要求に彼らがこたえなかったから怒りを感じたんです!」。彼は刺激と理由を同一視することで、自分を怒らせているのは刑務所の職員のふるまいなのだと自分に思い込ませていた。罪悪感を利用して人をコントロールする文化に身を置くと、こういう考え方が身についてしまう。そういう文化では、人のせいで自分はこういう気持ちに〈させられた〉という思考を根づかせることを重視する。

相手の罪悪感をあおってこちらの意のままにしようとする戦術を成功させるには、刺激と理由を混同させてしまえばいい。すでに述べたように、「あなたの成

罪悪感をあおって行動させるには、刺激と理由を混同させてしまえば簡単だ。

績が悪いと、ママとパパは悲しい」という表現は、自分の行動が両親の苦痛の原因となるのだと子どもが信じるように誘導する。同じことは、親密なパートナー同士のあいだでも起きる。「わたしの誕生日にあなたがいないなんて、がっかりする」。英語という言語は、こうして罪悪感を誘導する戦術に適している。

「あなたはわたしを怒らせる」「そんなことをされるとわたしは傷つく」などといった言い方によって、わたしたちは自分がこう感じるのは人の言動の結果であると自分に思い込ませてしまっている。怒りをじゅうぶんに表現するプロセスの第1のステップは、人の言動が自分の感情の原因には絶対にならないということを理解することである。

では、怒りの原因はどこにあるのか？　第5章では、気に入らないメッセージや言動に直面した場合の4つの選択肢について述べた。怒りが生まれるのは、第2の選択肢「相手を責める」を選んだときだ。怒りが湧くたびに、相手の落ち度をさがす。わたしたちは神の役目を肩代わりして、人に対し、まちがっているあるいは罰に値すると裁定を下し、相手を非難する。これが怒りの理由であると、わたしは考えている。すぐにはそれを自覚できないかもしれないが、怒りの原因は自分の考えのなかにある。

怒りの原因は、非難や決めつけをする自分の考えにある。

第5章であげた第3の選択肢は、自分の感情と自分が必要としていることに意識の焦点をあてるというものだった。意識を集中して、相手がどれほどまちがっているかを分析するのではなく、自分を突き動かしているものとの接点を見出す。それぞれの瞬間に自分が必要としていることに焦点を絞れば、生きることへのエネルギーはいやおうなしに明らかとなり、それに近づくことができる。

たとえば、彼女が約束に遅れて到着したとする。彼女が自分のことを大切に思っていると確認することを必要としていたなら、傷ついた気分になってしまうかもしれない。時間を有意義に建設的に使いたいということを必要としていたなら、いらだちを感じるだろう。また、30分間ひとりで静かに過ごしたいということを必要としていたなら、彼女の遅刻がありがたく感じられるだろう。このように、わたしたちの感情は、他人の言動ではなく、自分が必要としていることが理由となって生じている。思いを確認したい、有意義に時間を使いたい、ひとりでいたいなどといった自分が必要としていることとつながったとき、いのちのエネルギーと直接結びついた状態となる。強い感情を抱くかもしれないが、それは怒りとは別のものだ。怒りは、必要としていることとの結びつきが損なわれた、心の底からの訴えを遠ざけてしまう考え方によって引き起こされる。怒りは、わたしたちが必要としているが満たされていないことに焦点をあてるよりも、頭でっかちになって他人の言動を分析し、一方的に善悪を決めつけてしまっているのだということを教えてくれる。

自分自身が必要としていることと自分自身の感情に焦点を絞るという第3の選択肢に加え、わたしたちはつねに相手の感情と相手が必要としていることに意識を振り向けるという選択もできる。この第4の選択肢を選ぶときも、決して怒りを感じることはない。怒りを抑圧しているのではない。人の感情と必要としていることにじゅうぶんに寄り添っていれば、ひとときたりとも怒りは存在しないということに気づくはずだ。

怒りの核には、人生を豊かにするための手がかりが必ずある

「でも、怒りが正当化される状況もあるのではないですか？　たとえば、不注意と無分別がもたらした環境汚染と直面して『義憤』にかられることもあるのでは？」とたずねられたことがある。それに対し、わたしはこう答えた。「不注意な行動か、誠実な行動か」「貪欲な人か、高潔な人か」といった意識を少しでももつなら、地球上の暴力に加担していることになる、とわたしは強く信じている。殺人やレイプ、環境汚染を犯した人はどんな人間なのかといった意見に賛成したり反対したりする代わりに、自分たちが何を必要としているのかに注意を向けることで人生により貢献できる、とわたしは信じている。

人を裁くとき、わたしたちは暴力に加担している。

心の底からの訴えを遠ざけ、暴力を誘発する思考から、すべての怒りは生まれる、とわたしは考える。怒りの核には、必要としているがいまだ満たされていないことがある。怒りをある種の目覚まし時計としてとらえ、自分には必要としているが満たされていないことがあり、それが満

たされるのを難しくしてしまう考え方をしているということに気づくために利用すれば、価値あるものとなるのではないだろうか。怒りをじゅうぶんに表現するには、自分の必要としていることに対するじゅうぶんな意識をもつことが必要となる。さらに、自分が必要としていることを満たすにはエネルギーが必要だ。しかし、怒りはわたしたちのエネルギーを、自分が必要としていることを満たすためではなく、人を罰することに向けてしまうため、自分が必要としていることは満たされないままとなる。したがって、「義憤」にかられるのではなく、自分自身あるいは相手が必要としていることと共感をもってつながることを勧めたい。それには練習も必要だろう。何度も繰り返し、「彼らが……したからわたしは怒っている」の代わりに、「わたしは……を必要としているから怒っている」と意識的に言い換えることで慣れていくのだ。

怒りを目覚まし時計として利用する。

あるとき、すばらしい教訓を得た。ウィスコンシン州の矯正教育をする学校で生徒たちとのワークショップをおこなったときのこと。なんとわたしは2日連続で、まったく同じように鼻っ柱を殴られてしまった。1回目は、生徒同士の喧嘩に割って入った際に肘の鋭い一撃を食らった。思わずカッとして、殴り返したい気持ちをこらえるのに必死だった。デトロイトの街で育ったせいか、この程度で頭に血をのぼらせてしまうのだ。2日目も同様の状況で、同じく鼻先に一撃食らった（だか

怒りは、わたしたちのエネルギーを懲罰的な行動に向けて、すっかり吸収してしまう。

ら肉体的な苦痛は前日よりもひどい)。しかし、このときにはまったく怒りが湧かなかった!

その夜、その経験を深く思い返してみたわたしは理解した。最初にわたしに一撃を食らわせた生徒に対し、わたしは心のなかで「甘やかされた悪ガキ」というレッテルを貼っていたのだ。彼の肘がわたしの鼻を直撃する前に、わたしはそういうイメージを抱いていた。その生徒に殴られたものだから、単に肘が鼻にあたったとは受けとめられなかった。それどころか、「この反抗的な悪ガキにこんなことをする権利はない!」と思ったのだ。ふたり目の生徒にはちがった評価をしていた。彼のことは「痛ましい存在」と映っていたのだ。彼のことはどうしても心配してしまい、前日よりもはるかに鼻血がひどかったというのに、まったく怒りを感じなかった。怒りをつくりだすのは、自分の頭にあるイメージとそのとらえ方であって、人の言動ではない。それを理解するために、これ以上パワフルな方法はなかった。

刺激vs原因——実例で見る

原因と刺激を区別することの重要性について、実際的、戦術的、哲学的な領域で述べてきたが、スウェーデンの受刑者ジョンとの対話に戻り、もう少し説明しよう。

ジョン「3週間前に刑務所の職員に要望を出したのですが、まだ返事がこない」

わたし「それで、あなたが怒りを感じたのは〈なぜ〉だろうか?」
ジョン「いまいったばかりでしょう。こちらの要望に彼らがこたえなかったから怒りを感じたんです!」
わたし「ちょっと待って。『彼らは……だから怒りを感じた』という前に立ち止まって、あなたが、自分にいっていることの何があなたをそんなに怒らせているのかを意識してみよう」
ジョン「自分になんて、何もいってません」
わたし「ちょっと待って。落ち着いて。あなたの内面で何が起きているのかに、耳を傾けて」
ジョン（静かに考え、それから）「わたしは自分に『彼らは人に対して敬意を払っていない』といっています。彼らは冷酷で顔のない官僚で、自分以外の人間にはいっさい関心を払わない奴らだ！　彼らときたらほんとうに……」
わたし「ありがとう、それくらいでじゅうぶんだ。さて、これで、あなたはなぜ自分が腹を立てているのかわかったかな。そういうふうに考えていることが原因では」
ジョン「でも、こんなふうに考えて、何がいけないんです?」
わたし「そういうふうに考えることが、まちがっているわけではありません。もしもわたしが、そういう考え方をするのはおかしいといったりしたら、〈あなた〉に対して同じ考え方をしていることになってしまう。人をこうだと決めつけることが〈まちがっている〉とはいいません。彼らを顔のない官僚と呼んだり、彼らの行動を無分別で自己中心的だとレッテルを貼ったりすることがいけないとはいわない。

しかし、あなたのそういう考え方が、あなたにひどく腹を立てさせています。あなたが必要としていることはなんでしょう。それに注意を集中させてごらんなさい。この状況で、あなたが必要としていることはなんですか？」

ジョン（長い沈黙の後で）「わたしはトレーニングを受けたいと要望を出しました。そのトレーニングを必要としています。それを受けられないと、出所してもまちがいなくこの刑務所に逆戻りすることになってしまいます」

わたし「いま、あなたは自分が必要としていることに注意を向けている。どんな気持ちですか？」

ジョン「恐ろしい」

わたし「今度は、刑務所の職員の立場に立ってみましょう。わたしを受刑者だと想定してください。あなたに『わたしはあのトレーニングを切実に必要としています。受けられないとどんなことが起きるのか、恐ろしくてたまらない……』というのと、あなたのことを顔のない官僚と見なしてアプローチするのと（わざわざ口に出さなくても、わたしの目を見れば、どう考えているかわかってし

自分が何を必要としているかに気づくと、怒りは、人生を豊かにするための気持ちに置き換わる。

まうでしょう)、わたしが必要としていることが満たされる可能性が高いのはどちらだろうか?」

(ジョンは床を見つめたまま、何もいわない)

わたし「何を考えているの?」

ジョン「いいたくない」

3時間後、ジョンがわたしのところにやってきた。「今朝教わったことを、2年前に教わっていればよかった。そうすれば、親友を殺さずにすんだ」


自分が苦痛を感じるのは人のせいだ。だから彼らは罰を受けるに値する、という信念が暴力を生み出す。

この若い受刑者のように、自分が苦痛を感じるのは人のせいである、だから相手は罰を受けるに値すると自分を信じ込ませてしまっていることが、暴力の発生につながる。

あるとき、わたしは下の息子が妹の部屋から50セントを持ち出すのを見た。わたしは「ブレット、妹にもらっていいかどうか聞いたか?」と息子にたずねた。「とったわけじゃないよ」と息子は答えた。わたしには4つの選択肢があった。彼を嘘つきと呼ぶことはできたが、そ

難しいメッセージをつきつけられた場合、4つの選択肢を思い起こす。

1 自分自身を責める
2 相手を責める
3 自分の感情と、自分が必要としていることを感じ取る
4 相手の感情と、相手が必要としていることを感じ取る

うしたらわたしが必要としていることは満たされないだろう。なぜなら、どんな内容であっても人を一方的に決めつければ、自分が必要としていることが満たされる可能性を減らしてしまうからだ。重要なのは、どこに自分の注意を向けるかである。彼を嘘つきと評価すれば、その先どうなるかは予測がつく。息子はわたしに敬意を払っていない、だから真実をいわないと考えれば、これまた先の予測がつく。だが、息子に共感したり、こちらの気持ちと必要としていることを包み隠さず表現したりすれば、自分が必要としていることが満たされる可能性はおおいに高まるだろう。

このときのわたしの選択は、最終的によい結果をもたらしたのだが、それをわたしは言葉というよりも、おもに行動で表現した。息子を嘘つきと評価する代わりに、彼の感情を聞き取ろうとした。息子は罰を与えられるのではないかと恐れ、自分を守る必要性を感じていた。わたしは息子に共感することで、感情的なつながりをもてる可能性が生まれた。そのようなつながりが、お互いの必要としていることを満たす方向へと促す。だが、息子に対して嘘つきという気持ちでアプローチすれば、たとえこちらがそれを口に出さなくても、彼は安心してありのままを話そうという気にはならなかっただろう。そういう場合は、わたし自身が悪循環を引き起こしてしまう。相手を嘘つきと評価することで、相手をほんとうに嘘つきにしてしまうのだ。ありのまま話したら裁かれ罰を与えられるとわかって

人を一方的に決めつけると、
そのとおりの現実を
自分でつくりだすことになる。

いて、進んで真実を述べたい人はいないだろう。

相手のことを、悪い、貪欲、無責任、嘘つき、騙す、環境を汚染している、人の命よりも利益を重視している、とるべきでない行動をとっている、などと一方的に決めつけて分析し、それで頭がいっぱいになっているときには、こちらが必要としていることに相手が関心をもつことはまず期待できない。こちらがいくら環境を守りたいと考えていても、会社の重役に「あなたこそ、地球を殺している張本人だ。こんなやり方で地球を痛めつける権利はあなたにはない」という態度で向かっていけば、自分が必要としていることを満たす可能性を摘み取っているようなものだ。悪者というイメージをつくりあげ、それをベースに話をする人間に対して、その人が必要としていることを汲み取ろうと焦点をあて続けられる人はめったにいない。むろん、そのように相手を裁く一方で、こちらの望むことを実現するように相手を脅すことは可能だ。脅された相手が怯え、罪悪感を抱き、あるいは恥の意識からふるまいを変えたとしたら、相手の過ちを指摘すれば「勝てる」のだとあっさり信じてしまうかもしれない。

だが、もっと視野を広げると、そういうやり方で自分の望みを実現しても、それは敗北でしかない。それだけでなく、そういうことをするたびに、わたしたちは具体的に地球上の暴力に加担してしまっていることになる。目下の問題は解決しても、別の問題を生み出すことになる。人は、非難され一方的に決めつけられるほど、非難され断定されればされるほど、自己防衛的にそして攻撃的になる。そして、将来的にはこちらの必要としていることにはあまり関心を払わなくなるだろう。いま現在、わたしたちが必要としていることは満たされるかもしれない。しかし、こちらが望むことを相手が実行するというかたちで満たされたとしても、後に大きなつけがまわってくることになるだろう。

怒りを表現する4つのステップ

自分の怒りをじゅうぶんに表現するプロセスは、具体的にどういうものなのかを見てみよう。第1のステップは、立ち止まって深呼吸する。それだけだ。人を非難したり罰したりするような動きはいっさい避ける。ただ、静かにしている。それから、怒りを引き起こしている考えを突き止める。たとえば、ふと耳にした誰かの言葉から、自分が人種を理由に会話から排除されていたと信じてしまったとしよう。怒りを感じたらそこでストップし、自分の頭のなかを乱している思考を見つめる。「あれはフェアな行動ではない。彼女は人種差別主義者だ」というような評価はすべて、自分のなかで必要としているが満たされていないことが悲劇的なかたちで表現されたものなのである。それを頭に置

怒りを表現するためのステップ

1 立ち止まって深呼吸する
2 自分は何をどう決めつけているのかを自覚する
3 自分が必要としていることを見極める
4 自分の感情と必要としているが満たされていないことを表現する

いて次のステップに進む。ここでは、自分の思考の背後にある自分が必要としていることとつながる。誰かを人種差別主義者と断定するのは、仲間に入りたい、平等に扱ってもらいたい、敬意を払ってもらいたい、あるいはつながりをもちたいということを必要としているからかもしれない。

ここでようやく、口をひらいて自分をじゅうぶんに表現する。怒りを表現するのだ。ただし、怒りは、自分が必要としていることと、それに直結した感情へと変換されている。こういう感情を明確に述べるのは、相当な勇気が必要かもしれない。怒りにまかせて「ああいうのは人種差別主義者がやることだ！」というのは簡単だろう。それですっとするかもしれない。そのような言葉の背後にある、自分の感情と自分が必要としていることにまで掘り下げていくことには怖さが伴うかもしれない。しかし、そのうえで自分の怒りをじゅうぶんに表現すると、「あなたが部屋に入って他の人と話しはじめ、わたしには話しかけず、白人についてコメントしたとき、胃が締めつけられるように感じたんです。そして怖くなりました。平等に扱われたいということを必要としていたのですが、それが著しく損なわれたのです。これを聞いてあなたがどう感じているのか、話してもらえますか」となるかもしれない。

最初に共感を提供する

しかし、こちらの内面で起きていることを相手に汲み取ってもらうには、さらにもうひとつのステップが必要となる場合が多い。つまり、こちらの感情と必要としていることを相手が受けとめることが難しいので、こちらがまず相手に共感する必要があるのだ。そうすれば、相手はこちらの言葉を聞きやすくなるだろう。わたしたちが必要としていることと相容れない相手の行動が、何によって引き起こされているかに共感すればするほど、後で相手がわたしたちに共感してくれる可能性が高くなる。

この30年のあいだに、特定の人種やエスニック・グループに対して強い思い込みを心に抱く人々と、NVCを用いて話をする機会がたくさんあった。ある早朝、わたしは空港からタクシーで街へと向かった。配車係からのメッセージがスピーカーを通じて入ってきた。「ミスター・フィッシュマンを、メーンストリートのシナゴーグでピックアップしてください」。それを聞いて、隣に座っていた男性がつぶやいた。「世間からお金を巻き上げようと、カイクたちは早起きなんだ」

彼らに耳を傾ければ傾けるほど、彼らはわたしたちに耳を傾ける。

20秒間、わたしの耳から煙がもくもくと立ちのぼった。昔のわたしなら、こういうときには反射的に相手に殴りかかっていた。いまのわたしは数回深呼吸して、自分の内面で渦巻く痛み、恐れ、激怒に共感した。自分の感情に注意を振り向けた。自分の怒りは、同乗している人物が原因ではなく、彼の発言が原因でもないと意識し続けた。彼のコメントはわたしの内部の火山の噴火を誘発したが、自分の怒りと深い恐れは、彼がいま口にした言葉よりもはるかに深い源から来ていることを自覚していた。そのままシートに身体を預け、暴力的な思考が展開するのに任せた。彼の頭をつかんで一撃を食らわせるところを想像して、すかっとしたりもした。

こうやって自分に共感したことで、彼の発言の奥の人間的な感情に注意を向けることができるようになった。ようやくわたしが口にした言葉は、「あなたは……と感じているのですか？」だった。彼に共感しようと努め、彼の苦痛を聞き取ろうと努めた。なぜなのか？　わたしは彼のなかに人としての美しさを見たいと願い、彼の発言でわたしがどんな思いをしたのかをじゅうぶんに理解してもらいたかったからだ。彼の内部で嵐が起きているとそういう理解を求めるのが難しいことはわかっていた。わたしはあくまでも、彼とつながり、彼の発言の背後にある生きるためのエネルギーに敬意を払い共感を示したかった。自分の経験から、自分が相手に共感できれば、相手もこちらの言葉に耳を傾けてくれるということを学んでいた。簡単ではないかもしれないが、彼とはそれができるはずである。

自分の心に生じた暴力的な考えに評価を加えず、意識し続ける。

「あなたはフラストレーションを抱えているんですか？　どうやらあなたは、ユダヤ人と後味の悪い経験をされたようですね」とわたしはたずねた。

彼はしばらくわたしをじっと見た。「ええそうですとも！　彼らは最低ですよ。お金のためならなんでもするんです」

「不信感をもっていて、彼らと金銭的なやりとりをするときには、自分を守らなくてはならないと感じているのですか？」

「そのとおりです！」と彼は叫んだ。そしてさらに、ユダヤ人を一方的に決めつける言葉を続けた。わたしは、その言葉ひとつひとつの背後に、どんな感情とニーズがあるのかを聞き取ろうとした。人の感情とその人が必要としていることに注意を振り向けると、相手にも自分と同じ人間らしさがあると痛感する。彼が怯え、自分を守りたがっていることがわかると、自分も自らを守ることを必要としていると自覚し、怯えることがどんな気持ちなのかもよく理解できる。相手の感情と必要としていることに意識を集中させると、人の経験の普遍性に気づく。彼の頭にある考えは、わたしの考えとは相容れないものだった。そんなときは、相手が考えていることにとらわれないようにしたほうが相手を受け入れることができるということをわたしは学んだ。相容れない考えを抱く相手だからこそ、なおのこと、相手の心のなかで何が起きているのかだけを聞き取ることが大切なのである。相手の頭のなかで起きていることに巻き込まれないようにすることで、人生を豊かにできることを学ん

人の感情とニーズに耳を傾けるとき、互いに共通する人間らしさを認識する。

だのだ。

この男性は、悲しみとフラストレーションを吐露し続けた。いつのまにかユダヤ人の話は終わり、黒人へと話が移っていた。彼は、さまざまなことに関する苦痛を訴えた。およそ10分間ひたすら聞き続けると、彼は話をやめた。理解されたと感じたのだ。

そこで、今度はわたしが口をひらいた。自分のなかで起きていたことを彼に告げた。

わたし「あなたが話しはじめたとき、わたしはたいへんな腹立ち、いらだち、悲しみ、落胆を感じました。それは、ユダヤ人とのかかわりで、わたしはあなたとは非常に異なる経験をしてきたからです。あなたにもぜひ、わたしと同じような経験をしてほしいと思ったのです。いまのわたしの言葉がどんなふうに聞こえたか、教えてもらえますか？」
男性「いや、わたしは何も彼らが全員……」
わたし「すみません、ちょっと待ってください。わたしの言葉があなたにどう聞こえたかを教えてください」
男性「どういうことでしょう？」
わたし「もう一度、いわせてください。あなたの言葉を聞いたときにわたしが感じた痛みを、ただあなたに聞いてもらいたいのです。それをあなたに聞いてもらうことが、わたしには大切なのです。わたしがとても悲しかったのは、わたしとユダヤ人とのかかわりは、あなたが経験してきたこととは異なるものだったからです。だから、あなたにもちがう経験をしてほしいと思うのです。わたしのいまの言葉は、あなたにどう聞こえているでしょうか?」

男性「わたしには先ほどのような発言をする資格はないといっている」

わたし「ちがいます。ちがうふうに、わたしの話を聞いてほしいのです。あなたを非難するつもりはありません。あなたを非難したいとは思わないのです」

わたしたちが必要としていることは、相手に自分の痛みをきちんと聞いてもらうこと。

わたしは会話のペースを落とすことにした。これまでの経験から、どんなにささやかなものであっても相手の言葉から自分への非難を感じると、人は相手の苦痛を聞き取ることができないとわかっていた。この男性が「ひどいことをいってしまいました。わたしの発言は人種差別的なものでした」と答えたなら、彼はわたしの苦痛を聞き取っていないと判断できる。人は自分がまちがいを犯したと考えたとたん、相手の苦痛をじゅうぶんには理解できなくなる。

自分が過失を犯したと信じてしまうと、相手の痛みに耳を傾けることができない。

わたしは彼に、自分の言葉を非難として受け取ってもらいたくなかった。それよりも、彼の発言を聞いたときにわたしの心のなかで起きたことを聞き取ってほしかった。非難することはたやすい。人は非難されるのに慣れている。ときにはそれに同意して自分自身を嫌悪する。だからといって、非難されたその言動がやむわけではない。それどころか、自分を非難する人、たとえば自分を人種差別主義者呼ばわりする相手を嫌悪することもある。もちろん、それで問題の言動がやむわけでもない。このケースのように、相手が非難されていると感じているのがわかれば、会話のペースを落とし、話を少し戻して相手の苦痛をさらに聞く必要があるのかもしれない。

じっくり時間をかける

ここまで述べてきたプロセスを実行する際にいちばん大切なのは、じっくり時間をかけることだろう。すでに条件づけされ、習慣になってしまっているふるまいから抜け出すのは、必ずしも心地よくはないかもしれない。しかし、自分の価値観を尊重して生きていくことを真剣に考えているのであれば、時間をとることはとても大切だ。

わたしの友人サム・ウィリアムズは、このプロセスの基本的な構成要素をカードにメモした。仕事の際にはそれを「カンニングペーパー」として使っている。上司と対立するたびにサムは立ち止まり、カードに目をやり、どう返事をしたらいいのかを考えるために時間をとる。手にしたカードを見て時間をかけて文章をつくるとは、同僚から見たらさぞや奇妙な光景だろうというと、こんな返事が返ってきた。「実際にはそれほど時間がかかるわけではないよ。たとえ時間がかかったとしても、それだけの価値があるからね。自分が望むように相手と話をしていると確信することが、ぼくには大切だから」。彼は、家庭ではもっとオープンに、わざわざカードを見てじっくり考える理由を妻子にはっきり説明した。家族のあいだで言い争いが起きると、彼はカードを取り出してじっくりと時間をかけた。ひと月後、もうカードを使わなくても大丈夫だと感じた。そんなある日の晩、テレビをめぐって4歳のスコッティと喧嘩になった。両者のやりとりはこじれていくばかりだった。すると、スコッティが切羽詰まった様子でこう叫んだそうだ。「パパ、あのカードを持ってきて！」

ＮＶＣを実践したい、とりわけ怒りにかられ解決が困難な状況で実践したいと願う人には、次のエクササイズを提案したい。すでに見てきたように、わたしたちの怒りは、相手に対する一方的な決めつけやレッテル貼り、非難といったかたちの思考から生じている。人はこう「すべき」である、彼らはそうするのが「当然だ」というふうに。あなたがよく使う評価のパターンをリストにしよう。「わたしが嫌いな人々、それは……」という出だしで表現してみる。頭のなかにある否定的な評価を洗いざらい並べて、自分に問いかけてみる。「ある人物をこう評価している場合、自分は何を必要としているのにそれが満たされていないのだろうか」。こうして、人に対する評価の言葉ではなく、自分が必要としているが満たされていないことは何かという視点で思考を組み立てる訓練をする。

ひとつひとつの評価を、必要としているが満たされていないことというかたちに変えてみる。

練習は不可欠だ。というのも、デトロイトの街ほどではなくても、多くの人はそれなりに暴力の存在する場所で育っているからだ。相手に非があると決めつけて非難することにすっかり慣れてしまっている。NVCを実践するためには、ゆっくりと進む必要がある。話す前に注意深く考えることが大切だ。無言のまま、ただ深呼吸をするだけということも多い。このプロセスは、学ぶのも実行するのも、どちらも時間がかかる。

じっくりと時間をかけて取り組む。

まとめ

人を非難したり罰したりすることは、怒りの表現としては表面的なものである。怒りをじゅうぶんに表現したいと願うなら、第1のステップは、自分の怒りを相手のせいにしないこと。その代わりに、自分の感情と自分が必要としていることに意識を向ける。自分が必要としていることを伝えることで、相手を悪いと決めつけたり、非難したり、罰を与えたりするよりも、自分の必要としていることが満たされる可能性がはるかに高くなる。

怒りを表現する4つのステップとは、①立ち止まって深呼吸する、②人に非があると決めつけている自分の考えをよく点検してみる、③自分が必要としていることを明確にする、④自分の感情と、必要としているが満たされていないことを表現する。ステップ③とステップ④のあいだに、相手に共感することを選ぶ場合もある。これにより、ステップ④でこちらが自分を表現するときに、相手が耳を傾けてくれる可能性が高くなるだろう。

NVCのプロセスを学ぶ際も実行する際も、時間をかけてじっくり取り組む必要がある。

NVC・イン・アクション

親とティーンエイジャーの会話——生死にかかわる問題

15歳の少年ビルは、家族ぐるみの友人であるジョージおじさんの車を許可を得ずに使った。ふたりの友だちを乗せて車を乗りまわした後、傷ひとつつけることなくガレージに戻しておいた。ジョージはまったくそのことに気づかなかった。後日、ビルのドライブにいっしょに行っていた14歳になる娘のエバから、その一件を打ち明けられた。ジョージはビルの父親に知らせ、ビルの父親はいま息子にそのことで話をしようとしている。父親は、最近NVCを実践しはじめたばかりである。

父親「どうやら、きみとエバとデーブはジョージの車を無断で使ったそうだね」

ビル「ちがうよ。ぼくたちはそんなことしていない！」

父親（大きな声で）「わたしに嘘をつくんじゃない。嘘なんかついてもきみの立場は悪くなるばかりだ！（ここで、息子とのつながりを持ち続けるには、まず自分の感情と自分が必要としていることにつながることが必要だということを思い出した）ちょっとそこに座っていなさい。わたしは考える必要がある」（自分自身の内面に入り、自分がどれだけ怒り、恐れているかを理解した。ビルはもっと分別があってしかるべきだった……息子はなんという嘘つきになってしまったのだろうと自分に怒りをぶつける。ビルの行動はもちろんのこと、息子がこういうことをやらかすことを自分は予測できていなかったため、危うく惨事を招くところだった。それを思うと怖かった。息子にはもっと分別があると思い込んでいたわたしが愚かだった。誰かが命を落としてもおかしくはなかった。そこで彼ははっとした。おお、「愚か」と「嘘つき」というレッテルを自分の感情と必要としていることに言い換える必要があるな。「愚か」という言葉は、わたし自身への失望感だろう。息子のことをもっとよく知っていると思いたかったにちがいない。そして「嘘つき」は、正確な情報を得てこの状況に対応できると信頼したいのに、それができない息子の状態を恐れているということにちがいない。どうやって話を切り出そうかと彼は考えた。その間、沈黙が続いた）「ビル、きみはありのままをわたしにいったら、罰を与えられるのではないかと心配しているのかな？」

ビル「うん。ぼくがパパの気に入らないことをすると、いつだってすごくいじわるになるからね」
父親「つまりきみは、もっと理解されることを必要としていて、自分がしたことに対してもっとフェアに扱われたいということかな?」
ビル「そうだよ。まるでパパが理解して、フェアに扱ってくれるみたいな言い方だね」
父親（言葉に出さずに自分自身にいう。この子にそういわれて自分は腹が立つぞ。わたしがどれほど努力しているか、彼にはわからないのか? これがわたしにとってどれだけたいへんなことか。この努力に対する敬意がほしい。わたしがどれだけ怖い思いをしているのかを少しは気づかってほしい）「どうやら、きみは自分が何をいってもフェアに扱ってもらえないだろうと心配しているようだね?」
ビル「ぼくをフェアに扱うなんて、思ってもいないでしょ? 何かが起きれば、パパはただ誰かを罰しようとするだけ。それに、そんなに騒ぐようなこと? ぼくらが車を持ち出したとしても、誰もケガなんかしていないし、車はもとどおりだ。別に犯罪が急増したってほどのことじゃない」
父親「きみは、車を持ち出したと認めたらひどい目に遭うのではないかと怖がっているのかな。もっとフェアに扱ってもらいたい。そう信じたいと望んでいるんだね」
ビル「うん」

父親（より深くつながるためにしばらく沈黙する）「どうすれば安心につながるだろうか？」

ビル「二度とぼくに罰を与えないと約束して」

父親（ビルに罰を与えても、彼が思慮深くなって先々のことを考えて行動を慎むようになるとは思えない。むしろ、さらにお互いの断絶とビルの抵抗が増すばかりだろう。そう気づいた父親は、ビルの要求に賛成することにした）「わたしとの対話を続けると賛成してくれるなら、わたしはその合意に応じよう。このまま話を続けて、車を持ち出したことで引き起こす可能性のあったことをすべて、きみが自覚したとわたしが納得するまでだ。今後、きみが自分の行動の危険性を理解していると確信できないとき、力にものをいわせるかもしれない。ただし、あくまでもきみを守るために」

ビル「そういうことか！　ぼくがあまりにも愚か者なものだから、パパの力で守ってもらわないと何をしでかすかわからないんだ。ほんと、いい気分だよ！」

父親（彼自身が必要としていることとの接点を見失い、声に出さずにひとりごとをいう。わが息子といえども、殺してやりたくなる……息子のああいう言葉を聞くと、はらわたが煮えくり返る思いだ！　彼はそんなこと気にもとめていないんだろう……ちくしょう、わたしはここで何を必要としているんだ？　わたしが知りたいのは、こんなに懸命にはたらきかけていることを息子が少しは気にとめているのかということだ）

（腹立たしげに声を荒げて）「いいか、ビル。きみがそういうことをいうと、わたしは心底腹が立つ。わたしはこの件で真剣にきみと向き合っているのに、そういう言葉を聞くと……きみは、このまま話を続ける気があるんだろうか。それを知りたい」
ビル「どうでもいい」
父親「ビル、わたしはきみの話に耳を傾けたい。ほんとうだ。これまで何か問題が持ち上がると、そのたびにわたしは逆上してきみを非難し威嚇したが、いまはそうするよりも話を聞きたいと思っているんだ。でも、きみがいまみたいな声色で『自分がすごく愚か者だと知るのはいい気分だ』なんてことをいうと、わたしは自分自身をコントロールするのがとても難しく感じてしまう。だからきみに協力してほしいんだ。でもそれは、非難したり威嚇したりしないで、きみの言葉に耳を傾けてほしいならばの話だ。さもなければ、これまでと同じやり方で今回の問題にも対処するほかないよ」
ビル「すると、どうなるの?」
父親「そうだな、おそらくこんな感じのことをいうだろう。『いいか、2年間は謹慎だ。テレビもなし、車もなし、お金もなし、デートもなし、なんにもなしだ!』」
ビル「それなら、新しい方法でやってもらいたいな」
父親（ユーモアたっぷりに）「きみの防衛本能はまだ損なわれていないようだな。ほっとしたよ。では、心をひらいて正直に話してくれる気持ちがあるかどうか、教えてくれるかい?」

ビル「『心をひらいて』って、つまりどういう意味？」
父親「いま話し合っていることについて、きみが何を感じているのか。ほんとうに感じていることを伝えるってこと。わたしのほうからも、同じようにするよ。（ここでしっかりした口調になる）その気はあるかい？」
ビル「わかった、やってみよう」
父親（安堵のため息をもらす）「ありがとう。きみがその気になってくれてうれしいよ。さて、ジョージはエバを3カ月謹慎にしたそうだ。エバは何もかもいっさい禁止だ。それをどう思う？」
ビル「かわいそうだ。すごくアンフェアだ！」
父親「そのことについて、きみがほんとうはどう感じているかを聞きたい」
ビル「いまいったよ。すごくアンフェアだ！」
父親（ビルが自分の感情とつながっていないことに気づき、推測することにした）「彼女が自分のしでかしたことの責任をとって、たいへんな犠牲を払わなくてはならないことが残念なのかい？」
ビル「ちがうんだ、そうじゃないんだよ。つまり、エバは何もしでかしていない」
父親「では、そもそもきみの思いつきから始まったことに彼女が責任をとらされて、そのことで腹を立てているのかい？」

ビル「そうだよ。彼女はぼくのいうとおりにしただけだ」
父親「きみは、自分がしでかしたことでエバをとんでもない目に遭わせてしまって、内心傷ついているようだね」
ビル「まあね」
父親「ビリー、きみは自分の行動がどんな結果を招くのかを理解できているのかな。わたしはそれを確かめる必要があるんだ」
ビル「まずいことになるだろうなんて、考えていなかった。でも、とんでもないことをしたんだなって、いまは思っているよ」
父親「というより、きみが意図していたのとはちがう結果が出たととらえてもらいたい。どういう結果をもたらしてしまったのか、きみがきちんと理解しているという確証がほしいんだ。自分がしたことについて、いまどういう気持ちでいるのか、聞かせてくれないか？」
ビル「自分はほんとうに愚かだと思うよ……誰かを傷つけるつもりなんて、全然なかった」
父親（ビルの自分への評価を、彼の感情と彼が必要としていることに言い換える）「きみは、あんなことをしてしまったことにがっかりして、悔やんでいるんだね。悪気があってやったわけではないっていうことを、信じてほしいんだね？」
ビル「うん。ぼくは、こんなトラブルを引き起こすつもりなんてなかった。ただ、考えていなかっただけなんだ」

父親「行動に移す前にもっと考えて、はっきりと見通しをつければよかったと思っているのかい?」

ビル（じっくり考え）「うん……」

父親「それを聞いて、ほっとしているよ。ジョージとの関係を修復するために、いま話したとおりのことを彼のところに行って話してほしい。そうしたら、彼は心底安心するだろう。やってくれる気はあるかい?」

ビル「そ、それは……すごく怖いよ。猛烈に怒るだろうから!」

父親「ああ、怒るだろうね。それは結果のひとつだ。きみは、自分がとった行動の責任をとるつもりがあるかい?　わたしはジョージが好きだ。これからも友人としてつきあっていきたい。そして、きみもエバとはこの先も友だちでいたいんじゃないかな?」

ビル「彼女は親友だ」

父親「じゃあ、いっしょに彼らに会いに行くか?」

ビル（怯え、気乗りしない様子）「う、うん……わかった。そうだね、そうしよう」

父親「怖いから、向こうに行ってもひどい目に遭わされないということを知る必要があるのかい?」

ビル「うん」

父親「では、いっしょに行こう。わたしがついていてあげよう。きみが行くといってくれて、父さんは胸を張りたい気分だ」

第11章 紛争を解決する

これまでの章で、NVCがどのようなステップを踏むものであるのかを見てきた。ここではそれを紛争解決に役立てる方法を紹介しよう。紛争の当事者となる、第三者として（依頼され、あるいは自分の意志で）立ち会う、家族やパートナー、同僚、見ず知らずの相手との紛争など、どんなケースであっても、これまで述べてきた原則どおりに進める。つまり、「観察する」「感情を見極めて表現する」「感情とニーズを結びつける」「実行可能な要求を具体的な行動を促す明快な言葉で示す」というプロセスだ。

数十年前からわたしは世界各地でNVCを使った紛争解決に携わってきた。カップルや家族間、労使間の紛争、戦争における異民族同士の紛争など、さまざまなケースを経験している。その経験を通じ、どんな紛争であっても当事者双方が満足のいく解決を導くことは可能であると学んだ。

必要なのは、多大な忍耐力と人間同士の絆を結ぼうとする意志、NVCのプロセスは有効であると信じて原則を守る意志である。

人と人とのつながり

NVCを活用して紛争解決をおこなうにあたってもっとも重要なのは、当事者同士が人としてのつながりを築くことだ。NVCのステップすべてが有効に機能するには、それが欠かせない。なぜなら、人間同士としての関係ができるまで、対立している相手の気持ちやその人が必要としていることを正確に知ろうとはしないから。また、めざすゴールは自分の意向に沿って相手が動く状態ではないことを、当事者双方があらかじめ理解しておく必要がある。その理解があれば、お互いに必要とすることを満たす方法についての話し合いが実現できる（場合によっては驚くほどスムーズに）。

もっとも重要なのは、人と人とのつながりを築くこと。

NVCを活用するということは、新しい価値観に沿って生きつつ、変化を実現しようとすることである。なによりも重要なのは、その過程でのひとつひとつのやりとりが、めざす世界の価値観に従っていること。ひとつひとつのステップが、われわれがめざしているものの質を正確に反映している必要がある。それは、これからつくり出そうとしている人と人との関係性をホログラムのように再現する。変化を求める方法そのものが、実現したい価値観を反映しているのだ。このふたつの目的のちがいをじゅうぶんに理解し、自分の意向を相手に無理強いするのをやめる。その代わり、お互いが相手に関心を寄せ、敬意を払う。自分のニーズが大切であると両者が自覚し、自分のニーズと相手の幸せはそのどちらかが欠けても成り立たない（相互依存）と理解する。それができれば、解決などとうてい見込めないだろうと思われる紛争が驚くほどあっけなく解決してしまうのだ。

わたしは紛争の調停を依頼されると、当事者双方が相手に関心を寄せ、敬意を抱けるような関係を育めるように促す。多くの場合、この部分がいちばん難しい。そのステップを踏んでから、双方にとって満足のいく具体的な戦略づくりを促す。

わたしが「妥協」ではなく「満足」という言葉を使っていることに注目していただきたい。紛争解決といえば、双方の妥協点をさぐろうとする場合が多い。全員が何かをあきらめ、どちら側も満足しないという決着だ。一方、ＮＶＣは全員が必要とするものを得られる方法で決着をつけることをゴールとしている。

従来の調停方法と何がちがうか

紛争の調停役という立場でＮＶＣを活用する場合、人と人とのつながりをどう育むのかについて考えてみよう。個人と個人、あるいは集団同士が対立し、自力では解決できない状況に立ち会う際、わたしのアプローチの仕方は多くのプロの調停者のそれと大きく異なる。

以前オーストリアで国際的な紛争に取り組むプロの調停者たちと話す機会があった。彼らが手がける調停には労使の紛争も含まれていた。わたしは過去に調停した紛争について、いくつかのケースを紹介した。たとえば、カリフォルニアの地主と出稼ぎ労働者の暴力沙汰もからむ紛争や、アフリカの部族間の調停の経験（この件については『「わかりあえない」を越える』〔海士の風〕でくわしく述べている）など、非常に深刻で危険な紛争などについて。

ある人物から「調停にあたる際には、状況を把握するのにどれくらい時間をかけるのか」という質問が出た。彼が指摘したとおり、多くの調停者は紛争の当事者同士の関係を築こうとするより、争点を把握し、そこに焦点をあてて調停を進める。実際、第三者が調停者となるケースでは紛争の当事者同士が同席しないことも珍しくないのだ。わたし自身、紛争の当事者として調停に参加した折には、対立する人々とわたしたちは別々の部屋に入り、調停者がふたつの部屋を行き来した。調停者はわたしたちに「相手側にどうしてもらいたいですか？」とたずね、次に相手側の部屋に行ってその要求を伝え、のむつもりがあるかどうかを確認した。調停者がふたたびわたしたちの部屋にもどり、「彼らはあなたたちの要求を実行する意志はないそうですが、こういう提案が出ました。どうです？」と伝えるというプロセスが続いた。

調停者の多くは、全員が合意に達する方法を考える「第三者」であることが自分の役割だと規定する。彼らは、人と人との関係をより質の高いものにしていくことにはまったく目を向けようとしない。彼らが見逃している部分にこそ、わたしは紛争解決のツールを見出してきた。これまでの経験から唯一、機能するツールを。オーストリアの会合でわたしがNVCのメソッドを説明し、人間同士のつながりが発揮する効果を説明したところ、参加者のひとりから「それは心理療法である。われわれ調停者は心理療法家ではない」という発言があった。

しかし、わたしの経験上、このように人と人をつなぐことを心理療法と呼ぶのは妥当ではない。この部分こそ、まさに調停の核なのである。人と人とのつながりができれば、おおかたの問題は自然に解決する。第三者が「どの部分に合意できますか」と双方に確かめるのではなく、それぞれが何を必要としているのか（いま相手に対して何を必要としているのか）を明確にできれば、どうすれば全員のニーズが満たされるのかを模索できる。調停が終了し、部屋を出た後、実行に移すことに同意できる手段がここで見つかる。

人と人とのつながりができれば、おおかたの問題は自然に解決する。

NVCによる紛争解決のステップ

紛争解決のプロセスを深く掘り下げる前に、紛争の当事者となった場合、どんなステップを踏んで解決に至るのかについて簡潔に紹介しよう。ステップは次の5つ。ここでは話を単純にするために、まず、こちらの欲求を伝えたとしよう。実際には、何を必要としているのかをどちらから述べてもよい。

1 自分が何を必要としているのかを述べる。

2 相手が何を必要としているのかをさぐる。彼らがどのように表現していたとしても、その奥に隠れている真のニーズを理解する。相手の言葉が欲求ではなく意見や評価、分析であれば、そうと認識したうえで、ほんとうは何を必要としているのかを模索する。

3 相手のニーズを正確に認識しているかどうかを双方が確かめ、認識していないとわかれば、相手の言葉の奥にあるニーズをさらに模索する。

4 お互いが必要としていることを正確に聞き取るために要する、じゅうぶんな共感を寄せる。

5 紛争の当事者がいまこの状況でどんなニーズを満たしたいのかが明らかになったところで、解決するための手段を、行動を促す肯定的な言葉で提案する。

相手に非があると暗に示唆する言葉を避けながら、終始、お互いに最大限の注意を払って相手の話に耳を傾ける。

相手に非があると
暗にほのめかす言葉は避ける。

ニーズと手段、分析について

ＮＶＣによる紛争解決には、ニーズを理解し表現することが不可欠となる。これについては本書を通じて述べているが、とりわけ第5章で重点的に述べたことを、ここで振り返ってみたい。基本的にニーズとは、生命を維持するためにどうしても必要なものである。具体的なものとしては、空気や水、食料、休息など。さらには、理解や支援、正直さ、意味など、心理的なものもある。人はみな、国籍や宗教、性別、収入、教育などのちがいを越えて基本的に同じことを必要としているとわたしは信じている。

次に知っておきたいのは、何かを必要としていることと、それを満たすための手段は別物であるということ。紛争を解決する際には、このふたつのちがいを明確に認識しておかなければならない。

自分が何を必要としているのかを表明するのは、そうたやすいものではない。なぜなら社会のなかでわたしたちは批判や傷つけ合い、さもなければ断絶をもたらすかたちでコミュニケーションをとるよう、身につけてしまっているからだ。ほとんどの場合、紛争の当事者たちは、自分がいかに正しく相手がいかにまちがっているかを延々と主張するために多くの時間をかける。自分が何を必要としているのか、相手は何を必要としているのかを考えないまま。激しい言葉の応酬は、いつしか暴力へ、さらには戦争へとエスカレートしてもおかしくない。

必要としていることと、それを満たすための手段を区別するには、次のことを心得ておくとよい。「必要としていることを言い表す際、そのなかには特定の誰かによる特定の行動は含まれていない」。一方で、必要としていることを満たすための手段は、特定の人が特定の行動をとることを念頭に置いた依頼や願望、要求、解決策のかたちをとりやすい。

たとえば、結婚生活が破綻寸前に追い込まれたある夫婦のケースで、わたしは夫にこうたずねた。「結婚生活であなたは、どんなニーズが満たされることを望んでいますか?」。それに対し彼は「この結婚にピリオドを打つ必要があるのです」と答えた。それは特定の人物（夫自身）が特定の行動（離婚する）をとることであり、あくまでも手段であってニーズの表明ではない。

わたしは夫にそれを指摘し、この「結婚にピリオドを打つ」という手段を実行に移す前にまず、夫婦双方が何を必要としているのかを明確にするように提案した。いざ夫婦が自分自身、そして相手が何を必要としているのかを理解すると、結婚生活にピリオドを打つ以外の手段でそれを満たせると彼らは気づいた。夫は激務から生じるストレスに苦しんでいた。妻がそれを認識し、理解してくれることを必要としていた。妻は、仕事に忙殺される夫と親密な時間をもちたい、つながりをもちたいと望んでいた。

相手が何を必要としているのかをじゅうぶんに理解した夫婦は、仕事で多忙な夫の状況をふまえ、双方が満足するいくつかの合意事項をまとめることができた。

別のカップルの場合、何を必要としているのかを表明する能力、つまり「ニーズ・リテラシー」が弱いために、相手を分析する発言と区別がつかなくなり、とうとう肉体的暴力へとつながってしまった。わたしは彼らの調停を依頼された。ある職場で研修をおこなった際、終了後に男性が涙ながらにいまの状況を打ち明け、自分たち夫婦と個別に会ってもらえないだろうかとわたしにたずねたのだ。

わたしは承諾し、その夜、彼らの自宅に出向いた。夫妻を前にわたしはまず、「おふたりとも、たいへん苦しんでいるようですね。いま相手との関係においてどんなニーズが満たされていないのか、それを聞かせてもらいましょう、互いに何を必要としているのかを理解すれば、それを満たすための戦略の話し合いに進めるはずです」と述べた。

「ニーズ・リテラシー」が欠けている夫は、さっそく妻に「きみはわたしが何を必要としているのか、まったく無頓着だ。それがきみの問題だ」といった。

妻も同様の態度でこたえた。「あなたはいつもそんなふうに偏った見方をする!」

どちらも何を必要としているのかを表明しているのではなく、分析だ。分析されると、聞き手は批判されていると受けとめやすい。しかし、本書ですでに述べたように、相手の言動を分析し非があると暗にほのめかす言葉は、実質的に満たされていないニーズの悲劇的な表現なのである。このカップルの場合、夫はサポートと理解を必要としていたが、それは妻の「無頓着さ」と表現されている。妻もまた、正確に理解されたいというニーズを抱えているにもかかわらず、夫は

「偏った見方をする」と言い表した。夫と妻、双方の真のニーズが言葉になるまでに時間がかかったが、お互いのニーズを認識し尊重しあうことで、ようやく長年の対立の解消に向けた手段をさぐるプロセスへと歩き出すことができた。

ある会社では、社内の深刻な対立が原因で社員の士気も生産性もガタ落ちとなり、わたしは調停を依頼された。同じ部署のふたつの派閥が、使用するソフトウェアをめぐって争い、感情的にもかなりエスカレートしていた。一方は、いま使っているソフトウェアの改良に熱心に取り組み、今後も引き続き使用することを望んでいた。対する側は、新しいソフトウェアの開発を強く望んでいた。

わたしはまず、それぞれのソフトウェアは彼らのどんなニーズを満たしてくれるのか、双方にたずねた。それに対し、どちらの側も相手を知的に分析する発言をし、言われた側はそれを批判として受け取った。新しいソフトウェアを求める側からは、「必要以上に保守的でいることは可能でしょう。しかし、それを選択すれば、将来的に仕事を失う事態になりかねません。リスクをとってこそ発展していけるのです。自分たちは古くさいやり方に固執せず先進的であると示すことができるのです」という発言があった。相手側から反論が出た。「しかし、次から次へと新しいことに飛びつくのは、われわれにとって得策とは思えない」。すでに何カ月も繰り返されてきたやりとりだった。分析の応酬は両者の緊張を高める結果にしかならなかったと両者

知的な分析は、批判として受け取られがちである。

ともに認めた。

自分が何を必要としているのかを率直かつ明確に表現する方法を知らず、批判と受けとめられるような分析の仕方しか知らなければ、それが言葉であれ、心理的なものであれ、肉体的なものであれ、何らかの争いになるまでに時間はかからないだろう。

言葉にまどわされず、相手はじつは何を必要としているのかを感じ取る

NVCを活用して紛争解決する際に重要なのは、どのように表現されていても、必要としていることをそこから聞き取る技術を身につけることだ。どんなかたちのメッセージであっても、発信者が必要としていることにそれを翻訳する。人の役に立とうと思ったら、このことをまっさきに学ぶ必要がある。沈黙や拒絶、相手に評価を突きつける発言、身ぶり、あるいは依頼などというかたちであっても、そこから必要としていることを聞き取る技術を磨く。最初は推測に頼る部分も多い。

たとえば、話し合いの途中で相手に質問し、「それはバカげた質問だ」という言葉が返ってきたら、評価を下すというかたちではあってもじつは必要とすることが表現されていると受けとめる。そして、何を必要としているのかを推測する。彼には理解されたいという思いがあり、わたしからの質問がそれを満たしていな

どのような表現であっても、必要としているものをそこから聞き取ることを学ぶ。

かったのかもしれない。仮にわたしがパートナーに、わたしとの関係にどんなストレスを感じているのかを聞きたいといい、相手が「それについては話したくない」と答えたら、次のような推測ができる。相手は、わたしとの関係についての話し合いがもたらす結果を予想し、それから自分を守る必要があるのかもしれない。一見すると必要としていることが何も明らかにされていない表現から相手のニーズを見極めることが、わたしたちの務めである。それには練習が、そしてつねに多少の推測が必要だ。相手が何を必要としているのか見当がつけば、確認して確かめることができる。そして、それを言葉にする手助けができる。必要としていることを聞き取れれば、相手との関係が新しい段階に入る。この関係を築けるかどうかが、紛争解決に進むための重要なカギだ。

夫婦を対象としたワークショップでは、もっとも長期間対立が続いているカップルを選ぶ。そして、相手が何を必要としているのかを互いが言葉で述べることができれば、20分以内に紛争は解決するというわたしの予測を実証してみせる。金銭のことで39年もいさかいが続いている夫婦がいた。結婚後半年のうちに妻は二度、夫婦の小切手用当座預金口座の残高をマイナスにした。そこで夫は家計管理のいっさいを取り仕切り、妻が小切手を切るのを禁じた。以来、そのことに関して夫婦は揉めている。

妻は自分たちの結婚生活は順調で意思疎通もよくできているが、これだけ長く揉めている問題がそうやすやすと解決できるはずはないと、わたしの予測に異議を唱えた。

そんな彼女に、この対立に関して夫が必要としていることを理解しているかどうかたずねてみた。

「彼がわたしにお金を使わせまいとしているのは明らかです」と彼女は答えた。

すると夫が「バカバカしい！」と叫んだ。

妻の発言は、手段にあたるものである。夫が自分にお金を使わせまいとしていると述べる彼女は、夫側の「手段」を正確に言い当てても、夫が「必要としていること」はつかめていない。再びここで区別しておくべき事柄がある。わたしの定義では、ニーズには特定の行動は含まれない。もちろん、お金を使う、使わないといったことも。そこでわたしは彼女に「誰もが同じニーズをもっています。夫が必要としていることをあなたが理解できれば問題は解決できます」と話した。「夫が必要としていることを言葉にしてみてください」と再度、妻を促すと、「夫は夫の父親とそっくりです」と述べ、夫の父親はお金を使うことをひどく嫌っていたのだと続けた。彼女のこの発言は、分析にあたる。

わたしは彼女をさえぎり、もう一度たずねた。「彼は何を必要としていますか？」

39年も「意思疎通がよくできていた」にもかかわらず、妻は、夫が何を必要としているのか見当もつかなかった。

わたしは夫にたずねた。「奥様はあなたが必要としていることを理解していません。あなたから話してはどうですか？　小切手帳を渡さないことで、あなたは、あなた自身のどんなニーズを満たしているのでしょう？」

それに対し彼は、「マーシャル、彼女はすばらしい妻、そしてすばらしい母親です。しかし、ことお金となるとまったく無責任だ」と述べた。「まったく無責任だ」と相手に評価を下す言葉は、紛争の平和的な解決を遠ざける表現を象徴するものである。相手から批判されている、決めつけられている、曲解されていると感じると、自己防衛に走ったり批判し返したりすることにエネルギーを注いでしまい、解決する方向にはなかなか進まない。

批判と評価は、紛争の平和的な解決を遠ざける。

妻を無責任だという夫の言葉の奥にはどんな感情があるのか、何を必要としているのかをわたしは聞き取ろうとした。「家族を経済的に守る必要があるから『怖い』と感じているのですか？」。まさにそのとおりだと彼はいった。正しく推測できていたというわけだ。一度で正しく言い当てる必要はない。たとえまちがっていたとしても、彼が何を必要としているのかに焦点をあてる（肝心なのはそこだ）。実際、不正確な推測だったとしても、ほんとうは何を必要としているのかを彼自身が見つめるのに役立つかもしれない。そうすることで、人は分析から抜け出し、人と人とのつながりへと向かう。

必要としていることを聞き取れたか

夫はついに、自分が何を必要としているのかを自覚した。家族の安全の確保だ。次のステップは、それを妻が確実に聞き取ること。これは紛争解決においてきわめて重要なステップだ。一方の側が明確に表明したからといって、相手が正確に聞き取ったと判断するのは禁物だ。さきほどのカップルの妻にわたしはたずねた。「あなたの夫がいま、何を必要としているのかについてどう聞き取ったのか、教えてもらえますか」

「ですから、過去に銀行口座を二度マイナスにしたからといって、この先も同じ失敗を繰り返したりしません」

こういう反応は、とりたてて珍しいものではない。誰もが明確に理解できるかたちで表現できても、長年積もり積もった痛みが邪魔して正しく聞き取れないこともある。わたしはさらに妻に話しかけた。「いまわたしが聞き取ったことを述べますから、それを繰り返してみてください。あなたの夫は、家族を守る必要を感じている、家族の安全を確保したいから怖い。わたしにはそう聞こえました」

共感の力で「聞き取ることを妨げる痛み」をやわらげる

けれども彼女はやはりわたしの言葉を正確に聞き取ることができなかった。それほど苦痛が大きかったのだ。ＮＶＣのプロセスで紛争を解決するには、ここでもうひとつのスキルを使う。あまりに感情が高ぶり、相手の言葉を聞き取る余裕がない人物に対しては、まずは共感を寄せてみる。このケースでもわたしは路線を変更し、彼女に夫の言葉を繰り返してもらう代わりに、いま彼女が抱えている心の痛みを理解しようとした（夫の言葉を聞き取れないほどの強力な痛みだ）。特に苦しんだ歳月が長いほど十分な共感をさしのべることが必要となる。どちらの側も自分の苦しみが認められ、わかってもらえたと安心できるまで。

相手の言葉を聞き取る余裕がない者に対しては、まずは共感を寄せることがしばしば必要となる。

わたしは妻に対し共感をこめて言葉をかけた。「とても傷ついているのですね。あなたが必要としているのは、過去の経験から学べると信頼されることではないですか」。そのまなざしは、彼女がどれほど理解されることを必要としているかを示していた。そして、彼女はこう答えた。「はい、そのとおりです」。そこで再度、夫の発言を繰り返すよう促すと、「彼は、わたしがお金を使いすぎると考えています」という答えが返ってきた。

わたしたちは自分が何を必要としているのかを表明することに慣れていない。そしてたいていの人は、他者が必要とするものを聞き取ることにも慣れていない。この妻に聞こえているのは、夫の側から出た批判や辛辣な評価だけだった。わたしは彼女に、夫のニーズだけに焦点をあてて聞くように促した。夫が必要としていること（家族の安全）をわたしが2回繰り返すと、ついに妻はそれを受けとめた。それから何度かのやりとりの末、夫婦は互いが何を必要としているのかを聞き取った。そしてわたしが予測したとおり、小切手帳に関する互いの要望を理解すると、39

年目にしてようやく、20分もしないうちに双方のニーズを満たせる具体的な方法が見つかった。

紛争の調停を長年続け、家族同士あるいは国家間の争いから戦闘状態になる経緯を知るにつれ、ある思いが強くなった。紛争の解決はたいていの小学生にできる。「お互いが必要としているものはこれとこれです。使えるものはこれだけあります。必要としていることを満たすためにどんなことができるでしょうか」と問いかけて、答えが出ればあっさりと紛争は解決するだろう。しかし、わたしたちはレッテル貼りをしたり評価を下したりして人間性を損なう考え方に焦点を当て、どれほど単純な対立であってもこじらせてしまう。ＮＶＣを活用すれば、そういう事態に陥らず円満な解決が期待できる。

肯定的な行動を促す現在形の言葉で紛争を解決する

第6章では肯定的な行動を促す現在形の言葉を使うことについて述べたが、それが紛争解決においても重要であることを示す例をいくつか紹介しよう。紛争の当事者が互いに相手のニーズを理解したら、それを満たすための手段を模索するステップに進む。だが、あわてて手段のステップに進んではいけない。急ぎすぎると単なる妥協に終わってしまい、誠実さが導く真の解決へとこぎつけることができなくなる。それよりも、まずは何を必要としているのかを互いにじっくりと聞き取り、それから解決法に取り組む。そうすれば、一時的な合意とならない可能性がはるかに高くなる。紛争解決のプロセスは、お互いが必要とすることが満たされる行動を導くことで完了する。肯定的な行動を促す現在形の明快な言葉で解決手段を提示できれば、対立は解決へと動いていく。

「いまこの瞬間」の要求に絞って、相手が「現在形で答えられる言葉」で述べる。たとえば、「○○をするつもりがあるか、教えてもらえるだろうか」と述べれば、どんな行動を相手に望んでいるのかを表明できる。「……してもらえるだろうか」という表現を含んだ現在形の要求は、相手を尊重しながら話し合いを進めるのに役立つ。「そのつもりはない」という答えが相手から返ってきたら、何が彼らを阻んでいるのかを理解するための次のステップに移るきっかけになる。

一方、「土曜日の夜に、わたしといっしょにショーに行ってほしい」という要望は、いまこの瞬間、相手に何を求めているのかを伝えてはいない。それよりもいま確かめたいこと、たとえば「土曜日の夜に、わたしといっしょにショーに行くつもりがあるかどうか、聞かせてほしい」とたずねればわかりやすいリクエストとなり、スムーズなやりとりを続けていきやすい。相手に対して望むことをもっと明確にするには、「土曜日にわたしといっしょにショーに行くことについて、あなたがどんなふうに感じているのかを聞かせてもらえますか?」と、いまこの瞬間、相手に期待していることを伝える。それが明確であればあるほど、より効果的に解決に向かう。

動作動詞を使う

第6章で述べたように、NVCは行動を促す言葉で相手に要求を出すことを重視する。紛争解決のプロセスでは、自分が「望まない」ことではなく「望む」ことに焦点をあてることがとくに大事だ。何を「望まない」のかを言い出すと、話が混乱し、当事者間に抵抗が生まれる。

動作動詞で行動を促す。

相手の行動を促すには、動作を表す「動作動詞」を用い、曖昧さを伴う言葉や攻撃と受けとめられがちな言葉を避ける。ある女性の例を紹介しよう。彼女はパートナー（彼女の人間関係のうち、もっとも重要な存在）に理解されたいのに、それが叶えられていないと述べた。彼女のパートナーはそれを正確に聞き取り、理解されたいという彼女の要求を伝え返した。わたしは彼女のほうを向き、「では、これから手段について考えていきましょう。理解されたいというニーズが満たされるためにパートナーに何を望みますか？」とたずねた。彼女はパートナーと向き合った。「わたしがあなたに話しているときには、聞いてほしい」。するとパートナーは鋭く切り返した。「きみが話しているときには、ちゃんと聞いている！」。話してるときは聞いてほしいという要求を非難だと受けとめて憤りを感じることは決して珍しくない。

彼らのやりとりは堂々巡りして、パートナーは「わたしは聞いている」と繰り返し、女性は

「いいえ、あなたは聞いていない」と反論した。この「会話」を12年も続けているという。「聞く」という言葉は必ずしも明確ではない。漠然とした表現で手段を表明すると、彼らのような状況に陥りがちだ。そんなふたりにある提案をした。ここからは動作動詞を使い、「目で見たり耳で聞いたりできる何かを表現しましょう。ビデオカメラで撮れるようなことを」と。聞くという行為は人の頭のなかで実行されるので、傍の者が目で見てもわからない。実際に聞き取っているかどうかを確認するには、発言内容を伝え返してもらうという方法がある。客観的に見たり聞いたりできる行動であらわしてほしいと頼むのだ。いま聞いたことをいってもらえれば、確かに耳を傾けていたのだと確認できる。

もうひとつ、夫婦間の紛争の例をあげよう。妻は自分の選択を夫が尊重しているかどうかを確かめたいと考えていた。自分が必要としていることを彼女は表明し、そのニーズを満たすための手段を明らかにするステップに進んだ。彼女は夫に次のような要望を伝えた。

「わたしが成長してほんとうの自分になる自由を与えてほしい」。夫は「そうしている」と答えた。先のカップルと同様、「そうしている」「いいえ、あなたはしていない」の不毛なやりとりが続いた。

「成長する自由が欲しい」など、行動に直結しない言葉を使うと紛争が悪化しがちだ。この例では夫は、自分が傲慢であると裁かれているように受けとめた。その伝え方ではあなたの望んでいることが明快になっていませんと、わたしは彼女に指摘した。「自分の選択を尊重してもらいたいという要望が叶えられるには、相手がどんな『行動』をとればいいのか、それを具体的な要求として伝えるのです」

「わたしが自由でいることを許して」。わたしは彼女をさえぎった。「許す」というのはあまりにも曖昧だ。「許してほしいと誰かに望む場合、具体的には何を意味していますか?」

数秒間考えて彼女は重要なことを理解した。「わたしが自由でいることを許してほしい」「わたしに成長する自由を与えてほしい」という言葉のほんとうの意味は、自分が何を選択しようと夫には「いいよ」といってほしいということなのだと。

紛争を解決するための重要なカギは、相手に対する敬意を持ち続けること。

夫に対する真の要望（夫から聞きたい「答え」）が明確になったとき、それは、夫が夫らしくいる自由と夫の選択が尊重される機会を奪うものであることを妻は理解した。紛争を無事に解決するための重要なカギは、相手に対する敬意を忘れずにいることだ。

「ノー」を翻訳する

誰かに対して要望を表明するとき、相手がそれを受け入れるかどうかはともかく、相手の反応に対して敬意を払うことがとても大切だ。わたしが目にした多くの調停の中味は、当事者たちが根負けしてどんな妥協も受け入れるようになるまでひたすら待つというものだった。全員のニーズが叶えられ誰も何も失わない、という解決からはほど遠い。

第8章では、「ノー」を拒絶として受けとめないことが大切だと述べた。「ノー」の奥にあるメッセージを注意深く読み取れば、相手が何を必要としているのかを理解しやすくなる。相手が「ノー」というとき、彼らは、こちらからの要望に「イエス」と答えるのを妨げているニーズがあるといっているのだ。「ノー」の裏にあるニーズがわかれば、紛争解決のプロセスを継続できる。こちらが提示した特定の手段に「ノー」といわれても、引き続き、お互いが必要とすることを満たす方法を見出すことに焦点をあてていくことができる。

NVCと調停者の役割

本章ではここまで、わたしが紛争の調停役を務めた経験をいくつか紹介しながら、紛争の当事者になった場合にNVCをどう活用するのかを述べてきた。調停者の立場で紛争の解決に携わり、NVCのツールを使おうとする際には、いくつか心に留めておくべき点がある。

役割を明確にし、プロセスを信頼する

紛争に調停者としてかかわる際には、まず自分の立場を表明するところから始めるとよい。ど

ちらの側にも与せず、当事者双方が互いの言葉に耳を傾けられるよう援助し、全員のニーズを満たす解決策を導く手伝いをすることが調停者の役割であると理解してもらう。また、状況に応じて、ＮＶＣのステップを踏むことで当事者双方のニーズを満たすという調停者の自信を伝えてもよい。

「自分ごと」ではない

本章のはじめに、めざすゴールは、自分の意向に沿って相手を動かすことではないと述べた。調停者として紛争に携わる場合も同じだ。紛争の解決策について自分なりの思いがあるかもしれないが（家族や友人、同僚同士の紛争の場合にはとくに）自分のゴールを達成するためにこの場にいるのではない、と心得ておく必要がある。対立する両者が、人としてのつながりを築き、自分が必要としていることを互いに表明し、相手が何を必要としているのかを理解し、それを満たすための手段に到達できる環境をつくることが、調停者の役目である。

めざすゴールは、自分の意向に沿って相手を動かすことではない。

応急手当としての共感

調停者になったとき、わたしは、当事者双方がじゅうぶんにそして正確に理解されるよう意図していることを強調する。にもかかわらず、どちらかに共感を示すやいなや、相手側から非難が出ることがある。一方をひいきしたというのだ。そんなときに必要となるのが、応急手当としての共感だ。「あなたは自分の主張が取り上げられることを保証してほしいと望んでいて、いらだっているのですね？」

このように共感の言葉をかけてから、ここでは全員が主張を述べる機会があり、必ず次に順番が回ってくることを思い出してもらう。このとき、順番を待つことに同意しているかどうかを確認するとよい。たとえば、「安心できましたか。それとも、話を聞いてもらう機会がすぐくることをもっとしっかり保証してほしいのですか？」といった問いかけで。

必要に応じてこうしたやりとりを繰り返し、軌道からはずれないようにしながら調停を進めていく。

バウンドするボールについていく

調停者は、両者がニーズを表明し、互いにそれを聞き取り、自らの要望を出すという機会を確実に提供する。そのためには、ひとつひとつの発言に注意を払い、「スコアをつける」必要がある。また、「バウンドするボールについていく」のも調停者の務めだ。一方の話がどこで中断したかを憶えておき、もう一方の発言の後に話を継続することができるように。

これはそう簡単なことではない。とりわけ、話し合いがヒートアップした場合などは容易ではない。そこで活躍するのが、ホワイトボードやフリップチャートだ。発言者が表明した感情やニーズのエッセンスを記録する。

こうして可視化すれば、発言者が必要としていることはこの調停では必ず取り上げられると示せる。というのも、一方の当事者が必要とすることを最後まで言い切らないうちに、もう一方の当事者が割り込んできて自分の必要とすることを発言する事態がよく起きるからだ。表明されたニーズを全員が見られるように書きとめておけば、自分のニーズはこの場で必ず取り上げられると安心できるはずだ。その結果、いまこの瞬間の発言に全員が集中しやすくなる。

現在形のやりとりをする

調停者として心がけるべき、もうひとつの大切なことは、いまこの瞬間についての意識だ。いまこのとき誰が何を必要としているのか、どんなことを要望しているのかを考える。この意識を維持するにはかなりの「編集」が必要で、たいていの人はそのやり方を教わっていない。

また、調停のプロセスでは、過去の件にまつわる議論や今後に向けた各々の展望などが相次いで出てくることを覚悟しよう。しかし、紛争が解決しうるのは、いまこの瞬間においてのみである。だから、いまこの瞬間にフォーカスする必要がある。

プロセスを中断させない

話し合いが膠着状態に陥らないようにすることも、調停者の役割のひとつだ。よく見られるのが、「あと1回同じ話を繰り返しさえしたら、相手はこちらを理解し、望みどおりのことをしてくれるに違いない」という思い込みによって引き起こされる膠着状態だ。

調停者は、効果的な質問をして話し合いを進める。また、必要に応じて話し合いのペースを維持したりスピードアップしたりする。ワークショップをおこなうためにある小さな町を訪れ、そのイベントの主催者から個人的な相談を受けたときのことだ。資産の分配をめぐり家族同士で対立しているので力を貸してほしい、と打ち明けられた。わたしは、ワークショップの合間が3時間しかないことを知りつつ調停役を引き受けることにした。

一家は大きな農場を所有し、主である父親の引退を機に息子ふたりが土地の分配をめぐって激しく対立していた。兄弟は農場の同じ側のごく近いところに暮らしながら、もう8年も口をきいていなかったのだ。その兄弟と彼らの妻たち、姉妹らが集まった。全員が、法律のからむこの件の関係者であり、8年間ものあいだ苦しんでいた。

話し合いを前に進めていくために、そして限られた時間内におさめるためにも、調停を進めるスピードを速める必要があった。出席者が同じストーリーを繰り返せば、時間が足りなくなる。そこで、兄弟のひとりに、わたしがあな

調停のプロセスをスピードアップさせるために、ロールプレイを活用する。

たの代役を務めてもいいですかとたずねた。「あなたの役をわたしが演じてもいいですか」と。次に、兄弟のもうひとりの役も演じることにした。

わたしはふたりの役を演じながら、「正しくやれているかどうか、監督に聞いてみたい」と冗談まじりにいった。本人を見ると、予想外のことが起きていた。彼は涙ぐんでいたのだ。深い共感を得ているのだとわたしは推測した。わたしが演じている彼自身に、そしていまのいままで気づかずにいた兄弟の苦しみへの共感を感じているにちがいない。翌日、兄弟の父親がわたしに会いにやってきた。彼も目に涙を浮かべ、前日の晩に家族そろって8年ぶりに外食をしたと語った。兄弟は長年対立し、互いに弁護士を立ててても合意できずにいたのに、ロールプレイによって相手の苦しみを知り、相手が何を必要としているのかを理解できたことであっさりと解決したのだ。それぞれが自分でストーリーを語るのを待っていたら、解決するまでに相当の時間がかかっただろう。

このメソッドを取り入れて調停を進める際にわたしは、いま演じている本人を「わたしの監督」と呼び、これでいいのかどうか確かめるようにしている。当初わたしは、自分に演技の才能があるのだと勝手に思い込んでいた。というのも、何度となく彼らが泣いて「ずっとそれをいいたいと思っていました！」といったからだ。しかし、このロールプレイのメソッドを教えるようになってわかったのは、自分のニーズを自覚している人なら誰にでもできるということだ。状況がちがっていたとしても、人が必要としていることに変わりはなく、それは普遍的なニーズなのだ。

仕事上、レイプや拷問の被害者と会うこともある。その場にいない加害者を推測をまじえながら演じると、わたしの発言が加害者そっくりだと驚かれる。「なぜあなたが知っているんですか？」と被害者は強い口調でたずねる。その問いに答えるとしたら、「演じているときのわたしは、その人物そのものだから」。わたしだけではなく誰もがそうなのだ。その人の感情とニーズについて思考をはりめぐらせているときは、直面している問題についてあれこれ考えるのではなく、ただその人になりきるために相手の立場に立とうとする。正しく演じなければという思いはない。ただ、つねに正しくできているわけではないので、ときどき「監督」に確認する。いつもまちがいなくやれる人などいないし、それはそれでかまわない。不正確であれば、当人がわたしたちに知らせようとするだろう。そうなれば、よりいっそう正確な推測ができる可能性がひらける。

ロールプレイとは、ただ単純に相手の立場に立ってみること。

割り込み

調停のさなかに怒鳴り合いになったり、相手の話の腰を折ってしゃべり出したりするなど、ヒートアップするときもある。そんなとき、調停者は、プロセスを目的どおりに進めるために割り込むことにも慣れる必要がある。イスラエルで調停者を務めたとき、礼儀正しすぎる通訳にもっと強引にやれと指示した。「彼らを黙らせろ！　少なくとも通訳に最後までしゃべらせてから怒鳴り合えと彼らにいいなさい」と命じた。そして両陣営が同時に怒鳴ったりしゃべったりしたときには、遠慮なく割り込んだ。「すみません、ちょっといいですか！」と。こちらに注目が向くまで声のかぎりに何度も繰り返す。

彼らの注意をこちらに向けるには、迅速に事を進める必要がある。割り込みに反応してくるときは、あまりにも苦痛が大きすぎてこちらの言葉を聞けないからだろうと察する。こうしたときこそ、応急手当としての共感をする。具体的な例として、あるビジネスの会合のケースを紹介しよう。

発言者「毎回こんな調子だ！　彼らはすでに3回も会議を招集した。その都度、なぜできないのかという新しい理由を持ち出してくる。前回、彼らは契約書に署名までしているというのに！　今度は別の約束だ。この先もきっとこんな調子で、また別の約束をするんだろう！　こんな連中と仕事をする意味など……」

調停者「すみません、ちょっとすみません、いいですか！　相手側が何といったのか、言い返してもらえますか？」

発言者（相手が何をいったのか聞いていなかったことに気づく）「それはできません！」

調停者「いま不信感でいっぱいで、彼らは約束を守ると信頼できることをあなたは必要としているのですね？」
発言者「それは、もちろんそうですが……」
調停者「では、彼らの発言から聞こえたことを伝え返してもらえますか？　わたしが彼らの言葉を繰り返しましょう。『一貫性を持つことを本当に大切にしている』と彼らがいっているのが聞こえました。お互いが理解できていることを確認できるよう、これだけ繰り返してもらえますか？」
発言者（沈黙）
調停者「ノー、ということですね？　では、もう一度繰り返します」
わたしたちは同じやりとりを繰り返した。

調停者の役割は翻訳者のようなものかもしれない。当事者双方のメッセージをわかりやすく相手に伝える。「わたしが割り込むのは紛争解決のためなので、どうか慣れてください」と頼むようにしている。実際に割り込むときには、その話し手の発言を自分が正確に翻訳できているかどうかを当人にたずねる。推測をまじえながらたくさんのメッセージを翻訳することになるが、それが正確であるかどうかを決めるのはつねに話し手である。

割り込むのは、調停のプロセスに戻るため。

なぜ、割り込みをして当事者たちの注意を惹きつけるのか。それは「観察する」「感情を見極めてそれを表明する」「自分のニーズと感情を結びつける」「明確で具体的で行動を促す肯定的な言葉を使い、実行可能な要求を出す」プロセスを続けるためである。そのことを自覚しておくことが大切だ。

当事者双方が直接顔を合わせることに「ノー」という場合

「自分たちが何を必要としているのか」「相手に何を要求するのか」を表明すべく紛争当事者を集められたときにはどんなことが起きるか。これについてわたしは楽観的な立場をとっている。一方、これまでの経験でつくづく難しいと実感したのは、当事者両方とやりとりするまでの過程だ。それぞれが自分の必要としていることを明確にするには時間がかかるため、双方が自分のニーズを表明し、相手のニーズを受け取るには、調停者がじゅうぶんに手間をかける必要がある。「会いません。話しても無駄です。彼らは聞く耳を持ちませんよ。これまでも話そうとしましたが、無駄骨でしたから」と当事者が言い張ることもしばしばだ。

当事者たちが会おうとしない状況をなんとかするために、わたしはいろいろな戦略を模索した。なかでも効果的だったのはレコーダーで音声を録音する方法だ。わたしはそれぞれの当事者と別々に話をするが、その際には、対立する相手側を演じる。積もり積もったものが大きすぎて対面できないという人が身近にいる場合、この方法はひとつの選択肢となるだろう。

たとえば、ある女性が、夫との不和、とりわけ彼の怒りに対処できず、ひどく苦しんでいた。わたしはまず、彼女が何を必要としているのかを自分で明快に言葉にできるようにした。敬意を払い、彼女が理解され、受けとめられていると感じて安心できるようにサポートしながら彼女の話に耳を傾けた。次にわたしは、彼女の夫の役割を演じ、夫が何を必要としているのかを推測をまじえながら述べ、それを彼女に聞いてもらった。

ロールプレイという形式で、紛争状態にある夫婦が互いに何を必要としているかがはっきりした。録音したものを夫婦で聞いて夫の反応を確かめるよう、彼女に頼んだ。

このケースでは、夫が必要としていることをわたしは正確に推測できていた。彼は録音を聞いてほっとし、理解されていると確信できたため、妻と同席することを承諾した。こうしてわたしが調停者となり、夫妻は互いに敬意を払いながら、自分たちが必要としていることを得るための方法を模索した。

紛争解決にあたって、当事者双方を同席させることがいちばんの課題である場合は、このようにロールプレイを録音して聞いてもらう方法で突破口がひらける可能性がある。

非公式な調停——おせっかいを焼く場合

非公式な調停とは、依頼されていない状況で調停することを丁寧に表現した言い方だ。さまざまなかたちでわたしたちはおせっかいを焼く。

ある日、食料品店で買い物をしていたところ、幼児を連れた女性がわが子を叩いているのが目に入った。また叩きそうだったので、わたしは割って入った。「マーシャル、わたしたちのあいだに入って調停してくださらない?」という依頼があったわけではない。また、パリの街を歩いていたときのこと、ほぼ並ぶように歩いていた女性に酔っ払った男が追いつき、彼女を自分のほうに向かせていきなり顔をひっぱたいた。もう一度ひっぱたこうとしたとき、彼に言葉をかける余裕などなかった。防衛的に力を行使することにして瞬時に手を出し、彼を取り押さえた。これまた勝手に介入したわけだ。あるビジネスの会合に出席した際には、ふたつの派閥がかれこれ1年以上揉めている件で激しくやり合うのを見て、両者のあいだに割って入ったこともある。

気がかりを感じるふるまいを目の当たりにしたとき、このあと第12章で述べる力の行使が必要な場合を除けば、まずは自分にとって不快な行動をとる人のニーズに共感を示す。最初の例では、幼児が叩かれるのをもっと見たいなら、母親にはいっさい共感を示さず、子どもを叩くのは間違っていると責める言葉をほのめかせばいい。事態はさらに悪化するだろう。

おせっかいを焼いて真に人の役に立つには、人のニーズについての幅広いリテラシーを習得しておく必要がある。そしてどんなメッセージからも(たとえそれが人を叩くという行動であったとしても)、そのメッセージの奥にどんなニーズがあるのかを聞き取る能力を磨いておくこと。


どんなメッセージからもニーズを聞き取る能力を磨いておく必要がある。

そして、わたしたちもそうしたニーズにつながっていると感じてもらえるよう、共感の言葉を身につけておくことも必要だ。

覚えておいてほしい。おせっかいを焼いて介入するという判断をしたら、その人をその人自身のニーズに導くだけでは不十分だ。本章で紹介したステップをひとつひとつ実践していかなければならない。たとえば、共感した後で母親に「誰かの安全がおびやかされるのを見て放っておけない」という思いを伝え、「これ以外の方法で、子どもに対するあなたのニーズを満たそうという気持ちはあるか」とたずねてもいいだろう。

しかし、相手が何を必要としているのかをこちらが理解し、尊重していると相手に確実に伝わるまでは、相手の行動に関するこちらのニーズを伝えるのを控える。さもなければ、こちらのニーズを相手に尊重してもらうことも、お互いのニーズに何ひとつ変わりはないことも理解してもらえないだろう。アリス・ウォーカーは著書『カラー・パープル』で、このことを次のようなすばらしい表現で述べている。「ある日、わたしはじっと座ったまま、母のない子の気持ちをかみしめていた。わたしは母のいない子なのだ。ふとした瞬間に思いがあふれた。わたしはあらゆるものの一部、ぽつんと存在しているのではない。もしもわたしが木を切れば、わたしの腕が血を流れる。そういうことだったのだ」

非公式な調停を成功させるには、お互いに自分自身と相手のニーズを意識していると確認することが重要だ。でなければ、欠乏感から来る思いにとらわれてしまい、自分のニーズを満たすことだけを重視してしまいがちだ。それに善悪の考えが加わると、人は誰でもたちまち好戦的に、そして凶暴になり、簡単な解決策すら見えなくなる。もはや、紛争は解決できないものと思えてしまうだろう。まっさきに自分のニーズに焦点を当てるのではなく、まずは相手に共感を示してつながりをつくろうとしなければ、それが現実のこととなってしまうだろう。

まとめ

ＮＶＣを活用した紛争解決は、従来の調停とおおいに異なる。従来の方法は、懸案事項や戦略、妥協方法について検討を重ねるが、ＮＶＣではまず、双方のニーズを明らかにすることに集中する。それが明らかになったところで、お互いのニーズが満たされる手段を模索する。

まっさきに取りかかるのは、紛争の当事者同士が人としてのつながりを育めるようにすることだ。次に、何を必要としているのかを双方がじゅうぶんに表明し、相手が必要としていることをしっかり聞き、ニーズが確実に聞かれた後、お互いが必要としていることを満たすための実現可能な行動を明確に表現する。調停者は紛争について批判したり分析したりしない。つねに当事者が何を必要としているのかに焦点を絞る。

当事者のどちらかの痛みがあまりにも強く、相手が何を必要としているのかを聞くことができない場合は、その人の痛みが理解されたことがわかってもらえるまで寄り添い、共感する。

「ノー」という言葉は、拒絶ではなく「イエス」と答えるのを妨げているニーズの表れとして受けとめる。必要としていることをすべて聞きとれたところで初めて解決のステージに進む。行動を促す肯定的な言葉を使い、実現可能な要求をする。

自分以外のふたりのあいだの紛争を調停する場合も、同じ原則が当てはまる。加えて、進行状況に注意を払う。状況に応じて共感を示し、いまこの瞬間に絞ったやりとりをおこない、必要に応じて調停者自ら話し合いに割り込み、プロセスの軌道を戻して先に進めていく。

こうしたツールを使い、プロセスをよく理解し、実践を積んでいけば、長年続いた紛争であっても、当事者双方が満足する方法で解決できるよう援助する役割を果たしていける。

第12章 力を防御的に使う

力の行使が避けられないとき

紛争状態にあるふたつの側がそれぞれ、自分たちが観察していること、感じていること、必要としていること、要求することをじゅうぶんに表現する機会をもつと——そして双方が相手に共感すると——両者の必要としていることが満たされる解決法に到達できる場合が多い。それが無理でも、相手に合意しないという意思をお互いに誠意をもって伝え合うことができる。

ただ、状況によっては、そのような対話の機会が生まれない場合もある。そうなると、人命あるいは個人の権利を守るために力を行使することが必要になるかもしれない。相手側にコミュニケーションをとる意思がない、あるいは迫りくる危険のためにコミュニケーションをとる時間的余裕がないかもしれない。こうした状況では、やむをえず力に訴える必要が出てくるかもしれない。そのような場合、ＮＶＣは、力の防御的な行使と力の懲罰的な行使を明確に区別することをわたしたちに求める。

力の行使の背後にある考え

「力の防御的な行使」は、被害あるいは不正を防ぐことが目的だ。「力の懲罰的な行使」は、悪事と思われる行為をはたらいた個人に苦痛を与えることが目的だ。子どもが道路に駆け出したときにケガを防ぐためにつかむのは、防御的な行動である。一方、懲罰的に力を使う場合は肉体的な攻撃あるいは心理的な攻撃というかたちをとるだろう。たとえば子どもをぴしゃりと叩いたり、「どうしてそんなバカなまねをする！　恥ずかしいと思わないの！」などと叱責したりする。

力を防御的に使う場合は、相手の命あるいは権利だけに意識が集中し、相手に対して、あるいは相手のふるまいに対して評価を下してはいない。通りに駆け出そうとした子どもを非難したり責めたりはしないのだ。ただ、その子を危険から守ることしか考えていない（この種の力を社会的そして政治的対立に使うケースについてはロバート・アーウィンの本、*Nonviolent Social Defense* が参考になる）。力を防御的に使う背後には、人が自分や他人に害がおよぶかたちでふるまうのはなんらかの無知が原因だという前提がある。その際に、それを矯正するプロセスは教育であり、罰ではない。この場合の無知とは、具体的には①自分の行動の結果に対する気づきが足りない、②どうしたら人に危害を与えずに必要としていることを満たせるのかが想像できない、③相手は罰せられるに「値する」し、自分には他者を罰する「権利」があると信じ込んでいる、④誰かを殺せと指示する「声」を聞いたなどといった妄想的な思考、などである。

防御的な力の行使の背景にあるのは、守ることであり、罰を与える、非難する、責めることではない。

一方、懲罰的な力を使う際に前提としているのは、悪い人だから罪を犯すという考え方である。だから、彼らに悔い改めさせて状況を正さなければならないという発想だ。彼らを「矯正する」ために、懲罰的に力を行使する。その目的は彼らを、①まちがいに気づくまでたっぷり苦しめて、②後悔させて、③変わらせることである。しかし、実際には、懲罰的な行動は後悔と成長ではなく憤りと敵意を生み出す可能性が高く、こちらの望むような言動に対する相手の抵抗を強化するだけになってしまいがちだ。

懲罰的な力の種類

肉体的な罰、たとえば平手打ちは、懲罰的な力の行使のひとつである。体罰の話題となると、親たちは平静ではいられないようだ。断固としてやるべきだと述べ、聖書を引き合いに出す人もいる。「ムチを惜しめば子どもを駄目にする。両親が平手でぴしゃりと叩かないから、いま非行がはびこっているのだ」と彼らは主張する。わが子を叩くことは明確な境界線を設定することであり、それは子どもへの愛情表現であると彼らは信じ込まされている。一方、叩くことで愛情は示せない、むしろ逆効果だと主張する親もいる。あらゆる手を尽くしてもうまくいかないときには、いつでも肉体的な暴力に訴えればいいと子どもたちに教えることになるからだ。

体罰によって子どもを怖がらせてしまうと、親は愛情があるからこそ子どもに期待するのだということが、うまく伝わらなくなるのではないか。わたしはそれが心配だ。親たちはよく、自分は懲罰的な力を行使「しなくてはならない」という。それ以外の方法では、子どもに「何が自分にとっていいことなのか」をわからせることができないから、という理由で。それを裏づけるために、罰を与えられた子どもが「目からウロコが落ちた」感覚を経験したというエピソードを彼らは持ち出す。わたし自身4人の子育てを経験し、日々、子どもを教育し身の安全を守るのがどれほどたいへんなのかよくわかっているので、親として深く共感する。しかし、だからといって、体罰についての懸念が減るわけではない。

体罰に対する恐れは、親の要求の根底にある愛情への気づきを妨げてしまう。

まず、そのような罰に成功したと公言する人々は、数多くの子どもたちが、強制されることに反発したいという理由だけで、自分のためになることを素直にやらずに抵抗しているのだと気づいているだろうか。第2に、たとえ体罰で子どもを変えるのに成功しても、そのことが体罰以外の方法で成功する可能性を否定しているわけではない。最後に、体罰が社会にもたらす影響について、多くの親と同じくわたしも不安を抱いている。親たちが力にものをいわせる選択をすれば、首尾よく子どもを屈服させ、親の望みどおりに彼らを動かせるかもしれない。しかし、結局は、互いのちがいを埋めるためには暴力を使ってもいいという社会通念を正当化してしまってはいないだろうか。

罰としての力の行使は、肉体的なものだけとはかぎらない。たとえば、非難というかたちで相手の人格を貶める。子どもがいうことをきかないとき、「悪い」「わがまま」「未熟」とレッテルを貼ったりする親もいる。好きなものを取り上げるのも懲罰的な力の行使のひとつだ。たとえば、子どものお小遣いを減らす、車の運転を制限するなど。子どもの面倒を見るのをやめる、相手に敬意を払わないといったかたちの懲罰は、相手にとって何よりも強力な脅威となる。

罰には、レッテルを貼る、特権を取り消すといったことも含まれる。

懲罰の代償

罰を受けるのを避けたいという動機だけで相手の要求をのんで行動すると、わたしたちはその行動自体の価値を見失ってしまう。その行動をとらなければひどいことが起きるかもしれないということばかりに気をとられてしまう。仕事の場で懲罰を恐れて働き手のパフォーマンスがあがることがあっても、仕事は遂行されるが士気は下がる。その結果、遅かれ早かれ、生産性は落ちていくだろう。懲罰的な力が行使されれば、働き手の自信も失われる。子どもが歯磨きをするのが、けなされたり笑いものにされたくないという恐れからだとしたら、彼らの口腔衛生の状態はよくなっても、自尊心は蝕まれていくだろう。さらに、相手の好意をシャットアウトするという意味で、懲罰によって支払う代償は大きい。これには誰もが納得できるだろう。相手がわたしたちのことを懲罰を与える人として認識すればするほど、わたしたちが必要としていることを思いやる気持ちは失せていく。

わたしたちが懲罰を恐れるときには、自分の価値観ではなく、行動の結果に意識を集中している。懲罰への恐れは、自尊心と善意を減少させる。

校長をしている友人の執務室を訪れた折のこと、彼は窓越しに、大柄の子どもが小柄な子を叩いているのに気づいた。「ちょっと失礼」といって彼は立ち上がると、校庭に飛び出した。そして大柄の子どもをつかみ、ぴしゃっと叩いて叱りつけた。「小さな子たちを叩かないように教育してやる！」。彼が部屋に戻ってきたところで、わたしはこういった。「きみが教えたかったことを、あの子が学んだとは思えないな。たぶんその代わりに彼が学んだのは、自分よりも大きい人――たとえば校長先生が見ているかもしれないときには、自分よりも小さな子を叩いてはいけないということだろう。少なくとも、人に何かを要求するには叩けばいい、という考え方をいっそう強化してしまったのではないかと思う」

では、こういう状況ではどうしたらいいのか。まずは、乱暴なふるまいをしている子どもに共感することを勧める。たとえば、悪口をいわれた子が相手を叩いたら、「もっと自分を大事に扱ってほしいと望んでいるから、怒りを感じているようだね」と共感する。わたしの推測があたり、その子がそのとおりだと認めれば、続けて、この状況における自分の感情や必要としていること、その子への要求を表現する。もちろん非難めいた口調ではなく。「わたしは残念だ。相手を敵と見なすことなく自分を大事にする道を、みんなに見つけてほしいからね。どうだろう、人からも大事にしてもらえる方法を、わたしといっしょにさがしてみる気があるか教えてくれるかい?」

懲罰の限界を明らかにするふたつの問いかけ

懲罰を利用して人々のふるまいを変えようとしても、望む成果が得られる可能性は低い。それがよくわかる、ふたつの問いかけをご紹介しよう。第1の問いかけは、「いまやっていること以外に、自分はこの人物に何をしてほしいと望んでいるのか」。この問いかけだけであれば、懲罰は効果があるように感じられるだろう。懲罰で脅したり実際に懲罰を与えたりすれば、相手のふるまいにかなり影響を与えられるかもしれない。そこで第2の問いかけだ。これで懲罰は効きそうにないことが明らかになる。「この人物にわたしの望みどおりの行動をしてもらうときには、どのような理由でそうしてもらいたいのか」

わたしたちは、めったに第2の問いかけをしない。しかし問いかけてみれば、懲罰の類を実行すればこちらが望む理由によって相手が行動を起こす道をかえってふさいでしまうとすぐに理解できる。こちらが望むように相手がふるまうときの動機の重要性に気づくことが非常に大切だとわたしは考えている。たとえば、子ども自身が整理整頓のいきとどいた状態を望んでいるから、あるいは整理整頓することで両親をよろこばせたいからといった動機で自分の部屋を掃除するようになってもらいたいのであれば、掃除しない子どもを非難したり罰したりすることは明らかに効果的な戦略ではない。子どもたちは自室を掃除するかもしれないが、それは権威への服従（「だってママがやれというから」）、懲罰を避けるため、両親を怒らせたり拒絶されたりすることへの恐れからそうしているにすぎない。NVCは、そうした動機ではなく、自律性と他者とのつながりを基盤にしてモラルを高めることを促す。自分の行動の責任を認め、自分の幸福と人の幸福とが分離したものではなく関連しているということに気づかせてくれる。

第1問　わたしは、この人物が何をすることを望んでいるのか？

第2問　それをこの人が実行するのは、どんな理由からであってほしいのか？

学校内での力の防御的な行使

あるオルタナティヴ・スクールで、混沌とした状態に秩序を取り戻すために生徒たちとともに防御的な力を行使した経緯をご紹介しよう。この学校は、従来の学校教育からドロップアウトしたり、追い出されたりした生徒を受け入れる目的で創設された。ＮＶＣの理念を学校の基盤に置けば、こうした生徒たちの心をきっと動かせると経営陣とわたしは期待した。わたしは教員向けのＮＶＣ研修をおこない、1年間にわたってコンサルタントを務めることになった。しかし、教員の研修期間は4日間と短く、ＮＶＣと黙認主義のちがいをじゅうぶんわかってもらうことができなかった。その結果、校内で衝突や傍若無人なふるまいが起きても、一部の教師は介入する代わりに放置していた。混乱状態はひどくなるばかりで、経営陣は悩んだ末に学校の閉鎖を真剣に検討していた。

混乱の中心となっていた生徒たちと話し合いをもつことを、わたしは提案していた。それを受けて校長は、14歳から18歳までの少年8人とわたしの面談を実現させた。その対話の抜粋を次にご紹介しよう。

わたし（さぐるような質問を避け、自分の感情と必要としていることを言葉にする）「多くのクラスが崩壊状態だと先生たちに聞いて困惑しているよ。わたしは、この学校がうまくいくことを心から願っている。問題を見極めて、どんな手を打ったらよいのかを理解するための手伝いをきみたちがしてくれることに希望をもっている」

ウィル「この学校の先生たちは、アホだ！」

わたし「つまり、きみは先生たちにうんざりしていて、やり方を変えてもらいたいことがあるということかな？」

ウィル「ちがうよ。アホだというのは、ただそこらへんに突っ立って、何もしないからだ」

わたし「きみがうんざりしているのは、問題が発生したら先生たちにもっと行動してもらいたいと望んでいるからってこと？」（さきほどに続いて、相手の感情と必要としていることを受けとめようとしている）

ウィル「そうだよ。生徒が何をしても、ただ、にやにやして立っているだけなんだ」

わたし「それを具体的に説明してくれるかい？」

ウィル「おやすいことだ。今朝も尻ポケットに堂々とワイルドターキーを突っ込んで入ってきた生徒がいた。みんなそれを見ていた。先生だって見ていたのに、見て見ぬふりさ」

わたし「突っ立ったまま何もしようとしない先生たちを、きみは尊敬していないようだね。彼らに何かをしてほしいんだ」（相手をさらによく理解しようとしている）

ウィル「うん」

わたし「わたしは、先生たちが生徒といっしょに問題解決に取り組めるようになってほしいと思っていたから残念だよ。どうやらわたしは、先生たちにうまく意図を伝えることができていなかったようだ」（そこから、わたしたちの話し合いはある差し迫った問題を中心に進んだ。勉強したがらない生徒が他の生徒の勉強を邪魔するという問題だった）

わたし「この問題は、ぜひとも解決したい。なにしろ先生からは、この件でいちばん頭を悩ませていると聞いているからね。どんな考えでもいいから、提案があったら聞かせてもらえるとうれしい」

ジョー「先生はムチを持つべきだ」（セントルイスでは一部の校長は、革が巻かれた杖を持ち、体罰をおこなっていた）

わたし「それは、他の生徒の邪魔をする生徒を先生に叩いてほしいということかな」

ジョー「それ以外に悪ふざけをやめさせる方法はないよ」

わたし「他の方法では、効き目がないと思っているんだね」（なおもジョーの感情を受けとめようとしている）

ジョー（うなずいて同意する）

わたし「それが唯一の解決策なら、わたしはがっかりだな。そういう方法でものごとをおさめるのは嫌なので、もっと他の方法を見つけたいんだ」

エド　「どうして？」

わたし「理由はいくつかある。仮に、わたしがムチで叩いて学校内で騒ぐ生徒をおとなしくさせたとしよう。叩いた生徒のうち3人か4人が放課後、帰宅しようとするわたしの車のそばにいたら何が起きると思う？」

エド（笑顔を見せながら）「そしたら、うんと太い棒を持ち歩けばいい」

わたし（エドのメッセージをまちがいなく理解したとわたしは感じている。エドもそれをわかっていると判断し、彼の発言の言い換えをしないで話を続けた）「そう、そうなんだよ。そのやり方でものごとをおさめるのは心配なのをわかってもらいたい。わたしはひどくぼんやりしているから太い棒を持つことをつい忘れてしまうだろうし、たとえ覚えていたとしても、それで誰かを叩くなんてまっぴらだ」

エド「そんな奴らは学校から追い出してしまえばいいんだ」

わたし「きみは、わたしたちがこの学校の生徒を停学にしたり退学させたりすることを望んでいるのかい？」

エド「そうだね」

わたし「わたしはその考えにも気乗りしない。学校のなかの対立を解決するには、誰かを追い出す以外の方法があると実証したい。追い出すことが最高の解決策なんて、これ以上惨めなことがあるだろうか」

ウィル「生徒が何もしたがらないなら、『何もしない部屋』に入れておけないかな？」

わたし「つまり、専用の部屋を準備しておいて、他の生徒を困らせたらそこに入れようということかい？」

ウィル「そう。何もしないなら、教室にいる意味はない」

わたし「そのアイデアにはたいへん興味があるな。そういう部屋をどんなふうに運営すればいいか、きみの考えを聞きたい」

ウィル「学校に来ても、むかついている気分のときがある。何もしたくない気分。だから、やる気になるまで過ごせるような部屋を用意すればいいと思うんだ」

わたし「きみのいっていることはわかる。でも、先生たちは心配するだろうね。生徒がその『何もしない部屋』に行こうという気になるかどうか」

ウィル（自信たっぷりに）「行くに決まってます」

そのアイデアがうまくいくには、懲罰目的ではなく、勉強する気になるまで生徒が過ごせる空間を提供するとともに、勉強する気のある生徒が勉強できる環境を整えることが目的であると明確に示すことが重要だとわたしは述べた。そして、「何もしない部屋」のシステムが、学校側の意図ではなく、生徒のブレーンストーミングから生まれたアイデアだとみなにわかってもらえれば、ますます成功する確率が高くなるだろうと説明した。

「何もしない部屋」が実際に用意されると、機嫌が悪くて学業に打ち込む余裕のない生徒が、そして他の生徒といっしょにいると彼らの勉強の邪魔をしてしまう生徒がその部屋を使った。生徒が自分から行きたいと申し出る場合もあれば、教師が生徒に行くように勧める場合もあった。そこにはNVCをじゅうぶんにマスターした教師がいて、やってきた生徒たちと生産的な話をした。この部屋の効果は絶大で、学校は秩序を取り戻した。アイデアを出した生徒たちが、これは勉強したいと望む生徒の権利を守るために設ける部屋だと他の生徒たちに明確に説明したからだ。そして教師はこの対話から、争いを解決するには、そこから身を引いたり、あるいは懲罰的な力を行使したりする以外にも方法があるのだということを理解した。

まとめ

コミュニケーションをとることができない状況、たとえば、差し迫った危険があるときは、防御的に力を使う必要がある場合もあるだろう。その目的は、ケガや不公正を防ぐことであり、罰したり、苦しめたり、後悔させたり、相手を変えさせたりすることでは決してない。懲罰的な力の行使は、敵意を招きやすい。こちらが相手に求めるふるまいそのものに対する抵抗も強くなる。懲罰を与えると、与えられた側の善意と自尊心は損なわれ、行動の本質的な価値よりも結果のみを考えるようになる。非難や懲罰は、わたしたちが相手のなかに引き起こしたいと願っている動機の芽を摘み取ってしまう。

人は
眠り続けてきた
――そしていまなお眠っている――
限られた愛の
狭い狭いよろこびにくるみ込まれて

テイヤール・ド・シャルダン
神学者

第13章 自分を解放し、人に助言する

古いプログラミングから自由になる

わたしたちはみな、人としての可能性を制限してしまうようなことがらを、善意の親や教師、聖職者などといった人たちから教え込まれてきた。こうした教育は、何世代にも何世紀にもわたって受け継がれてきた破壊的な文化的学習だといえる。そして、学習したものの大部分はわたしたちの人生にすっかり染み込み、もはや意識することもない。コメディアンのバディ・ハケットは定番の出し物のなかで、自分はたっぷり料理をつくってくれる母親に育てられたため、胸焼けしていない状態でテーブルを離れることが可能だと初めて知ったのは軍隊に入ってからだったと述べた。これと同じく、有害な文化的条件づけによって引き起こされた苦痛は、人生の一部と

化してしまっているので、その存在すら自ら識別することはできない。この破壊的な学習を認識し、自らの思考と行動を価値あるもの、人生に貢献するものに変えるには、並々ならぬエネルギーと自覚が必要だ。

そのためには、自分が必要としていることを自覚し、自分自身とつながる能力が求められる。それは、わたしたちが所属する文化では身につけにくい能力だ。自分が必要としていることについて考えるように教育されてこなかったことに加えて、そうした方向へ向かおうとする意識を積極的に阻止する文化的訓練にさらされてしまっている。すでに述べたようにわたしたちは、王や権力者といった社会の支配者たちに都合のいい言語を祖先から受け継いでしまっている。一般大衆は自分が必要としていることに対する自覚を深めるよりも、権威にこびへつらい従順であるように教育されてきた。ひとりひとりが必要としていること（needs）は、文化のなかではネガティブで破壊的なものという扱いを受ける。「needy」という言葉は、貧しさや未熟さを示す場合に使われる。自分が必要としているものを主張する人は「利己的」とレッテルを貼られたり、「わたし」という一人称の使用が自己中心性あるいは甘えと見なされたりする場合もある。

NVCは観察することと評価することを区別し、自分の感情がどんな思考やニーズから生じているのかを知り、明確な行動を促す言葉で要求を表現する力を育む。この力を身につけて実行すると、自分がどれほど文化的な条件づけ

わたしたちは自分を、文化的な条件づけから解放することができる。

の影響下にあるのかを強く自覚できるようになる。まずはそれを意識することが、わたしたちを縛る条件づけを打ち破るための重要なステップなのだ。

内的な葛藤を解決する

内的な葛藤はしばしば、うつ状態につながる。その葛藤を解決するためにNVCを用いることができる。アーネスト・ベッカーは著書 *Revolution in Psychiatry*（精神医学の革命）で、うつ状態は「認知的に選択肢が阻まれた状態」がもたらすと述べている。心のなかで批判的な対話が続いているとき、わたしたちは自分が必要としていることから疎外された状態にあり、それを満たすための行動がとれない。つまり、うつ状態は自分が必要としていることと切り離された状態であることをあらわしている。

NVCを学んでいたある女性は、深刻なうつ状態に苦しんでいた。彼女はいちばん症状のひどいときに心に湧く声を聞き取り、それを対話のかたちで記録するようにいわれた。その最初の部分をご紹介しよう。

声1（キャリアウーマン）「人生でわたしはもっと何かをすべきだわ。せっかくの教育と才能を無駄にしている」

声2〈責任ある母親〉「それは非現実的ね。あなたはふたりの子どもの母親で、その責任〈すら〉まっとうできていない。それなのに、他のことなんてできるわけないじゃない?」

心のなかで自分に向けるこれらのメッセージは、自分を厳しく評価する言葉と「~すべき」「せっかくの教育と才能を無駄にしている」「まっとうできていない」といった言い回しであふれていることに注目してほしい。それまで何カ月も、彼女の頭のなかではこうした対話が続いていたのだ。次に、「キャリアウーマン」に「NVCの薬」を飲ませるところを想像してもらった。そして、次のようなかたちでメッセージを言い換えるように促した。「aのときに、わたしはbと感じ、それはわたしがcを必要としているからだ。だから、わたしはいまdを望む」

すると、「人生でわたしはもっと何かをすべきだわ。せっかくの教育と才能を無駄にしている」が、「いまのように自分の職業をもたずに家で子どもたちと長い時間を過ごしている〈とき〉、わたしはうつ状態になり、やる気がでないと〈感じ〉る。それは、以前に職業を通じて得ていた満足感を〈必要としているから〉。〈だから、わたしはいま〉自分の専門性を活かしたパートタイムの仕事を見つけることを〈望んでいる〉」となった。

それから「責任のある母親」の声を同じプロセスで言い換える。「それは非現実的ね。あなたはふたりの子どもの母親で、その責任〈すら〉まっとうできていない。それなのに、他のことなんてできるわけないじゃない」が、「自分が仕事に行くところを想像する〈とき〉、不安を〈感じる〉。それは、子どもたちの面倒をじゅうぶんに見てもらえるという安心を〈必要としているから〉。〈だから、わたしは〉自分が働いているあいだ、質の高いケアを子どもに提供する方法を見つけるための計画を立てたいと〈望んでいる〉。そして、疲れていないときには子どもたちといっしょに過ごす時間をじゅうぶんにとる方法を見つけるための計画を立てたいと〈望んでいる〉」となった。

こうして自分の内なる言葉をＮＶＣの言葉に直したとたん、その女性はたいへんな安堵感を覚えた。それまで何度も自分に向けていた、自分が必要としていることと切り離された言葉の奥まで掘り下げ、自分自身に共感することができた。子どもに質の高いケアをしてくれる人を確保する、夫の協力をとりつけるなど、具体的に片づけなくてはならないことはあるものの、彼女は、自分自身が必要としていることに気づく妨げとなっていた批判的な内なる対話から解放されたのである。

自分の感情と、必要としていることに耳を傾け、共感することができれば、自分をうつ状態から解放することができる。

自分の心の状態を思いやる

批判的で非難や怒りに満ちた思考に巻き込まれてしまうと、心を健康な状態にしておくことは難しい。ＮＶＣは、自分や人の悪いところに注意を向けるのではなく、自分がほんとうに望んでいるものに焦点を絞るように促す。そうすることで、より平和な心の状態をつくりだせるようになる。

あるとき、３日間のワークショップに参加した女性が、ワークショップの途中で自分にとって非常に意味のある突破口をひらくことができたと話してくれた。彼女は自分をもっと大事にすることを身につけたいと思い、ワークショップに参加していた。２日目、いつになくひどい頭痛を感じて夜明けに目を覚ました。「いつもなら、まっさきに自分は何か悪いことをしたのかと考えて分析していました。悪いものを食べたのか？　ストレスを溜め込んでくたくたになっているのか？　あれをしたのか、これをしていなかったのか、と。けれど、ＮＶＣで自分を大事にする方法を学んだので、これまでのような問いかけではなく、『頭痛に襲われているいまの状況で、わたしは自分のために何をする必要があるだろう』と自分にたずねてみたのです」

何がいけなかったのか、ではなく、自分は何をしたいのかに集中する。

「わたしは身体を起こして、ゆっくりと首をまわしました。何度も首をまわし、ベッドを出て歩き回りました。自分を責めるのではなく、大事にするために行動したんです。頭痛は軽くなり、これならワークショップに出席してやり通せると思えるようになりました。わたしはこのとき、とてもとても意味のある突破口をひらいたのです。頭痛に苦しむ自分に共感して、よくわかりました。前日に自分のことをじゅうぶんいたわっていなかったのです。だから、頭痛は『自分のことにもっと注意を払う必要がある』と自らに伝える手段だったんですね。わたしは自分が必要としていたことに注意を向けることで、無事にワークショップをやり遂げることができたのです。長いこと頭痛に苦しんできたわたしにとって、これは記念すべき転機だったのです」

別のワークショップでは、ある参加者が、自分は高速道路を運転していると怒りが湧いてくる、その怒りを引き出す自分の心の声から解放されたいのだが、NVCはどのように役立つだろうかと質問した。わたしにとっても身に覚えのある話題だった。わたしは仕事柄、車で国中を移動する生活を長年続けていたが、運転中に頭のなかを駆けめぐる、わたし自身の暴力性を誘発する考え方に疲れ果てていたのだ。自分の基準に合わない運転をしている人たちはみな、大敵で悪党に思えてならなかった。次から次へと言葉が湧いてきた。「あいつは、どうかしている。自分がどこを運転しているのかも、ろくに見えていやしないんだろう」。心のなかは、自分以外のドライバーをすべて罰したいという願いでいっ

自分の感情と、必要としていることに耳を傾けることで、ストレスを鎮める。

ぱいで、それができないものだから、怒りが身体に蓄積され、その悪影響が出はじめていた。

やがて、自分が吐き出している評価の言葉を、自身の感情と必要としていることに翻訳することを学び、自分に共感することをマスターした。「おーっと、あんな運転を見ると身がすくんでしまうな。自分がどれほど危険な運転をしているのか、ちゃんと自覚してくれることを心から願うよ」。気分はすっきり。人を責める代わりに、自分が何をどう感じ、何を必要としているかを自覚するだけで、どれだけストレスを減らせるかに驚いた。

それからは自分以外のドライバーに共感してみようと決めて、たいへんな満足感を味わうことができた。あるとき、1台の車が制限速度よりもはるかにゆっくり走行し、わたしの行く手をふさぐかたちになった。しかも交差点を通過するたびに、その車はさらにスピードダウンしたのである。ついカッとなって、「なんだ、あの運転は」と不満が口をついて出た。しかし、自分でストレスの種をまいていることに気づき、思考をシフトした。そのドライバーは何を感じ、何を必要としているのだろうか。わたしはその人物が道に迷い、気が動転し、後続のわれわれに少々辛抱してもらいたいと望んでいるのを感じ取った。道幅が広くなり並んで走行できるようになったところで、その車を運転していたのが女性であること、見たところ80歳代であること、引きつった表情であることがわかった。相手に共感しようと決め、警笛を鳴らすことを控え、自分をいらだたせる運転をするドライバーに嫌悪感をあらわにするといういつもの態度に陥らずにすんだことに、わた

人に共感することでストレスを鎮める。

しは満足した。

診断よりもNVCを

何年も前、臨床心理士の資格を取得するために9年間の研鑽を積んで博士号をとり、精神療法医となった直後のことだ。ユダヤ人の哲学者マルティン・ブーバーと、アメリカの臨床心理学者カール・ロジャーズの対話に出合った。そこでブーバーは、精神療法医としての役割を果たすなかで精神療法をおこなえるのかという問いかけをしている。ブーバーは訪米中で、ロジャーズとともに、精神病院でメンタルヘルスの専門家を前におこなわれた公開討論の場に招かれていた。

この対話でブーバーは、ふたりの人間が「我―汝」と彼が表現する関係において弱さを隠さず真摯に自分を表現することで人は成長すると主張している。精神療法医とクライアントという役割のもとで人と人が出会った場合、こうした純粋なやりとりは存在しえないと彼は考えた。ロジャーズは、人の成長にはそういう純粋さが必要不可欠のものであると同意したうえで、見識のある精神療法医が自分の役割を超越した誠実さでクライアントと純粋に対峙することは可能であるはずだと述べている。

ブーバーは懐疑的だった。彼としては、精神療法医がどれほど熱心にそして真摯にクライアントにかかわったとしても、クライアントがあくまでも自分をクライアントとして認識し、精神療法医を精神療法医として見なすかぎり、ロジャーズの主張のようにはいかないと考えていた。診療室で面会するための予約をとり、治療されるために料金を支払うというプロセスそのものが、両者のあいだに純粋な人と人との関係が結ばれる可能性を薄めてしまう、というのがブーバーの考えだった。

この対話に出合い、わたしは、臨床の場で感情移入しないこと――わたしが学んだ精神分析的精神療法におけるきわめて神聖な規則――にまつわるためらいを明確にすることができた。自分の感情と自分が必要としていることを精神療法に持ち込むことは、専門家の側の病理のサインであると一般的に考えられていた。精神療法医はセラピーのプロセスの外に位置して鏡の役割を果たし、そこにクライアントが自分を映し出す。そして精神療法医はクライアントを援助し治療の終結に至る、それが有能な精神療法医の仕事とされた。専門家の内面で起きていることを精神療法に持ち込まないのは、自分の内的な葛藤にクライアントを巻き込む危険を防ぐためであり、その根拠となる論理をわたしは理解していた。しかし、わたしはつねに、不可欠とされる情緒的な距離を置くことに居心地の悪さを感じていた。そしてまた、自分がプロセスにかかわることには利点があると信じていた。

そこで、臨床的な言葉をNVCの言葉に置き換える試みを始めた。クライアントが話したことを、それまで学んだ人格理論で解釈するのではなく、彼らの言葉

わたしはクライアントを解釈するのではなく、共感した。彼らを診断するのではなく、自分の内面を明らかにした。

に寄り添い共感をもって耳を傾けた。診断するのではなく、わたし自身の内面で起きていることを明らかにした。最初は不安でいっぱいだった。クライアントとの対話にあくまでも真摯に自分自身を持ち込むことに対し、同僚がどう反応するのか心配した。しかし、ふたを開けてみれば、クライアントにとってもわたしにとっても非常に満足のいくものとなった。ためらいはすぐに消えた。それから35年経った現在、クライアントとセラピストの関係に自分の感情を持ち込むというコンセプトは、もはや非正統ではない。しかし、わたしが実践しはじめたころは、この新しい試みに懐疑的な精神療法医の集まりに頻繁に呼ばれては実演してみせるように依頼された。

ある州立精神病院で開催された、メンタルヘルスの専門家の大きな集まりに呼ばれたときのことだ。うつ状態の人々のカウンセリングに、NVCがどのように役立つのかを話した。1時間の発表を終えると、患者と面談してもらいたいとリクエストされた。面談し、治療のための評価と助言をしてもらいたいと。わたしは、3人の子どもがいる29歳の女性とおよそ30分間面談をした。彼女が退室すると、その女性を担当しているスタッフが質問を投げてきた。担当の精神科医が口火を切った。「ローゼンバーグ博士、鑑別診断をお願いします。この女性は統合失調症的反応を示していますか、それとも薬物が原因で引き起こされた精神病でしょうか」

そのような質問はいい気持ちがしないとわたしは答えた。研修期間中に精神病院に勤務していた時期ですら、人をどう診断分類すればいいかよくわからなかった。その後、こうしたことに関する精神科医と心理学者の意見が一致していないという研究報告書を読んだ。その報告書では、精神病院の患者の診断は、患者自身の特性よりも精神科医が通った学校に影響を受けると結論づけていた。

また、たとえ一貫した使用法が存在したとしても、こうした言葉を使う気になれないとわたしは述べた。それがどのように患者の利益となるのか、わからないからである。理学療法では、症状をつくりだした疾患の経過を正確に知ることで、治療の方向が明確になるという場合がある。しかし精神障害と呼ばれる分野でこの関係を見出すことはなかった。わたしの経験では、病院の症例検討会では診断をめぐってスタッフが討議することに大半の時間が費やされる。割り当てられた時間が残り少なくなると、担当の精神科医は治療計画を立てるのに協力してくれと周囲にアピールするかもしれないが、こういうリクエストが無視されて診断をめぐる論争がなおも続いたりする。

わたしはその精神科医に説明した。ＮＶＣでは自分に次の問いかけをし、患者のどこが悪いのかに焦点をあてないのだと。「この人物は何を感じているのだろうか。何を必要としているのだろうか。この人物に対し、わたしはどのように感じているのだろうか。その感情の奥で、わたしが必要としていることはなんだろうか。この人物がもっと幸せに生きるために自分の提案が役立つという信念のもと、この人物に対してどんな行動あるいは決意をするように要求すればいいのだろうか」。こういう問いかけに対する答えには自分自身と自分の価値観がはっきり出るので、単に診断を下すよりもはるかに自分をさらけだしていると感じることになる。

別の会合に招かれたときには、慢性の統合失調症と診断された人々にNVCを教えることを実演するよう求められた。臨床心理士、精神科医、ソーシャルワーカー、看護師など、およそ80名が見守るなかで、すでに診断されている患者15名がステージにあがった。わたしが自己紹介してNVCの目的を説明すると、患者のひとりが言葉を発した。わたしが話していることには無関係のように見えた。彼は慢性の統合失調症と診断されているのだと意識し、つい分析的な思考をしてしまった。わたしが彼の反応の意味を理解できないのは、彼自身に混乱があるのが原因だと思ってしまったのだ。「わたしの話を理解するのは困難なようですね」とわたしは述べた。

そこで別の患者が発言した。「わたしは彼がいっていることが理解できます」。そして、わたしの話とどう関連しているのかを説明したのだ。相手が混乱していたのではなく、単にわたしが相手の言葉と自分の話の関連性をつかんでいなかっただけなのだ。わたしは、コミュニケーションの断絶の責任をいかにたやすく彼に負わせてしまったかに狼狽した。たとえば、「わたしは混乱しています。わたしが話した内容とあなたのいったことの関連を理解したいのですが、できていません。あなたの言葉はわたしがいったこととどうつながっているのか、説明してくれますか？」といって、自分の感情に責任をもつことができればよかったのだが。

こうしてつかのま分析的な思考に陥ったことを除けば、患者とともにおこなったそのセッションは成功だった。患者の反応に感銘を受けたスタッフは、この患者たちは特別に協力的な人々なのだろうかとわたしにたずねた。それに対してわたしは、相手を診断しようとせず、相手と自分のなかで起こっていることがつながってさえいれば、たいていポジティブな反応が返ってくるものだと答えた。

あるスタッフからは、さらにこんなリクエストが出た。今度は精神科医と臨床心理士に参加してもらって同様のセッションをおこなおうと。それまで壇上にいた患者たちに代わって、聴衆のなかから志願した者がステージにあがった。スタッフとともにセッションを開始したが、ある精神科医は知的な理解とＮＶＣの共感のちがいを理解するのに難儀した。誰かが感情を表現するたびに彼は、感情に共感する代わりに、感情の奥にあると自身が理解する精神力動について述べた。それが三度目になると、聴衆のなかの患者のひとりが怒鳴った。「また同じことをしているのがわからないんですか？ あなたは彼女の感情に共感する代わりに、彼女の言葉を解釈しています！」

感情をまじえずに分析することや上下関係があることは仕事の関係なのだから当然、という考え方に甘んじるのではなく、ＮＶＣのスキルや意識を身につけることで、純粋でオープンで相互的な出会いのなかで助言することが可能となる。

まとめ

心のなかのネガティブなメッセージを感情とニーズに置き換えることで、ＮＶＣは自分自身との内なるコミュニケーションを深める。自分の感情と自分が何を必要としているのかを見極め、それに共感することで、うつ状態から抜け出せる。そして、NVCを用いることで、身もふたもない言い方をする代わりに、何をする場合にも他の選択肢を意識しながら行動することができる。NVCが促すように、人や自分の悪いところではなく自分がほんとうに望んでいることに焦点を絞れば、より平和な心の状態をつくりだすためのツールと考え方が身につく。カウンセリングと精神療法の専門家はNVCを使うことで、クライアントとのあいだに人と人としての誠実な相互交流をつくりだすことができるだろう。

NVC・イン・アクション

憤りと自己評価に対処する

NVCを学んでいる人物が披露してくれた話をご紹介しよう。

初めて参加したNVCの合宿から戻ると、自宅で友人がわたしを待っていた。会うのは2年ぶり。その友人アイリスは、学校で司書として25年間働いている。彼女と知り合ったのはロッキーに旅をしたときで、充実したワイルドで感動的な2週間の最後の3日間の単独行は圧巻だった。さて、わたしはアイリスにNVCについて情熱的に語った。すると彼女は、6年前のロッキーの旅でコロラドの自然保護区域のリーダーにいわれた言葉にいまだに傷ついているると打ち明けたのだ。その人物のことはよく覚えている。荒野に生きる女性という表現がぴったりのリーブというそのリーダーは、手のひらにロープでついた傷跡がたくさんあった。山肌に沿って移動する際に、ロープをしっかり握って自分の身体を支え、安全を確保するからだ。彼女は動物の排泄物から情報を読み取り、暗闇のなかで遠吠えのような声を出し、よろこびを踊りで表現し、思ったことをなんでも大声で叫び、最後のお別れにわたしたちがバスから手を振ると尻をまくってみせた。セッションで個人的なフィードバックを受ける際、アイリスはリーブからこんなふうにいわれたのだ。「アイリス、あなたのような人たちって、わたしには我慢がならない。いつでもどこでもとんでもなくいい人でやさしくて、つねにヤワでおとなしい司書のまま。そんな生き方はやめてしまえば？」

6年ものあいだ、アイリスは頭のなかでリーブの声を繰り返し再生し、それに反応し続けていた。わたしとアイリスは、NVCの意識をもつことで何か状況を変えられるだろうかと熱心にさぐってみた。わたしはリーブの役を演じ、アイリスに向かって6年前と同じ言葉をかけた。

アイリス（NVCのことを忘れて、批判とこきおろしだけを聞き取り）「あなたにそんなことをいう権利はないわ。わたしがどんな人間かもわかっていないくせに。わたしがどんな司書であるかも知らないくせに！　わたしは自分の仕事と真摯に向き合っている。あなたはわからないでしょうから教えておくわね。わたしは自分を教育者だと考えている。他の先生たちと変わらないのだと……」

わたし（NVCの意識をもち共感をもって聞く。リーブになったつもりで）「あなたが腹立たしく思うのは、わたしがあなたを批判する前に、あなたがほんとうはどういう人間なのかを知り、わかってもらいたいと願っているから？」

アイリス「そのとおりよ！　このトレッキングにわたしが申し込むだけでもどれほどたいへんだったのか、あなたには見当もつかないと思うわ。見て！　こうしてわたしはここにいる。やり遂げたわ。そうでしょう？　この14日間、すべての挑戦を受けて立って、それをすべて克服したわ！」

リーブを演じるわたし「あなたは傷ついていて、自分の勇気と懸命な取り組みを認め、評価してもらいたかったということ？」

さらに何度かやりとりをするうちに、アイリスに変化があらわれた。満足のいくまで「聞いてもらえた」と感じたときには、身体に変化があらわれるものだ。たとえば、リラックスして深呼吸するなど。それは、じゅうぶんに共感してもらったと感じ、自分の痛みを表現するのをやめて他の対象にも注意を向けられるようになった、あるいは、他人の感情と必要としていることに耳を傾ける準備ができたサインだとも考えられる。あるいは、他の痛みに手当てが必要で、新たな共感を求めている場合もあるだろう。アイリスがリーブに耳を傾けることができるようになるには、まだ注意を払うべき痛みが残されているとわたしにはわかった。彼女は、あの場で自分の名誉を守る受け答えをしなかったことで、6年ものあいだ、自己卑下に襲われていたのだ。小さな変化を見せた後、彼女はすぐにこう続けた。

アイリス「しゃくにさわるわ。6年前に彼女にこれをすべていってやるべきだった！」

わたし　（わたし自身、つまり共感する友人として）「いらだっているのは、あの当時、もっとはっきりと自己主張できていればと思っているから？」

アイリス「自分がバカに思えるわ！　わたしは自分が『ヤワでおとなしい司書』ではないとわかっていたのに、どうしてそれを彼女にいわなかったのかしら？」

わたし　「ということは、それをいえるくらいに自分自身のことに気づいていたら、と思っているの？」

アイリス「ええ。それに、わたしは自分自身が猛烈に腹立たしいわ！　彼女にあんなになめられてしまったことが許せない」

わたし　「当時の自分よりも、もっと自己主張ができていればよかったと？」

アイリス「もちろんよ。しっかり覚えておかなくては。わたしは自分を守る権利があるということを」

アイリスは数秒間、黙っていた。彼女はＮＶＣを実践してみる気になった。そして、リーブからいわれたことをちがう聞き方で聞いてみることにした。

リーブを演じるわたし「アイリス、あなたのような人たちって、わたしには我慢がならない。いつでもどこでもとんでもなくいい人でやさしくて、つねにヤワでおとなしい司書のまま。そんな生き方はやめてしまえば？」

アイリス（リーブの感情、彼女が必要としていること、要求していることに耳を傾ける）「まあリーブ、あなたはとてもいらだっているようね。いらだちの原因は……それはわたしが……」（ここでアイリスは誰もが陥りやすいミスをした。「わたし」という言葉を使うことで、彼女はリーブの感情はアイリスに原因があるようにとらえ、リーブの望みが原因だととらえていない。「あなたがいらだっているのは、わたしが～だから」ではなく、「あなたがいらだっているのは、あなたがわたしにもっとちがうことを望んでいるから」といえば、感情の原因が自分でないことを示せる）

（アイリスはもう一度やってみる）「ねえ、リーブ。あなたがとてもいらだっているのは、あなたが望んでいるのは……えーと……あなたが求めているのは……」

わたしはリーブを演じているうちに、ほんとうにリーブの立場で考え、突然、自分が（リーブとして）何を渇望しているのかわかったのだ。それは、「気持ちを通い合わせること！……わたしはそれを求めているの！　わたしは、気持ちが通い合っていると感じたいの……あなたと、アイリスと！　いい人とかやさしさとかすべてが邪魔で、それにいらいらしてしまった。だからそれをすべて壊してしまいたい。そうしたら、じかにあなたと触れ合えると思ったの！」

あふれる思いを言葉にしてしまうと、わたしたちは少々茫然となった。アイリスが口をひらいた。「それが彼女の望みだと知っていたなら、わたしとのあいだに純粋な気持ちの通い合いを求めているのだと彼女から聞いていたら……ああ、それはまるで愛されているかのような感じ」。こうして自分なりに理解したことを実際にリーブに確かめることはなかったが、NVCを体験したアイリスは、それまで苦しんでいた内的な葛藤を無事に解決することができた。そして、これまでなら「こきおろし」のように聞こえていた周囲の人の言葉も、以前とはちがう解釈ができるようになった。

……あなたが感謝の達人となれば、
憤り、落ち込み、絶望に負けることは少なくなる。
感謝は万能薬として力を発揮し、
あなたのエゴ――所有しコントロールしたいという思い
――の固い殻をしだいに溶かしていき、
あなたを寛大な人間へと変えていくだろう。
感謝の感覚は真のスピリチュアルな錬金術であり、
わたしたちを寛大な、度量の広い人間にする。

サム・キーン

第14章 NVCで感謝を表現する

褒め言葉の奥にある意図

「この報告書はじつによく書けている」

「あなたは非常に感性豊かな人だ」

「昨夜、車で自宅まで送ってくださって、ご親切さま」

心の底からの訴えを遠ざけてしまうコミュニケーションでは、褒め言葉としてこのような言い方をする。称賛と賛辞の言葉がよりよく生きることを遠ざけているなどというと、おそらく驚かれるだろう。しかし、このかたちで表現される相手への賛辞は、話し手の内面で起きていることをほと

感謝は肯定的な言葉であっても、多くの場合、相手を評価する言葉である。

んど明らかにしておらず、話し手は判定を下す者の座におさまっていることに注目してほしい。相手への評価は——肯定的なものでも否定的なものでも——心の底からの訴えを遠ざけてしまうコミュニケーションであるとわたしは定義する。

企業で研修をおこなうと、称賛と賛辞は「効き目がある」という考えの管理職と出会う。「管理職が従業員を褒めると、従業員はさらによく働くようになるという研究報告があります」と彼らは主張する。「学校でも同様です。教師が生徒を褒めれば、褒められた側はもっと勉強に励むようになります」。この研究報告に目を通したが、賛辞の受け手がよく働くようになったとしても、それは長続きしないとわたしは考えている。操作してやろうという意図で褒め言葉が使われているのを察したとたん、彼らの生産性は落ちる。相手を褒めて見返りを求めようとする魂胆が知れれば、相手を高く評価するという行為の美しさが損なわれてしまう。それがなにより残念だ。

さらに、相手に影響を与える手段として肯定的なフィードバックを使った場合、相手がそれをどう受け取るのかが予想しづらい。あるマンガでは、ネイティブアメリカンが友人にこんなセリフをいう場面がある。「いまどきの心理学をわたしの馬に試しているから見ていてくれ！」。彼は馬に聞こえるような距離まで友人を連れていき、こう叫ぶ。「わたしの馬は西部でもっとも速く、もっとも勇敢だ！」。馬は悲しげな表情をしてひとりごとをつぶやく。「こんなことを聞いてよろこべるはずがない。彼はもう1頭、馬を買ってきたにちがいない」

NVCで相手に感謝を表現するのは、純粋に祝福するためであり、見返りを求めての行為ではない。誰かのおかげで人生が豊かになったことを祝福する、ただそれだけが目的だ。

相手を操作するためではなく、祝福するために感謝を表現する。

感謝の3つの要素

NVCは、感謝の3つの要素を明確にする。

1　わたしたちの幸せに貢献した行動
2　それによって満たされた、わたしたちの必要としていること
3　必要としていることが満たされたことで生まれた心地よい感情

この3つの要素をどう表現するのかは時と場合によるだろう。笑顔で、あるいは「ありがとう」のひとことで3つすべてを伝えられることもあるだろう。だが、感謝の気持ちを相手にじゅうぶんに受けとめてもらうには、3つの要素すべてを言葉で表現する雄弁さを身につけることが大切である。次の対話例から、3つの要素それぞれについて表現することで、称賛の言葉がど

NVCの「ありがとう」は、「あなたはこれこれのことをしてくれました。わたしはこう感じています。わたしが必要としていたこれが満たされました」

のように感謝の表現に変わっていくのかを見ていただこう。

参加者（ワークショップ終了後にわたしのところにやってきて）「あなたはすばらしかったです！」

わたし「その感謝の言葉を、自分が望むほどには受け取ることができません」

参加者「どういう意味ですか？」

わたし「これまでの人生で、さまざまな評価を受けてきましたが、結局のところ、自分がどんな人間なのか評価されたことから何かを学べたという記憶が一度もありません。あなたの感謝の言葉から学びたいし、よろこびたい。けれど、そのためにはもっと情報がほしいのです」

参加者「たとえばどんなことを？」

わたし「まず知りたいのは、わたしのどんな言動が、あなたの人生をよりすばらしいものにしたのかです」

参加者「あなたは、たいへんな知性の持ち主です」

わたし「せっかくですが、それはあなたからわたしへの評価なので、自分の言動のどの部分があなたの人生をすばらしくしたのか理解できません」

参加者（しばらく考え込み、それからワークショップを受けながらとっていたメモを指さした）

「この2カ所です。あなたがおっしゃった、このふたつのことです」
わたし「おお、それでは、わたしが述べたこのふたつについて、あなたはありがたいと思ってくれているんですね」
参加者「はい」
わたし「次に知りたいのは、そのふたつの発言を聞いて、あなたがどう感じたのかです」
参加者「希望が湧いてきました。そして、ほっとしました」
わたし「それから、わたしの発言は、あなたが必要としていた、どんなことを満たしたのでしょう?」
参加者「わたしには18歳の息子がいるのですが、ずっとコミュニケーションがとれていなかったのです。わたしは絶望的になり、息子にもっと愛情が伝わるようなかかわり方をしたいと手がかりを求めていました。あなたがおっしゃったこの2点を聞いて、わたしは手がかりを見つけることができました」

3つの情報をすべて確認して——自分が何をしたのか、彼女がどのように感じたのか、彼女が必要としていたどんなことが満たされたのか——彼女の感謝の言葉をともによろこぶことができた。彼女が最初からNVCで気持ちを言い表していたら、次のような言葉になったのではないだろうか。「あなたがこの2点をおっしゃるのを聞いたとき（メモを見せながら）、希望が湧いてきました。そして、ほっとしました。わたしは、息子と気持ちを通い合わせる方法をずっとさがしていたのです。あなたがおっしゃったふたつのことは、わたしに手がかりを与えてくれました」

感謝の言葉を受けとめる

感謝の言葉を優雅に受けとめられる人は、めったにいない。自分はそれに値するのだろうか、などと考えてしまうからだ。あるいは、何を期待されているのだろうと心配になる——教師や管理職が生産性を高めようという狙いで感謝の言葉を口にする場合はなおさらだ。感謝の言葉にふさわしいふるまいができるかどうか、ひやひやしたりもする。やりとりの形態といえば、買う、獲得する、権利を行使するが基本となっている文化になじんでいると、シンプルに与え、受け取ることに居心地の悪さを感じてしまうことが珍しくない。

NVCでは、感謝の言葉を受け取る際には、相手の発言を共感をもって聞くときと同じように受け取ることを促す。自分の言動のどの部分が相手の幸せに役立ったのかをたずね、相手の感情と、相手が必要としていたことの何が満たされたのかを聞かせてもらう。そして、人と人は互いの人生の質を高めることに貢献できるというこれしい現実を、よろこびとともに受け入れる。

感謝の言葉を恵みとともに受け入れることを教えてくれたのは、ナフェズ・アッサイリーという友人である。彼は、スイスで開催したNVCのワークショップに招いたパレスチナ人のひとりだった。当時、パレスチナ人とイスラエル人がいっしょに研修に参加する場合は、安全対策の面からどちらの国でおこなうのも不可能だった。ワークショップの最後に、ナフェズはわたしのところにやってきた。「この研修は、祖国で平和のために働いているわたしたちにとって非常に意義があります。わたしは、あなたにイスラムのスーフィーの方法で感謝したいです。特別の気持ちを込めて感謝する方法です」。彼は自分の親指をわたしの親指に押しあて、わたしの目を見つめてこういった。「あなたがしてくださったことを、わたしたちに与えるようにとりはからってくれた、あなたのなかにいる神にわたしは口づけします」。そして、わたしの手に口づけしたのだ。

ナフェズの感謝の表現は、感謝を受け取るもうひとつの方法を示してくれた。受け取る際の態度は、両極端になってしまいがちだ。感謝された自分は秀でた存在だと信じてしまう、つまり、うぬぼれた態度。もう一方の極端な態度は、偽りの謙虚さである。「あら、なんでもないことよ」などと反応して称賛を寄せる相手に肩すかしを食わし、その重要性を否定するのだ。ナフェズが教えてくれたのは、感謝はよろこびとともに受けとめられるということだった。人の人生を豊かにする力は、神からすべての人間に与えられているのだ、と彼は気づかせてくれた。自分を通じて神の力がはたらき、人の人生を豊かにしているのだと自覚できれば、うぬぼれたり、偽りの謙虚さのワナにはまったりせずにすむ

うぬぼれたり、偽りの謙虚さを感じたりせずに、感謝の言葉を受けとめる。

だろう。

ゴルダ・メイアがイスラエルの首相を務めていたとき、大臣のひとりをこうたしなめたそうだ。「そんなに謙虚でいてはいけません。あなたはそれほど偉大ではないのですから」。次に紹介するのは同時代の作家マリアン・ウィリアムソンが書いたものであり、偽りの謙虚さのワナにはまらないための戒めとして役立ってくれている。

「わたしたちがもっとも恐れているのは自分の無力さではない。自分の並外れたパワーだ。わたしたちが怯えるのは自分の闇ではなく、光だ。あなたは神の子である。控えめに活動しても世の中には役に立たない。

周囲の人を不安がらせたくないから縮こまっていようとするのは、少しも賢明なことではない。

わたしたちは、自分の内側にある神の栄光を示すために生まれた。神の栄光は一部の人間だけにあるのではない。すべての人の内側にある。自分の光を輝かせるとき、わたしたちは知らず知らずのうちに人にもそうするように許可を与えている。自分の恐れから自由になれば、わたしたちの存在は自動的に人を自由にする」

感謝の言葉への渇望

わたしたちは感謝の言葉を受け取ると落ち着かない気分になるくせに、たいていの人は純粋に認められて感謝されることを熱望する。なんとも矛盾した存在だ。あるとき、わたしのためのサプライズパーティーがひらかれ、わたしの12歳の友人がゲストを互いに紹介するゲームをやろうと提案した。それぞれが質問を紙に書いて箱に入れ、ひとりずつ順番にそれを引いて質問に大きな声で答えるというものだった。

社会福祉事業をおこなう機関や産業組織でのコンサルティングを経験していた当時のわたしにとっては、胸を打たれる思いだった。仕事上で感謝の言葉をもらうことを人はこれほど望んでいるのかと驚いたのだ。彼らはため息とともに訴えた。「どんなに懸命に働いても、誰も褒めてくれないんです。それなのにひとつでもミスをしたら、ここぞとばかりに叩かれます」。そこで、わたしはこんな質問を書いた。「人からどんな感謝の言葉をもらえたら小躍りしてよろこびますか？」

この質問を引いたのはある女性だった。彼女はそれを見て泣き出した。虐待された女性のためのシェルターの所長を務める彼女は毎月、予定を組んでいた。多くの人によろこんでもらうために、相当のエネルギーを注いでいた。しかし、その予定を発表するたびに、少なくとも数人から不満が出た。誰にとっても満足のいく計画を立てる努力に対して、感謝された記憶がいっさいなかったのだ。わたしの質問を読んで反射的にそのことを思い出し、涙があふれたという。彼女は感謝の言葉に餓えていたのだ。

彼女の話を聞いて、別の友人が自分もその質問に答えたいと言い出した。全員が同じことを望み、ひとりずつ答えていった。すすり泣きをする人もいた。

感謝の言葉をもらいたい——もちろん、相手を巧みに操作しようとするための「いい子いい子」を求めているのではない——という思いは仕事上で切実なものとなるが、家庭生活にも影響する。ある晩、息子ブレットが家事をやらなかったのでそれを指摘すると、こう反論された。「パパ、あらばかり見つけて、うまくいったことなんてちっとも持ち出さないってことに気づいてる?」。彼の指摘は頭に焼きついた。確かにわたしは進歩をひたすら追い求めるばかりで、いったん立ち止まってうまくいったことを祝福するのを怠っていた。ちょうどワークショップを終えたばかりだった。ひとりを除いて100人の参加者の誰もが非常に高く評価してくれた。しかし、わたしがぐずぐずと考えていたのは、満足しなかったそのひとりのことだった。

わたしたちは、うまくいっている部分よりも、あらに目を留めてしまいがちだ。

その夜、わたしは詩を書いた。出だしはこんな調子だ。

「やろうとしたことが98パーセントうまくいったなら、
終わったときのわたしの感想は、
2パーセントもへまをした」

そこで思いついた。知り合いの教師が実践している考え方がある。ある教え子が試験勉強をなまけて、答案用紙のいちばん上に名前を書いただけで白紙で提出したそうだ。後日、返ってきた答案用紙を見てその子は驚いた。100点満点中14点だったからだ。「14点はなぜもらえたんですか?」と、彼は信じられないといった様子でたずねた。「端正さ」と彼女は答えたそうだ。息子のブレットが「警鐘」を鳴らしてからというもの、どれだけの人に支えられて自分の人生が豊かになっているのか、わたしはそれまで以上に注意を払おうと努めている。そして、感謝を表現するための技術に磨きをかけようとがんばっている。

気が進まないのを克服して感謝を伝える

ジョン・パウエルの *The Secret of Staying in Love* の一節に、わたしは深く感動した。父親が生きているあいだに感謝の気持ちを伝えられなかった悲しみを表現した部分に。自分の人生にもっとも大きな影響を与えてくれた人に感謝を伝える機会を失ってしまうとは、どれほどたとえがたいことか！

すぐに、ジュリアス・フォックスおじさんのことが頭に浮かんだ。わたしが子どものころ、おじは毎日やってきて祖母の介護をした。祖母は全身が麻痺した状態だった。おじは祖母の世話をしながら、温かく愛情に満ちた笑顔を絶やさなかった。少年だったわたしの目には、介護そのものは決して楽しいことには映らなかったが、おじは祖母の面倒を見るのは世界でもっともすばらしい恩恵だといわんばかりに祖母を大事にした。わたしはおじを通じて男性的な強さの理想像を知った――以来、わたしはたびたび、おじをお手本にしてきた。

わたしがおじへの感謝の気持ちを一度も伝えていないのに気づいたとき、おじは闘病中で、長くはないといわれていた。伝えなくてはと思った。しかし、自分のなかの何かが抵抗していた。「おじはきっともう、わかっているにちがいない。わたしにとって、自分がどれほど重要な存在なのかを。わざわざ口に出して伝える必要はないんだ。あらためて言葉にしたら、おじは決まり悪い思いをするのではないだろうか」。こんな思いが浮かんだが、それが事実ではないのは誰よりも自分がわかっていた。これまで何度も失敗してきた。心からの感謝の気持ちはわざわざいわなくてもとっくに相手に伝わっていると思い込んでいたが、実際はその逆だったことが何度もあった。それに、たとえ決まり悪かったとしても、人は、感謝の言葉を聞きたがっているのだ。

それでもふんぎりがつかなかった。自分の思いの深さを言葉で伝えるなんて、とうてい不可能だと自分に伝えた。そんなのは見え透いた言い訳だと、自分でもすぐにわかった。確かに言葉はお粗末な道具で、心からの思いを完全には伝えられないかもしれないが、「やるだけの価値があることは、お粗末でもやる価値がある！」と自分は学んだはずではないか。

結局、その後すぐに身内の集まりでジュリアスおじさんの隣に座る機会に恵まれた。言葉は自然に出てきた。おじさんはうれしそうに耳を傾け、ちっとも決まり悪そうではなかった。その夜、満たされた気分のまま帰宅したわたしは詩をつくり、おじさんに送った。後で知ったのだが、おじさんは3週間後に亡くなるまで毎日、その詩を読んでもらっていたそうだ。

まとめ

一般的に、褒め言葉は相手への評価というかたちをとりやすい。たとえそれがプラスの評価だとしても、相手を思いどおりに操ることが目的で称賛するという場合もある。NVCではあくまでも祝福するために感謝の気持ちを伝えるようにする。具体的に伝えるのは次の3点だ。①相手のどんな言動が自分の幸福につながったのか。②それによって、自分が必要としていたどんなことが満たされたのか。③その結果、生じたよろこびの感情。

逆にこのようなかたちで感謝を贈られた場合、うぬぼれたり偽りの謙虚さを感じたりしないで受けとめ、感謝を贈ってくれた相手とともに祝福に参加することができる。

エピローグ

わたしはジュリアスおじさんに質問したことがある。どうすれば、そのように深い思いやりとともに与えるすばらしい能力を伸ばすことができるのかと。おじはわたしの質問を真摯に受けとめ、じっくりと考えてから返事をしてくれた。「わたしはよい先生に恵まれた」。それは誰なのかとたずねると、こんな思い出を語ってくれた。「きみのおばあちゃんは最高の先生だった。きみといっしょに暮らしたのは病気になってからだから、おばあちゃんがほんとうはどんな人なのか知る機会がなかったね。きみはお母さんから聞いたことがあるかな。大恐慌の時期におばあちゃんは、家と仕事を失った仕立屋と奥さんとふたりの子どもを家に引き取って、3年間、住まわせてあげたんだ」。その話はよく覚えていた。母から初めて聞いたときには、とにかく驚いた。狭い家で9人のわが子を育てていた祖母が、いったいどうやって仕立屋一家のためのスペースをつくったのか、どうしても想像がつかなかった。

ジュリアスおじさんはさらに、祖母の慈悲深さを物語る思い出を話してくれた。どれも、子どものころに聞いたことがある話だった。おじさんがわたしにたずねた。「イエスのことは、お母さんから聞いているだろう?」

「誰のこと?」

「イエスのことだよ」

「いや、一度も聞いたことがない」

この話は、わたしが生前のおじから受け取った最後の貴重な贈り物だった。実話である。ある日、祖母の家の裏口に男がやってきて食べ物をくれと頼んだ。それは珍しいことではなかった。祖母はたいへん貧しかったが、わが家の戸口に立った者には誰であろうと食べ物を与える人だった。そのことは近所中が知っていた。その男はあごひげを生やし、真っ黒な髪はぼさぼさで伸び放題だった。服はボロボロで、木の枝でつくった十字架をひもで首からさげていた。祖母は彼を台所に招き入れて食べ物を勧め、食べている彼に名前をたずねた。

「名前はイエス」。彼が答えた。

「苗字は?」

「わたしは主なるイエスだ」(祖母は英語があまり得意ではなかった。後にもうひとりのおじイシドルによれば、台所に行くと見知らぬ男が食事をしていて、祖母は「シュナルさん」と紹介したそうだ)。男は食べ続けた。どこに住んでいるのかと祖母はたずねた。

「家はない」

「まあ、それなら今夜はどこに泊まるつもりだい? とても寒いよ」

「さあ」

「ここに泊まりたいかい？」と祖母は勧めた。

彼はそのまま7年間、祖母の家で暮らした。

祖母はごく自然に非暴力コミュニケーション（NVC）を実行していた。この男が何者なのかなどとは考えなかった。もし考えていたら、彼は正気ではないと判断して追い出しただろう。祖母は、人が何を感じ、何を必要としているのかという観点に立っていた。お腹をすかせているのなら食べ物を与えた。泊まるところがなければ眠る場所を与えた。

祖母は踊ることが大好きだった。母は祖母が口癖のようにいっていたのを覚えている。「踊ることができるのに歩いたりしてはだめよ」。本書は、思いやりの言葉についての本である。NVCの言葉を話し、NVCに生きたわが祖母のことを歌にして紹介しよう。

ある日、イエスという名の男が
祖母の家の戸口にやってきた。
彼は食べ物が少し欲しいといい、
祖母はたくさん与えた。

彼は主なるイエスと名乗り、

祖母はローマに身元を確認しなかった。
彼は何年も泊まり続けた。
家のない者がよく泊まっていたように。

祖母は祖母なりのユダヤ人らしさで、
イエスが言わんとしたことをわたしに教えてくれた。
とても価値のあるやり方で、
祖母はイエスが言わんとしたことをわたしに教えてくれた。

「飢えを満たし、病を癒やし、それから休息をとりなさい。
踊ることができるのに歩いてはいけない。
わが家を居心地のいい巣にしなさい」

祖母は祖母なりのユダヤ人らしさで、
イエスが言わんとしたことをわたしに教えてくれた。
彼女なりの価値あるやり方で、
祖母はイエスが言わんとしたことをわたしに教えてくれた。

監訳者あとがき

本書は、*Nonviolent Communication: A Language of Life* の第3版を翻訳したものである。同書の第2版を訳出した日本語版が出版されてから6年が経つが、その間にＮＶＣは国内でも着実にそして有機的に広がり続けている。かつては年１回程度しか開催されることがなかったワークショップは、いまでは毎月、各地でおこなわれている。わたし自身、仲間とともに北海道から沖縄まで日本各地でおこなわれるイベントに参加できる機会をもち、とてもありがたく思っている。
また、２０１４年と17年には、米国ＣＮＶＣ（Center of Nonviolent Communication）が主催する10日間のワークショップ（集中合宿）が国内でおこなわれた。海外からのトレーナーや参加者、スタッフを含め総勢１００人超があつまったこのイベントは、とくに国内でのＮＶＣの広がりに貢献したと思う。いまでは、教育機関をはじめ、企業や医療機関などでもＮＶＣが使われるようになってきている。

わたしのＮＶＣとの出会いは２００４年にさかのぼる。それ以前から学んでいたアレクサンダー・テクニークの学校のワークショップに、NVCのトレーナー、リタ・ハーツォッグさんが招かれたときのことだ。わたしは通訳としてその準備のために本書を読んだ。そして、本書の内容とともにハーツォッグさんのあり方や生き方に大きな感銘を受けた。彼女は、「どんな状況でも安心して自分自身でいることができる人」だった。日本で初めてのワークショップを開催するその瞬間にもあわてることなく伸び伸びと、そこにいることを楽しんでいた。「どうしたら彼女のように自信をもって、そこにいられるようになるのだろう」と考えたときのことを、いまでも覚えている。

NVCは、ずっとわたしが問い続けてきた疑問に対する答えも導いてくれた。それぞれ異なる文化圏を出身とするわたしの両親は互いの文化のちがいから、つねに言い争いが絶えなかった。子供心にそれを理解するのはなかなか困難だったが、両親の言い分はいずれも正しかった。それぞれの価値観の背景にある文化がちがうために、そこから導かれる答えも異なり、言い争いとなっていたのだ。

極端な話、「アメリカでは車は右側通行だが、日本では左側通行である。どちらが正しいのか」といった言い争いは不毛である。そういった議論では「自分にとって何が大切か」という視点が抜けている。これまで出合った心の問題を扱うセラピーなども結局、何が正しくて何がまちがっているか、何が正常で何が異常かを定めるものだった。

その点、NVCは、自分自身が抱いている「感情」と「必要としていること」を手がかりに、自分にとって何が大切かを導いてくれる。相手にとって何が大切かを相手が理解することを手助けすることもできる。右側通行か左側通行かではなく、その場において適切で、双方に納得のいく結果が導き出せるのだ。

さらに、わたしがNVCを学び続けようと思ったいちばんの理由は、「つながる」という体験のすばらしさである。NVCを使うか使わないかにかかわらず誰かとほんとうにつながったとき、または自分自身と深くつながったとき、わが家に帰ってきたときに抱く安心感のようなものが得られる。本書にも書かれているが、からだがほっとする。自分の人生のなかにこんな体験がもっとあったらいいな、と思ったのである。

NVCを学びはじめるまで、「つながり」という観点から物事を考えたことはあまりなかった。しかし、つながりを意識しはじめてから、それが自分の人生のなかでどれだけ重要な位置を占めていたかに驚いたし、つながりが薄れていたときはどれだけ人生が無味乾燥なものだったかにも気づいた。やるべきことに追われて「～しなければならない」といった意識のもとで暮らしていると、あっという間に燃料切れとなり、やる気が失せてしまうが、誰かのよろこぶ顔を想像しながら何かをするときには、どこからともなく不思議と力が湧いてくる。NVCに出会って、なるほどそういうことだったのかと納得した。

わたしが好きなマーシャルの言葉に「It's not fun to be right, it's not fun to be rich, it's fun to make life wonderful.（正しくあることも金持ちになることも楽しくない。人生をすばらしいものにすることが楽しいのだ）」がある。本来の自分に立ち戻り、自分自身が必要としていることとつながったとき、そして、つながりを通してお互いの人生に貢献できたとき、えもいわれぬ幸せな気分になる。ＮＶＣは、これまでわたしが知っているなかで、もっとも幸せに生きることができる方法だと思った。

監訳にあたっては次の点に注意を払った。

まず、ＮＶＣと日本のコミュニケーション文化とでは類似点が多いので、誤解がおきないように心を砕いた。日本には「察する文化」というものがあり、相手の感じていることを察知して思いやりを表現することが大切にされている。しかし、「察する」ということはあくまで「推測」であり、その推測が相手の感じていることと一致しているかどうかはわからない。それを確かめるには、そのための「手段」が必要となる。

また、さまざまな講演や資料から、マーシャル自身がとても注意深く言葉を選んでいるという印象をもっていた。そのため、できるかぎりそうした意図を尊重するかたちで日本語に置き換えるよう心がけた。たとえば、マーシャルは「相手が罪悪感をもつようなコミュニケーションは、結果として暴力につながりやすい」と指摘し、「相手に非があることを暗に伝えるような表現は選ばない」ことをとても大切にしている。そこで、エクササイズの答えも、正解かまちがいかではなく、マーシャル本人と意見が一致しているかどうかという表現をそのまま使うようにした。「まちがい」という言葉は「あなたが悪い」というニュアンスで受け取られることが多いが、「一致しているかどうか」であれば互いを尊重する表現となる。

ワークショップでマーシャルはNVCの目的から語りはじめることが多い。それは、「お互いのニーズが大切にされる関係性の質の構築を目指すこと」である。その目的を実現するためにビデオ「Making Life Wonderful」のなかでマーシャルは、次の3つの意図をもってほしいと述べている。

1　敵というイメージを持たない、お互いの人間らしさが見える関係性の質の構築を目指す
2　お互いが必要としていることを同じくらい大切にする（満たすわけではないという点に注目してほしい）
3　与えるよろこびから行動を起こす

NVCの文法はこれら3つの目的を満たすための手段であり、それが満たされるなら最終的には何をいっても（いわなくても）よい。「道路を渡ろうとしたら危ない目に遭ったよ」「ひえー！」という会話でも、ふたりのあいだにつながりがあれば、「安全を必要としているが、それが満たされなかったから怖かった」というメッセージと、それに対する共感がやりとりされていること

になる。

マーシャルは、ジョセフ・キャンベルの「Follow your Bliss（至福を追求せよ）」という言葉を彼なりに言い換え、「Don't do anything that is not play（「遊び」でないことは何もするな）」といっている。これは、本書の第9章の最後のほうに書いてある「何をするにしても、その背後にある自分のニーズをしっかり意識することが大切だ」というメッセージだと思う。そうすれば、自分がしていることの奥にある意義を見出し、それを「遊び」として体感することができる。

このジョセフ・キャンベルの言葉を実践する実用的な方法論として、ぜひNVCを使ってほしい。たった数十年の人生を、やらなければならないことに追われたり、争い合ったり憎み合ったりすることに使うのはあまりにももったいない。NVCを学ぶことで遊び心をもち、至福を追いかけながら過ごすことができればと願っている。なお、NVCジャパンのホームページ（www.nvc-japan.net）ではマーシャルの動画の日本語吹き替え版を公開している。こちらもぜひ参考にしてほしい。

また、本書の第6章では、NVCのプロセスにおける第4の要素である「要求」を取り上げているが、近年のワークショップでは「要求」の代わりに「リクエスト」という言葉が用いられることもある。これは、「要求」という言葉のなかには「強要」に近い要素があるという考え方によるものである。明確さを示すためにここに記しておきたい。

最後になったが、ＮＶＣとの出会いのきっかけをつくり、その後の活動をサポートしてくださったジェレミー・チャンスさん、質の高い学びを日本で提供するために海外講師をともに招くほか、今回の翻訳にも協力してくださった中川英明さん、小笠原春野さん、海を越えてともにＮＶＣを学び、今回の翻訳にも多くのアドバイスをしてくださった鈴木重子さん、本書の基本的な訳出をしてくださるとともに柔軟な対応をしてくださった小川敏子さん、活動の場とコミュニティを育む場を提供し、さまざまなかたちで相談に乗ってくれた水城雄さん、西東万里さん、そして日本のコミュニティの皆さんに心からの感謝を捧げたい。

わたしたちがもっている基本的な感情

■必要としていることが満たされているとき

・ありがたい ・うれしい ・エネルギッシュ ・活性化した
・感心する ・感動する ・希望 ・好奇心をそそられる
・心地よい ・自信 ・充足感 ・触発される
・得意 ・ハッスル ・人を信じられる ・びっくりする
・ほっとする ・ほろりとする ・よろこびに満ちた ・楽天的

■必要としていることが満たされていないとき

・行き詰まる ・いらいら ・打ちのめされる ・悲しい
・気が気でない ・気乗りしない ・懸念 ・困る
・困惑 ・さびしい ・失望 ・じれったい
・戸惑う ・ばつが悪い ・腹を立てる ・張り合いがなくなる
・悲観 ・ビクビクする ・無力感 ・欲求不満

わたしたちが基本的に必要としていること

■自律性

・自分の夢や目標、価値観を選ぶ
・自分の夢や目標、価値観を実現するための計画を選ぶ

■祝福すること（嘆き、悼むこと）

・人生を創造し、夢を実現したことを祝福する
・愛する人、夢などを喪失したことを嘆き、悼む

■価値観に沿った言動をする

・誠実さ ・創造性 ・意味
・自尊心

■精神的な交流

・美 ・調和 ・秩序
・インスピレーション ・平和

■相互依存

・受容 ・承認 ・親密さ
・コミュニティ ・配慮
・人生を豊かにするための貢献（自分や他人の人生に貢献すべく力を注ぐ）
・心の安心・安全 ・共感
・正直さ（自らの限界から学ぶ力を与えてくれる正直さ） ・愛
・励まし ・尊敬 ・支援
・信頼 ・理解 ・温かさ

■遊び

・楽しさ ・笑い

■身体的な養い

・空気 ・食べ物 ・休息
・運動、エクササイズ ・性的な表現
・ウィルス、バクテリア、害虫、捕食動物など、命を脅かすものから身を守る
・住まい ・ふれあい ・水

NVCプロセスの使い方

自らを責めたり評価したりせずに**「自分がどうであるか」**を明確に表現する。	非難や評価をまじえずに**「相手がどうであるか」**を共感をもって受けとめる。

観察（OBSERVATIONS）

1．自らの人生の質を左右する具体的な行動を観察（評価をまじえずに見たり、聞いたり、記憶したり、思い起こしたり）する。 「わたしが……を見るとき、聞くとき」	1．相手の人生の質を左右する具体的な行動を観察（評価をまじえずに見たり、聞いたり、記憶したり、想像したり）する。 「あなたが……を見るとき、聞くとき」（相手に共感を提供する場合は、省くこともある）

感情（FEELINGS）

2．自分は、観察した事柄に対してどんな感情（考えというより心の動きや感覚）を抱いているか。 「わたしは……と感じている」	2．相手は、観察した事柄に対してどんな感情（考えというより心の動きや感覚）を抱いているか。 「あなたは……と感じている」

必要としていること（NEEDS）

3．そうした感情を抱くのは、自分が何を必要としているからか、どんな価値（好みや具体的行動よりも）を重んじているからか。 「なぜなら、わたしは……を必要としているから」 「なぜなら、わたしは……を重んじているから」	3．そうした感情を抱くのは、相手が何を必要としているからか、どんな価値（好みや具体的行動よりも）を重んじているからか。 「なぜなら、あなたは……を必要としているから」 「なぜなら、あなたは……を重んじているから」
自分の人生を豊かにするための要求（強要ではなく）を明確にする。	相手の人生を豊かにするための要求（強要ではなく）を共感をもって受けとめる。

要求（REQUESTS）

4．**自分が**してほしい具体的な行動は何か。 「……していただけませんか？」	4．**相手が**望んでいる具体的な行動は何か。 「あなたは……をしてほしいのですか？」（相手に共感を提供する場合は、省くこともある）

Powell, John. *Why Am I Afraid to Tell You Who I Am?* Niles, IL: Argus, 1976.〔邦訳：ジョン・パウエル『なぜ自分を知らせるのを恐れるのか?』加藤久子訳、1981年、女子パウロ会〕

Putney, Snell. *The Conquest of Society*. Belmont, CA: Wadsworth, 1972.

Robben, John. *Coming to My Senses*. New York: Thomas Crowell, 1973.

Rogers, Carl. *Freedom to Learn*. Charles E. Merrill, 1969.〔邦訳：カール・ロジャーズ『学習する自由』畠瀬稔・村田進訳、2006年、コスモスライブラリー〕

Rogers, Carl. *On Personal Power*. New York: Delacorte, 1977.〔邦訳：カール・ロジャーズ『人間の潜在力』畠瀬稔・畠瀬直子訳、1980年、創元社〕

Rogers, Carl. "Some Elements of Effective Interpersonal Communication." Mimeographed paper from speech given at California Institute of Technology, Pasadena, CA, Nov. 9, 1964.

Rosenberg, Marshall. *Mutual Education: Toward Autonomy and Interdependence*. Seattle: Special Child Publications, 1972.

Ryan, William. *Blaming the Victim*. New York: Vintage Books, 1971.

Scheff, Thomas. *Labeling Madness*. Englewood Cliffs, NJ: Prentice-Hall, 1975.〔邦訳：トマス・シェフ『狂気の烙印』市川孝一・真田孝昭訳、1979年、誠信書房〕

Schmookler, Andrew Bard. *Out of Weakness: Healing the Wounds that Drive Us to War*. New York: Bantam Books, 1988.

Sharp, Gene. *Social Power and Political Freedom*. Boston: Porter Sargent, 1980.

Steiner, Claude. *Scripts People Live*. Grove Press, 1974.

Szasz, Thomas. *Ideology and Insanity*. New York: Doubleday, 1970.〔邦訳：トーマス・サズ『狂気の思想』広田伊蘇夫訳、1975年、新泉社〕

Tagore, Rabindranath. *Sadhana: The Realization of Life*. Tucson: Omen Press, 1972.

Keen, Sam. *Hymns To An Unknown God: Awakening The Spirit In Everyday Life*. New York: Bantam Books, 1994.

Kelly, George A. *The Psychology of Personal Constructs*. Volumes 1 & 2. New York: Norton, 1955.

Kornfield, Jack. A Path with Heart: A Guide Through the Perils and Promises of Spiritual Life. New York: Bantam Books, 1993.

Kozol, Jonathan. *The Night is Dark and I Am Far from Home*. Boston: Houghton-Mifflin Co., 1975.

Kurtz, Ernest, and Ketcham, Katherine. *The Spirituality of Imperfection: Modern Wisdom from Classic Stories*. New York: Bantam Books, 1992.

Lyons, Gracie. *Constructive Criticism*. Oakland, CA: IRT Press, 1977.

Mager, Robert. *Preparing Instructional Objectives*. Fearon Pub., 1962.

Maslow, Abraham. *Eupsychian Management*. Dorsey Press, 1965.〔邦訳：アブラハム・マズロー『完全なる経営』金井寿宏、大川修二訳、2001年、日本経済新聞出版社〕

Maslow, Abraham. *Toward a Psychology of Being*. Princeton, NJ: Van Nostrand, 1962.〔邦訳：アブラハム・マズロー『完全なる人間』上田吉一訳、1998年、誠信書房〕

McLaughlin, Corinne and Davidson, Gordon. *Spiritual Politics: Changing the World from the Inside Out*. New York: Ballantine Books, 1994.

Milgram, Stanley. *Obedience to Authority*. New York: Harper and Row, 1974.〔邦訳：スタンレー・ミルグラム『服従の心理』岸田秀訳、1995年、河出書房新社〕

Postman, Neil and Weingartner, Charles. *Teaching as a Subversive Activity*. Delacorte, 1969.

Postman, Neil and Weingartner, Charles. *The Soft Revolution: A Student Handbook for Turning Schools Around*. New York: Delta, 1971.

Powell, John. *The Secret of Staying in Love*. Niles, IL: Argus, 1974.〔邦訳：ジョン・パウエル『愛することをなぜ恐れるのか?』林義子訳、1983年、女子パウロ会〕

Fromm, Erich. *Escape from Freedom*. Holt, Rinehart & Winston, 1941.〔邦訳：エーリッヒ・フロム『自由からの逃走』日高六郎訳、1965 年、東京創元社〕

Fromm, Erich. *The Art of Loving*. Harper & Row, 1956.〔邦訳：エーリッヒ・フロム『愛するということ』鈴木晶訳、1991 年、紀伊國屋書店〕

Gardner, Herb, "A Thousand Clowns" from *The Collected Plays*, Applause Books, 2000.

Gendlin, Eugene. *Focusing*. Living Skills Media Center, Portland, OR, 1978.〔邦訳:ユージン・ジェンドリン『フォーカシング』村山正治訳、1982 年、福村出版〕

Glenn, Michael and Kunnes, Richard. *Repression or Revolution*. Harper and Row, 1973.

Greenburg, Dan and Jacobs, Marcia. *How to Make Yourself Miserable*. New York: Vintage Books, 1987.

Harvey, O.J. Conceptual Systems and Personality Organization. Harper & Row, 1961.

Hillesum, Etty. *A Diary*. Jonathan Cape, 1983.

Holt, John. *How Children Fail*. New York: Pitman, 1964.

Humphreys, Christmas. *The Way of Action*. Penguin Books, 1960.

Irwin, Robert. *Building a Peace System*. Expro P, 1990.

Johnson, Wendell. *Living with Change*. New York: Harper and Row, 1972.

Katz, Michael. Class, *Bureaucracy and the Schools*. Preager text Publishers, 2nd ed., 1975.〔邦訳：マイケル・カッツ『階級・官僚制と学校』藤田英典・伊藤彰浩・早川操訳、1989 年、有信堂高文社〕

Katz, Michael. *School Reform: Past and Present*. Boston, Little, Brown & Co., 1971.

Kaufmann, *Walter. Without Guilt and Justice*. New York: P.H. Wyden, 1973.

Keen, Sam. *To a Dancing God*. New York: Harper and Row, 1970.

参考文献

Alinsky, Saul D. *Rules for Radicals: A Practical Primer for Realistic Radicals*. New York: Random House, 1971.〔邦訳：アリンスキー『市民運動の組織論』長沼秀世訳、1972年、未来社〕

Becker, Ernest. *The Birth and Death of Meaning*. New York: Free Press, 1971.

Becker, Ernest. The Revolution in Psychiatry: The New Understanding Of Man. New York: Free Press, 1964.

Benedict, Ruth. "Synergy-Patterns of the Good Culture." *Psychology Today*. June 1970.

Boserup, Anders and Mack, Andrew. *War Without Weapons: Non-Violence in National Defense*. New York: Schocken, 1975.

Bowles, Samuel and Gintis, Herbert. Schooling in Capitalist America: Educational Reform and the Contradictions of Economic Life. New York: Basic Books, 1976.〔邦訳：サミュエル・ボウルズ、ハーバート・ギンタス『アメリカ資本主義と学校教育』宇沢弘文訳、1986年、岩波現代選書〕

Buber, Martin. *I and Thou*. New York: Scribner, 1958.〔邦訳:マルティン・ブーバー『我と汝・対話』植田重雄訳、1979年、岩波文庫〕

Craig, James and Marguerite. *Synergic Power*. Berkeley, CA: Proactive Press, 1974.

Dass, Ram. *The Only Dance There Is*. Harper & Row, 1974.

Dass, Ram and Bush, Mirabai. *Compassion in Action: Setting Out on the Path of Service*. New York: Bell Tower,1992.

Dass, Ram and Gorman, Paul. *How Can I Help?: Stories and Reflections on Service*. New York: Knopf, 1985.

Domhoff, William G. *The Higher Circles*: *The Governing Class in America*. New York: Vintage Books, 1971.〔邦訳：ウィリアム・ドムホフ『現代アメリカを支配するもの』陸井三郎訳、1971年、毎日新聞社〕

Ellis, Albert. *A Guide to Rational Living*. Wilshire Book Co., 1961.

Freire, Paulo. *Pedagogy of the Oppressed*. Herder and Herder, 1971.〔邦訳：パウロ・フレイレ『被抑圧者の教育学』小沢有作訳、1979年、亜紀書房〕

や 行

ら・わ 行

ま　行

な 行

は 行

さ 行

た 行

索引

あ 行

か 行

著者紹介

マーシャル・B・ローゼンバーグ（1934-2015） Marshall B. Rosenberg

NVC（Nonviolent Communication）の提唱者であり、国際的な平和推進組織CNVC（Center for Nonviolent Communication）の設立者。30以上の言語に翻訳され、世界で500万部超のベストセラーとなっている本書を含め、『「わかりあえない」を越える』（海士の風）など15冊の著作をもつ他、受賞歴多数。
暴力に代わる平和的な選択肢を提供する「新しいコミュニケーションのかたち」に強い関心を抱きながら、治安の悪かったデトロイト近郊で育つ。カール・ロジャーズのもとで研究をおこない、1961年ウィスコンシン大学で臨床心理学の博士号を取得。その後の人生経験と比較宗教研究を通じて、本書のテーマであるNVCを開発した。
紛争や戦争で疲弊した地域、コミュニティを中心に60以上の国々を訪れ、数万人を対象とする数々のワークショップを精力的におこなうなど、ギターやパペットを手に、より満たされた平和な世界をつくりだすための方法を説き続けてきた。1984年に設立されたCNVCでは、60以上の国々で数百名の公認トレーナーやサポーターが活動している。

NVCに関する問い合わせ先

Center for Nonviolent Communication (CNVC)
9301 Indian School Rd., NE, Suite 204
Albuquerque, NM 87112-2861 USA
Ph: 505-244-4041, US Only: 800-255-7696, Fax: 505-247-0414
Email: cnvc@CNVC.org, Website: http://www.CNVC.org

監訳者紹介

安納　献（あんのう・けん）

CNVC認定トレーナー。日本国内でNVCのワークショップをファシリテートする傍ら、NVCとゆかりの深いアレクサンダー・テクニーク（体の使い方の基礎トレーニング）の認定教師として教師養成学校でディレクターを務める。東京生まれ。国際基督教大学卒業。2006年より、アメリカをはじめとする各国からトレーナーを招聘して日本各地でNVCのワークショップを開催する他、自らも世界各地のプログラムに参加。その理解とスキルは、ローゼンバーグをはじめとする多くのCNVCトレーナーから信頼を得ている。

訳者紹介

小川敏子（おがわ・としこ）

翻訳家。東京生まれ。慶應義塾大学文学部英文学科卒業。小説からノンフィクションまで幅広いジャンルで活躍。訳書に、ジェシー・ニーレンバーグ著『話し方の心理学』、ルース・ドフリース著『食糧と人類』、クレオ・コイルの「コクと深みの名推理」シリーズなどがある。

NVC 人と人との関係にいのちを吹き込む法 新版

2012年6月22日　1版1刷
2018年2月16日　2版1刷
2024年8月7日　　10刷

著　者　マーシャル・B・ローゼンバーグ
監訳者　安納　献
訳　者　小川敏子
発行者　中川ヒロミ

発　行　株式会社日経BP
　　　　日本経済新聞出版
発　売　株式会社日経BPマーケティング
　　　　〒105-8308　東京都港区虎ノ門4-3-12

印刷／製本・中央精版印刷

ISBN978-4-532-32195-6　Printed in Japan

本書籍に関するお問い合わせ、ご連絡は下記にて承ります。
https://nkbp.jp/booksQA